汉英认知辞格当代隐喻学一体化研究

A Study on the Unification of Chinese-English Figures of Thought from the Perspective of Contemporary Metaphorology

孙 毅 著

科 学 出 版 社
北 京

内 容 简 介

当代隐喻学是横跨语言学、认知科学、哲学、文化学等诸多学科的新兴显学，在探讨语言与认知的关系方面成效显著。本书在扼要介绍当代隐喻学萌芽起步阶段的“概念隐喻学说”及其升级、优化的“概念整合理论”新进路的基础上，简明勾勒出体验哲学和文化意蕴的跨语言考究双翼维度，搭建起当代隐喻学的学科框架。

本书将传统辞格的地位整体抬升到认知高度，重审辞格在人类大脑运行中的身份和作用，可为修辞学提供新鲜的血液和前行的动力，令其焕发新颜，为 21 世纪修辞学研究培育新的学术增长点，亦为语言认知科学的长足进步提供可持续发展的方案和路径。本书对当代隐喻学、修辞学、认知语言学、认知语义学、对比语言学等领域有一定的参考意义和借鉴价值。

图书在版编目（CIP）数据

汉英认知辞格当代隐喻学一体化研究 / 孙毅著. —北京：科学出版社，2021.11

ISBN 978-7-03-070360-6

Ⅰ. ①汉…　Ⅱ. ①孙…　Ⅲ. ①英语-隐喻-对比研究-汉语
Ⅳ. ①H315　②H15

中国版本图书馆 CIP 数据核字（2021）第 221811 号

责任编辑：杨　英　张翠霞 / 责任校对：杨　赛
责任印制：李　彤 / 封面设计：蓝正设计

科学出版社 出版
北京东黄城根北街 16 号
邮政编码：100717
http://www.sciencep.com
北京厚诚则铭印刷科技有限公司印刷
科学出版社发行　各地新华书店经销
*
2021 年 11 月第　一　版　开本：720 × 1000　1/16
2024 年 3 月第三次印刷　印张：16 1/4
字数：328 000

定价：98.00 元

（如有印装质量问题，我社负责调换）

本书系作者主持的教育部哲学社会科学研究后期资助项目“当代隐喻学视域中汉英认知辞格一体化研究”（20JHQ029）、广东普通高校人文社科重点项目“汉语隐喻的形式表征与认知计算研究”（2019WZDXM021）和国家社会科学基金项目“当代隐喻学视域中多语种通用辞格认知研究”（21BYY001）的阶段性成果。

序

广东外语外贸大学孙毅教授近年来专攻认知隐喻学，著述颇丰，其代表作是 2013 年在北京大学出版社出版的《认知隐喻学多维跨域研究》（孙毅，2013a）。如今，他又让我为新著《汉英认知辞格当代隐喻学一体化研究》作序，我又惊又喜。一则此任务能让我更好地了解他的学术科研活动；二则它使我得以紧跟这门新学科近几年的迅猛发展，毕竟 2004 年我也在北京大学出版社出版过《认知隐喻学》一书，对这个课题略有所知，却又有掉队之感。

孙毅教授在该书书名中没有采用大家熟悉的“认知隐喻学”的提法，而是采用了“当代隐喻学”的新名称，用心良苦。我理解孙毅教授并无否定认知隐喻学之意，他主要考虑到该书所研究的内容已经不仅仅是认知科学与隐喻学的结合，而是当代隐喻研究已离不开哲学、文化学、语言学等学科的研究发展。由此可见，当代隐喻学的内涵更为深远广阔，它包括了孙毅教授第一部著作书名中提到的“多维跨度”。

同样，就认知科学而言，孙毅教授心目中的当代认知科学也是一个不断演变、发展、进步的学科。孙毅教授区别了第一代认知科学和第二代认知科学：前者源自英美的分析哲学和形式主义；后者依循 20 世纪 70 年代兴起的体验哲学，关注个体组成的社团共同形成的或潜在的经历。第二代认知科学的三个原则为心智的体验性、知识的无意识性和思维的隐喻性。我还发现，孙毅教授在讨论认知科学时，也注意到结合以已故韩礼德教授为代表的系统功能语言学的理论观点。

当代隐喻学的一个理论依据是接受文化意识维度。就隐喻与思维的关系而言，必然涉及“语言与文化”和“隐喻与文化”两个方面。不论是语言还是隐喻，都是一定文化的产物，如地理疆域与生存环境、社会历史与文学传统、国民心态与大众性格、宗教信仰与神话传说、民俗风情与生活习惯、思维方式与哲学观念等等。所有关于隐喻学的课题，在不同文化下，既有差异性的一面，也有共性的一面。

该书书名中出现“汉英辞格”的表述，这提示了本书的主要内容。该书共 15 章，除了前 3 章对当代修辞学的有关理论进行介绍和讨论以及最后一章的总结外，其余 11 章均为对各种辞格的讨论，这最能说明本书的中心内容。这就是说，孙毅教授通过汉语和英语的有关辞格对他所倡导的当代隐喻学的方方面面进行分析和验证。这是因为任何修辞学理论最后都能体现于辞格、修辞格或修辞方法，从而核实其可行性、正确性、科学性。

上面谈到，孙毅教授既从汉语也从英语收集和分析两种语料中的辞格，此举显然更能说明当代隐喻学有关理论的包容性和正确性。但我认为，孙毅教授另有一个深层次的考虑。我们知道，不同语言反映了不同文化，因此，不论是语言，还是隐喻，必然反映不同文化的差异性和共性。两者的结合说明了该书书名中的“一体化”的概念。孙毅教授的这个思想在该书中以多种形式出现，如传统修辞学和当代隐喻学、第一代认知科学和第二代认知科学、体验哲学和经验现实主义、体验和思维等等，都涉及差异性和共性。对此，孙毅教授归纳为“一体化”“多元化”的概念，这实际上体现了辩证唯物主义的“对立统一”的概念。

鉴于以上的认识，望读者在阅读该书时，能抓住上述要点，更好地理解该书及其作者。也祝愿孙毅教授再接再厉，为我们提供更多佳作。

胡壮麟

2019 年国庆七十周年

北京大学蓝旗营寓所

目　　录

第一章　汉英认知辞格的当代隐喻学集约研究概览

第一节　引　　言

隐喻是现实中一种灿若繁星的客观存在。隐喻不仅彰显于文学作品中，也随时随地藏蕴于政治、科技和宗教的各个角落。作为人类一种特殊的概念方式和认知工具，隐喻是观察世界的新途径，是看待事物的新视角。

“隐喻”的英文语汇 metaphor 词源母语是希腊语 metaphora。该词由两个义素构成，首义素 meta 意为 across，尾义素 phora 源自 pherein，意为 carry，因此 metaphor 本质上即是 carrying across，含“由此及彼”之意。

西方的隐喻研究最初脱胎于古典修辞学。学界公认的首位对隐喻进行比较系统深入研究的开山鼻祖是公元前 4 世纪的古希腊大思想家、哲学家、教育家 Aristotle（前 384—前 322）。在经典名著《诗学》和《修辞学》中，Aristotle 多次提及隐喻的工作定义、构成方式和修辞功用，为其后两千多年西方修辞学对该语言现象的阐释奠定了基调。Aristotle 认为，隐喻是一个词替代另一个词以表达同一意义的语言修饰手段，两者隶属于一种比照关系，因此隐喻的主要功能是将未知的东西转换成已知术语来表达与传播，间接地通过一事项来理解或把握另一事项。

Aristotle 著述以降，隐喻研究历经了由辞格论辩到哲学、语用学、人类学、心理学、认知科学等学科既独立又相关的探讨。隐喻本质上是一种认知和文化二位一体的范式，特定的文化具有相应的隐喻认知结构。

Lakoff 和 Johnson 于 1980 年联袂推出的《我们赖以生存的隐喻》（*Metaphors We Live By*）正式确立了隐喻的认知地位，拉开了从认知层面研究隐喻的帷幕。自此，隐喻彻底摆脱了固有的传统修辞学和文体学研究范式的桎梏，一跃而成为一种人类共有的认知思维，顺势大踏步迈入了崭新的认知科学领域。

对隐喻的研讨并非西方学者的专属领地。隐喻研究的历史在我国同样十分悠久，隐喻（亦称暗喻）一直是汉语应用范围最广的辞格之一；但令人扼腕的是，在中国古代典籍中无法找到像古先哲 Aristotle 那样精确的隐喻定义。直到 20 世纪 80 年代，中国学界还先入为主地认为隐喻是比喻（或譬喻）的一个辖项，亦即一个没有比喻标记语的明喻，很少把隐喻专门辟出讨论，都是置于“比喻”这个总纲下与明喻等予以同等观照。20 世纪 90 年代以后，随着我国一些学者对国外隐喻认知理论的引进与介绍，中国的隐喻研究开始朝着现代科学的方向蜕变和发展，从传统的辞格研究大踏步迈入一个崭新时代，即当代隐喻学（contemporary metaphorology）。这些文献介绍了西方一些主流的隐喻理论及其研究方法，引领人们了解西方隐喻研究的发展状况和动向，为我国隐喻研究的本土发展打下了初步的理论基石。讨论范围之广、之深使人们逐步将其与思维方式、认知活动等联系起来。

隐喻不仅是一种语言现象，更是一种思维方式，是对抽象概念认知和表达的强有力的工具和武器，在本质上是人类理解周围世界的一种感知和形成概念的工具。隐喻决非不朽诗人的独创和专利，而是人类思维的共享特征，普遍涤荡于全世界的各种语言之中。我们预期在深入探索相关理论的基础上尝试性地构建当代隐喻学的学科框架，指出方兴未艾的当代隐喻学是横跨语言学、认知科学、哲学、文化学等诸多学科的新兴显学，在探讨语言与认知之间的关系方面成效显著。当代隐喻学一大突出的学术贡献即在于，通过汉英对比进行横亘东西方语言的隐喻对比研究，以确凿地印证隐喻并不仅仅是一种语言现象或修辞手段，同时也是一种人类共有的认知方式，具有重要而基础的认知作用。本书在扼要介绍当代隐喻学萌芽起步阶段的“概念隐喻学说”和近来热烈讨论的概念整合（conceptual integration）理论新进路的基础上，较全面地勾勒出体验哲学（embodied philosophy）的基本框架并以文化意蕴两翼跨语言考究维度为契机，搭建起当代隐喻学的学科框架。当代隐喻学的跃世而生标志着曾经貌不惊人的隐喻辞格已彻底摆脱了传统修辞学的窠臼，在真正意义上从屈居于附属地位的辞格跨越式地升格为独立的认知科学门类。跨语言隐喻机制的同与异可借助体验哲学和文化意蕴的双维度予以较为圆满而周全的诠释。

Lakoff 和 Johnson 在《我们赖以生存的隐喻》一书中鲜明地指出，隐喻不仅是辞格或简单的交际附属品，还是一种由语言承载并凸显的思维方式。辞格在汉英语言中俯拾即是。本书在结合充分的理论考察与足额的例证阐析的前提下提出：传统的辞格不仅是表层的语词超常组配，更是以一事物描写另一事物的认知路径，换言之，辞格的本质是隐喻性的。辞格涉及同一个认知域（范畴）下的两个次认知域（范畴）之间的投射，可被视作隐喻的特例和辖项。我们有理由将传统意义上的辞格统摄于人类的核心思维方式和本质认知路径——隐喻之下，进而考察其背后的深刻生成与理解程序。传统意义上的辞格与当代隐喻学新视野中的隐喻具有同质性，可以将两者整齐划一地予以通盘考量。有必要在大量收集和归纳汉英语言辞格隐喻的基础上展开系统对比研究，探索辞格隐喻在两种语言中的认知模式和优势分布格局，揭示辞格隐喻的普遍性和差异性。汉英辞格隐喻表述既存在惊人的相似性也存在显著的差异性。学界可以用体验哲学和中西方文化意蕴来充分阐释滋生汉英辞格的深层次理据。本书在充分的理论阐释与大量的语料分析基础上提出：传统修辞学意义上的各种辞格与隐喻具有同质性关系。本书还将以汉英辞格的比较为出发点，探究两种不同语言在相同语境下相同修辞所表现出来的异同点。

汉英语言使用者共同的身体结构及其体验范式决定了两种辞格隐喻的趋同性；而中西文化模型的民族分野性又衍生出跨语言辞格隐喻的差异性。本书主要尝试从当代隐喻学的角度来探究各种辞格的滋生程序，以协助人们更深刻地洞悉这些原本稀松平常的语言现象。诉诸该双象限共同合力挖掘辞格隐喻异同及其背后深藏的发生理据及诱因有助于提升汉英辞格探讨的地位和层次，加强对其认知隐喻机理的深入读释，能够更好、更深刻地认识辞格这一普通而奇妙的人类概念化现象。

当代隐喻学的哲学基础，即体验哲学，可对汉英相通共融之处予以通盘考虑、集合处理，而运用文化模型有助于开展跨语言差异性溯源分析。本书在厘清两代认知科学疆界的基础上，追根究底，对方兴未艾的体验哲学予以全景式的回顾。Lakoff 和 Johnson 举起了体验哲学的大旗，明确发端了主客互动的心智体验观，认为：一方面，体验性真理是在人的身体与客观外界互动的基础上形成的，人的身体体验终究是客观现实不可或缺的一部分；另一方面，人类对世界的范畴化并非完全独立于人而客观存在，世界只能是我们认识中的世界，体验性真理渗透并彰显出人的价值观，其主观性亦不言而喻。

笔者还从当代隐喻学的视角审读隐喻与文化的密切关系，凸显了隐喻在人类认知世界和创造文化中发挥的双重功效，进而揭示跨汉英辞格语言对比各维度差异背后的深刻理据。

一言以蔽之，国内学者应试图找出属于中国人自己的独特的当代隐喻学视角和见解，中西合璧，将西方先进理论与中国实际结合起来，加大汉外对比的力度，在理论建构和实践验证两方面留下国人深深的足迹。

第二节　国内外相关研究的学术史梳理及研究动态

纵观国内外隐喻研究史，西学鼻祖 Aristotle 和儒学祖师孔子的传统修辞观长期居于主导地位，隐喻被当作一种典型的修辞格和约定俗成的语言技巧。学界两千余年间将隐喻（亦称暗喻）置于修辞"大家族"中，将其划定为比喻（或譬喻）的子项，即无标记语的明喻，并赋予其与其他辞格平等的地位，罕将其辟出单论。

在众多当代隐喻学理论流派和脉络当中，概念隐喻观和概念整合论最具有代表性和理论新意。1980 年起，Lakoff 和 Johnson 将隐喻研究的出发点从"表象"转变为"概念"，肇始了"概念隐喻观"，将隐喻研究从语言层面提升至人类思维规律的认知层面（Lakoff & Johnson，1980a，1999）。至此，隐喻从修辞学中一种普通的辞格蜕变为人类概念化内外部世界的利器。20 世纪末，以 Fauconnier 和 Turner 为代表的研究者指出，概念隐喻观裹足于规约性的概念隐喻，而忽略了新鲜的创造性隐喻，并以"日常言语中新颖隐喻比比皆是"[①]的判断为起点，着手建构三维立体的"概念整合论"（Fauconnier & Turner，1998，2002）。该理论主张：从两个提供输入元素的本源空间投射出的成分积聚融汇的类属空间，交织幻化出非原始空间直接供给的、独具自身特征的整合空间。隐喻由此成为实时而动态的发生过程。

当代隐喻学研究目前尚存以下问题。

第一，隐喻议题的学术平台亟待搭建。虽以"隐喻"为关键词的文献已车载斗量，概念隐喻观、概念整合论、词汇语用说、现代修辞学等学派却未见交融，各自为政；目前虽已存"隐喻学""当代隐喻学"的提法，但均缺乏稳固而统一的依托框架，尚存理论单薄、取向庞杂、实践深度广度欠佳等漏洞和弊端。整齐划一的平台还未出现，精确定义、覆盖范畴与内涵、操作方法与对象选用标准等问题更有待深化。

第二，辞格认知研究囿于起步阶段。已有学者敏锐地触及辞格的认知属性（刘大为，2001；陈汝东，2001；徐盛桓，2011；张炼强，2013 等），但印象式的模糊判断还居主导，缺乏可行性强的理论指引，还未依托当代隐喻学的集成载体对全体辞格予以一一验证。除转喻的基础性认知地位得以彰显之外（张辉和卢卫中，2010），众多辞格仍散落在修辞学辖域中，相互之间的认知地位和衔接关

① 本书的外文引文，没有注明译者的均为作者根据原文忠实翻译而成。

系不清，未见弥合。

第三，认知辞格的汉英对比未充分展开。随着 20 世纪末对西方理论的介绍，国内隐喻研究开始朝着现代科学进军（林书武，1997；束定芳，2000；胡壮麟，2004 等）。学人对国外理论的引进之功可圈可点，更有学者运用舶来理论分析汉语现象（Yu，1998；蓝纯，1999；袁毓林，2004 等），但学界普遍还未接纳当代隐喻学的学术地位和理论价值，本地化的消化吸收稍显不足，汉英认知辞格的跨语言对比尚未大规模铺开。

第三节　当代隐喻学的理论基础

自 Lakoff 和 Johnson 的合著《我们赖以生存的隐喻》问世以来，国内外学术界，尤其是语言学界，刮起了一阵又一阵的“隐喻旋风”。有关隐喻学，尤其是当代隐喻学方面的文章和论著汗牛充栋。但是在承认国内当代隐喻学取得长足进步的同时，我们应当清醒地认识到，我国学者的创新思维仍然相对滞后，具有标志性的学术成果仍然不多，也没有得到国际学术界的普遍认可，更没有形成一整套具有中国特色的当代隐喻学理论。其中一条重要原因在于基础理论知识不够扎实，地基没有打牢，这样建起的摩天大楼也必然有可能随时倾覆。由此而生的要么是低水平的重复性劳动，要么是不切实际、好高骛远的泛泛空谈。

一、概念隐喻学说

Lakoff 和 Johnson 于 1980 年首次构建起概念隐喻理论（conceptual metaphor theory）的框架，从而引发了学界对隐喻机制热烈的大讨论，成果累累。该理论认为，隐喻不仅是语言的表述手段，更是一条独具魅力、以一事物描写另一相关事物的思维途径。两位学者提出：“隐喻贯穿于人类的日常生活，不但渗透到语言里，更体现在思维和活动中。我们诉诸思维和行动的普通概念系统在本质上是隐喻式的。”（Lakoff & Johnson，1980a：3）概念隐喻理论一经问世，立即激起了学术界的“大地震”，引发了一轮又一轮的隐喻狂潮（metaphormania）。概念隐喻理论者将人类的认知活动作为探究焦距，正式宣告隐喻研究已从传统的辞格范畴跨入一个崭新的认知领域，大大加速了人们全面了解语言、思维与现实世界相互关系的进程。

概念隐喻被界定为包括源域（source domain）、靶域（target domain）及其映射（mapping）、理想认知模式（idealized cognitive model）和意象图式（image schema）在内的认知机制。源域指隐喻表达式发端的概念域，靶域指隐喻表达式应用的概念域。隐喻将喻源的认知图（cognitive map）映射到靶域上，从而使喻体通过喻源置于空间物质的经验中。概念隐喻理论认为，隐喻是从一个比较熟悉、易于理解的源域到一个不甚熟悉、较难理解的靶域之系统映射，在源域和靶域间有一系列本体的或认识上的对应（correspondence）或映射关系。对应和映射两个术语可以辅助源域与靶域在概念层次的各个方面、特征或角色上搭建起桥梁。在映射过程中，属于某一领域的相关概念和结构被转移到另一领域，最终形成一种经过并置析取的新概念结构，即隐喻意义。

二、概念整合理论

承上，概念隐喻理论旨在破解“隐喻不是语言问题而是思维问题”这一根本性命题，是人类认知视域的一次历史性飞跃。概念隐喻理论的结构简洁明晰，对剖析句式层面的隐喻表述和规约概念成效卓著。此外，概念隐喻框架中的理论成果和原则还被极富成效地应用于心理语言学和人类学等相关学科中，影响深远。该理论中的“源域”、“靶域”、“恒定原则”（invariance principle）、“映射”等将隐喻界定为认知现象的理论术语已成为认知科学、语言学和文艺批评理论等学科必用语。但与此同时，概念隐喻理论认定隐喻是两个认知域之间的一种固定的系统性关系，隐喻意义的发生具有由源域到靶域的单向性和不可逆性（图 1.1），认知结构的基本单位是认知域，因此也不可避免地存在对新显意义阐释力不足、程序任意性偏大、缺乏实证语料数据等理论基础薄弱和研究方法陈旧单一等方面的痼疾。

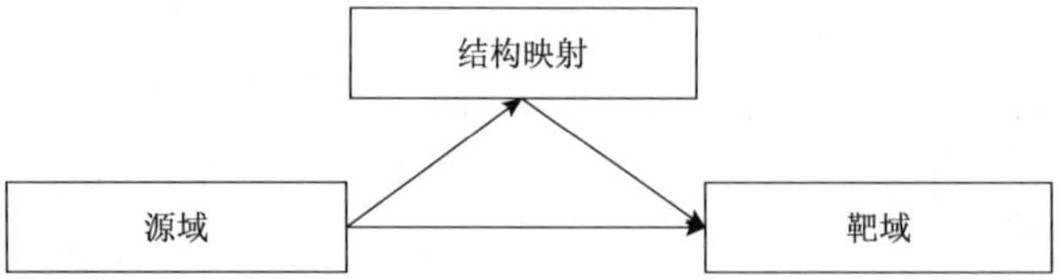

图 1.1　概念隐喻理论中隐喻的映射过程

概念整合理论是在吸纳概念隐喻理论的优势，克服该理论不足的基础上提出的，试图向人们解释隐喻精细加工的全过程，包括如何通过一个复杂、动态的模型所做出的衍推（inferential）。构建概念整合网络（conceptual integration network），必须历经建立心理空间、跨空间匹配、向整合空间选择性映射、确立共享结构、重新投射回各自输入空间等步骤，从而将原始概念重组整合而构建起新显意义。

概念整合理论起源于 20 世纪 80 年代末，是在心理空间理论（mental space theory）的基础上发展起来的当代隐喻学理论新阶段，其首创者是 Fauconnier 和 Turner。Fauconnier 于 1997 年在其著作《思维和语言的映射》（*Mappings in Thought and Language*）中提出概念整合理论，并同 Turner 一道在随后的论文《概念整合网络》（"Conceptual Integration Networks"）（Fauconnier & Turner，1998）和专著《我们思维的方式：概念整合与心智潜藏的复杂性》（*The Way We Think: Conceptual Blending and the Mind's Hidden Complexities*）（Fauconnier & Turner，2002）中发展和完善了该理论框架。Fauconnier 和 Turner（2002）验证，儿童在先前没有任何与整合相关的知识背景下，同样能不费吹灰之力地进行简单整合的构建与理解。这说明运用概念整合对特定情景下的言语进行分析和应答是人所具备的最根本的认知推理能力之一。概念整合理论是人们进行思维和活动，特别是创造性思维活动时司空见惯的一种认知机制。

概念整合是基于类比、递归、心理模式化、概念包、知识框架等心理活动的，由心理空间及其节点构成的具有连续性的网络结构，基本元素包括两个与概念隐喻理论中源域和靶域相关的输入空间（input $space_1$ 和 input $space_2$）、表征两个输入空间共有概念结构的类属空间（generic space），以及输入空间中元素组合、交互的整合空间（blended space）（图 1.2）。这四个心理空间通过投射链彼此串联起来并织就了一张概念整合网络。概念整合理论主张概念整合是一种人类进行思维和活动，尤其是创造性思维和活动的基本心理认知机制，机制中的一系列基本的组构控制运作法则掌控着包括隐喻在内的一切认知活动。概念整合中的两个输入空间发生整合时，必须满足以下条件（Fauconnier & Turner，1998：144）：①跨空间映射，两个输入空间之间须存有部分映射。②类属空间，该空间反映了两个输入空间共同的通常是较抽象的角色、结构和图式，并规定了输入空间之间的核要跨空间映射。③整合，输入空间一和输入空间二被部分地投射到整合空间。④层创结构，跨空间的映射均利用类属空间内输入空间共有的图式结构使输入空间的映射得以实现，两个输入空间部分投射至整合空间，并生成两个输入空间所未有的层创结构。从认知角度来讲，概念整合就是将来自不同认知域的一系列认知活动框限起来，把两个输入心理空间（input mental space）通过跨空间的部分映现匹配起来，并有选择地投射至第三个空间，即一个能够得到动态解释的整合空间，并最终生成新的、非两个输入空间简单叠加的概念范畴。

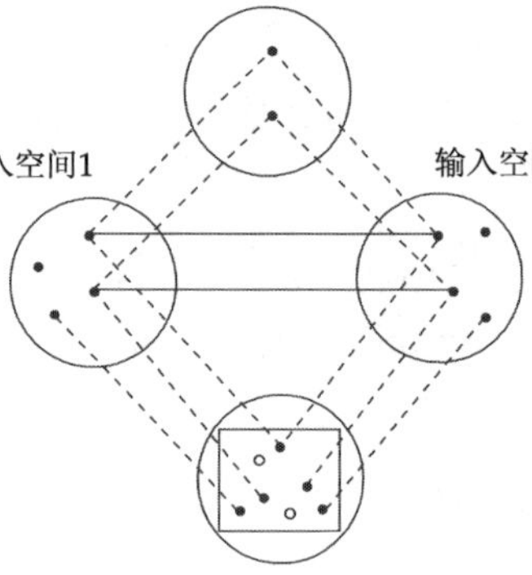

图 1.2　概念整合理论的四个空间映射模型
资料来源：Fauconnier 和 Turner（1998：143）

概念整合的阐释先进性在于四个空间的模型操作令我们能够将两个心理空间契合为一处，创造出第三个与前两个空间联系貌似松散的、具有自身特色的层创结构，从而能够充分地阐释双语域模型无法明晰剖解的认知现象。概念整合理论聚焦于新鲜的概念化过程，观测并读解非规约性跨语域关系的层创性个案。概念整合发生于由至少四个心理空间结成的心理空间网络之中，两个或更多输入空间彼此共享某种抽象结构，互相存在部分映射关系。类属空间把握输入空间共有的抽象结构并决定跨空间映射的核心内容，整合空间通过排列、配置、拓展等手段提取输入空间的部分结构，融合为全新的层创结构。层创结构的形成遵循自身独特的逻辑，同时不断接受固有知识、认知及文化模式的影响，因而并不直接反映输入空间的内容，而烘托出一种崭新的整合意义。层创结构中新生出原先输入空间并不具备的概念或关系，进而发挥认知效果并独立参与运演。

简言之，传统的概念隐喻框架是静态的，而人们的语言运用则是灵活多变的。概念整合理论的一个核心宣称是源域和靶域对整合过程中最终意义的落定均具有积极的建构意义，概念整合的发生全过程具有动态性和交互性。概念整合理论弥补了概念隐喻观对新生意义阐释不充分的理论局限，主要将熟悉的概念化过程融合为新的表意元素，聚焦于个体实例的特异性表征，为分析复杂而新鲜的实时隐喻表达开辟了一条更加踏实可行的道路。

第四节　当代隐喻学跨语言求索的双象限支撑

虽然国内外很多学者对许多隐喻现象进行了考察，尤其是近年来运用概念方法对隐喻现象的研究活动蔚然成风，但围绕当代隐喻学进行的汉英对比研究仍比较松散零碎，深入系统的研究凤毛麟角。英语的隐喻研究业已积累起雄厚的基础，既扎实又透彻。Lakoff 及其学术团队已就英语隐喻的诸多范式及其具体表征进行了令人信服的剖析，具有深刻而有益的对照参考价值。更多的研究者理应对英语以外的语言隐喻系统做大量的基础性研究，以求证在所有语言中抽象思维都是通过隐喻来实现的。

同中有异、异中有同是事物两种最基本的关系和存在状态，两者共同决定了人类认识世界的两个核心维度，即对事物的相似和相异的判断。在认识发展史上，人类对所有问题的解决方案，无不沿着从观察认识事物的相似性和差异性关系两条脉络展开。许余龙（2002：1）曾言：“比较是人类研究事物、认识事物的一种基本方法，也是语言学研究的一种基本方法。”可见比较在语言研究中的重要地位。要认识汉语的特点，就必须采用对比的方法，因为“语法研究的历史告诉我们，对比研究是促进本族语研究的一条途径”（潘文国，1997：8）。跨语言隐喻比较所彰显出的共性与个性是合理的，普遍性意味着事物之间的联系，而个性则标志着事物之间的区别，世间万事万物都是两者交织与碰撞的统一体。

一、体验哲学象限

Lakoff 和 Johnson 在 1999 年再度联袂出版了另一部学术力作《肉身中的哲学——体验心智及其对西方思想的挑战》（*Philosophy in the Flesh*：*The Embodied Mind and Its Challenge to Western Thought*），集数十年研究之大成，在书中率先采纳并全面阐发了“体验哲学”的理念框架。

第二代认知科学以确定心智的身体基础、身体在认知和社会活动中的首要作用为标尺，哲学地和经验地表明身体是人类接触、介入、认识和拥有世界的终端枢纽，是心智表现的最初样式。学界逐渐意识到将人的认知活动单纯归结为反思意识的符号思维水平是极端片面的，人的认知活动需从更为基本的身体能力和涉身经验中觅见源头。第二代认知科学正是在系统地扭转这种“二元论”的身体观的基础上建构起来的，旨在探究知觉、行为图式、记忆、学习、情绪、情感和思维是如何以身体为基础并体现于和实现于身体的。体验哲学的核心思想为：人类的范畴、概念、推理和语言均源自人们与客观外界的互动体验和认知加工，它们具有切实的体验性。Lakoff 和 Johnson（2002：245，249）多次反复强调：“从最根本的意义上说，心智是基于身体经验的，意义是基于身体经验的，思维也是基于身体经验的。这是体验哲学的实质。”完全可将“心智、意义、思维”统称为“认知”，从而得出“认知来自身体经验”的结论，即“认知具有体验性”。人类的认知（包括概念体系）以身体为基石、起点和边界。在此基础上，Lakoff 和 Johnson 提出抽象原理亦源于身体：用于推理（reasoning）的身体运动的概念和衍推系统可能由神经模式（neural model）所预制（preformed）。

理性是体验的，“理性并非如传统所持的那样是祛身的，而是一种植根于人类大脑、身体和涉身经验之上的特质。人类需要一个身体来开展推理，毋宁说，理性的结构本身正是来自我们体验的细节。人类进行知觉和四处移动的神经和认知机制，同样也创造着我们的概念系统和理性模式。因此，要理解理性，我们必须理解自身的视觉系统、运动系统及一般的神经绑定机制的点滴。总之，理性并非这个宇宙或非体验心灵的先置特征，而是由我们身体的特性和大脑神经结构的细节以及我们的日常点滴所汇流的”（Lakoff & Johnson，1999：4）。

体验哲学的创世不仅是认知科学 40 年来突飞猛进发展推动的结果，而且对认知科学发展的进程和方向有着重大的反拨作用。体验哲学在人工智能、神经心理等领域的兴起使得认知科学突破了狭隘的符号表征认知观，重新审视以神经为物质基础的心智的运作方式和进化的生物原理，促成了认知科学范式的华丽转身。科学技术的发展使得认知科学对心智的研究手段也从原来的推测、假设、间接的求证到诉诸科学仪器观察大脑在运作时的动态状况，结果确凿而可信。

承 Lakoff 和 Johnson（1999：497）所言：“概念是通过身体、大脑及在世界的体验而形成的，且唯有通过此才能为人洞悉。概念是通过体验，特别是通过感知和肌肉运动获取的。”人同此心，心同此理，人的体验认知不但古今相仿，更是中外相通。中西方民族均拥有相同的感知器官，对事物有着相同或相似的体验。这种人类体验上的共通性不仅奠定了不同民族之间的交往基础，也同样树立了我们理解不同语言中隐喻的一块标志性界碑。隐喻以人类的经验为基础，而基本体验又是所有正常、健康的人分享的，在体验中很多方面是趋近或相似的，因此在不同语言中必定会滋生诸多相同或类似的隐喻。人类具有相同的身体构造和感知器官，具备相同的感知、察觉能力，因此在面对相同的物质世界时能获得相似的概念结构，这就使隐喻的认知方面存在着明显的跨语言共性。汉英隐喻在设喻类型和遣字用词方面存在惊人的相似。

二、文化意蕴象限

Allan（1995：13）提出，尽管我们的身体的感觉赐予我们体验这个社会的起点，但我们对这个世界的感知却由于个体文化的差异而不同。方汉文（2006：10）将文化概括为：文化是人类社会具有独立特征的综合体系，它主要包括社会生产与生活方式、社会组织形态和精神意识形态三大层次。三个层次环环相扣，相互关联，共同组构了人类的行为与精神活动的总体。文化是多层次结构的有机系统，涵盖人类有史以来的人文历史遗产，囊括整个不断演化和创造中的文化系统，若干个层次构架起这一系统。语言承载着丰厚的文化信息，任何文化的变迁与发展都会在语言系统中留下深深的足印（孙毅，2011a：45）。文化作为民族集体的智慧和结晶以及民族经验的积累和留存，影响着语言各个层次的形成与发展，彰显于语言的各个侧面。隐喻是折射出厚重而深刻的民族文化传统的一面“透镜”，浸润文化色彩，处处穿透着文化观念，时时散发着文化气息。隐喻这一文化行为的运用受相应文化背景制约，不能独立于文化环境而自行发酵，各个文化要件都会直接或间接地影响隐喻的筛选和择用。

操母语者因长期生活在本族文化氛围之中，耳濡目染、潜移默化地习得了本民族的文化。作为一种普遍语言现象的隐喻，折射出以该语言为母语者的思维方式及文化特征。隐喻的使用者和接受者之所以能共同达到交际的初衷，正是由于共存于同一文化社区之内，坐拥共同的文化基底，话语双方能迅速地在同一坐标系中锁定位置，达成共识。同一文化中，同一概念隐喻自成一脉，不断发展，开枝散叶，衍生出子子孙孙的分散隐喻。不同的子隐喻强调事物的不同侧面，互相补充，共存于同一文化的概念体系中，成为人们本能的思维方式。文化的许多内容通过隐喻这种特殊形式代代相传，从而对人的思维方式和行为方式施加影响并随文化变化而孵化、诞生、发展和消亡。隐喻是在一定文化范畴之内产生和拓展的，隐喻的产生载体和接受载体都是文化的继承者和发扬者。

归根结底，隐喻是人对客观世界的一种认知方式，是语言中普遍存在的本源，是人以体悟性的方式对世界进行知觉、通晓的必然产物，大多文化现象都以隐喻的方式串接起来。隐喻是一种文化行为，文化是隐喻的灵魂，不考虑文化因素的介入，便无法解释两个不同事物如何在人的观念之中协调起来，也无法管窥人们对隐喻理解的深层机制。隐喻之“隐”在很大程度上要归因于其背后藏匿着的异彩纷呈的文化背景。

“任何一个语言使用者都属于某个特定的言语社团，每个言语社团都有长期形成的历史、文化、风俗、人情、习语和价值标准。这些必然反映于该言语社团的共同语中。”（胡壮麟，1994：186）“语言本身就是一种文化力量和文化模式，人们自幼习得了这种语言，也就把其中包含一切文化观念、文化价值、文化准则、文化习俗的文化符号深深地溶进了自己的思想行为之中。”（戴昭铭，1996：26）Wu（2001：2）认为：“文化就是语言社团编织历史的隐喻丝线。文化本身就是一个综合隐喻。隐喻决定了我们人生观中的‘文化’，它是唯一能融合‘文化冲突’使世界走向崭新的共同未来的方式。”根植于不同文化土壤里的隐喻是文化的有机组成部分，与文化密不可分，能够在很大程度上反映文化的内容、信念、态度、行为方式等，盖有另类而浓艳的文化印记。Lakoff（1993：245）声称：“隐喻投射在普遍性上存有差异；有些似乎是普遍的，有些似乎分布很广，有些似乎只属于特定的文化。”汉英两个民族在地理疆域、宗教信仰、生活习惯、民俗心理、审美情趣和历史沿革等方面均相去甚远，分别反映各自本土的文化现实及状态，也因此形成各自独特的思维方式、行为惯性及语言表达方式。每个民族将自己对文化现实的认识和理解投射到语言上，使隐喻系统彰显出五彩斑斓、争奇斗艳的民族特点和趋向，这就促生出隐喻的个性。

在详尽回顾和介绍概念隐喻观和概念整合理论的基本构成及跨语言隐喻研究的体验哲学和文化意蕴两个基本象限的基础上，笔者将“当代隐喻学”权宜性地界定为：一门以蓬勃兴起的体验哲学为哲学依据、充分考虑诸多民族文化因素、主要以概念隐喻理论和概念整合理论为支撑工具、试图为我们赖以生存的各个隐喻范畴制定统一而具有强大阐释力和说服力方案的新兴认知科学（图 1.3）。

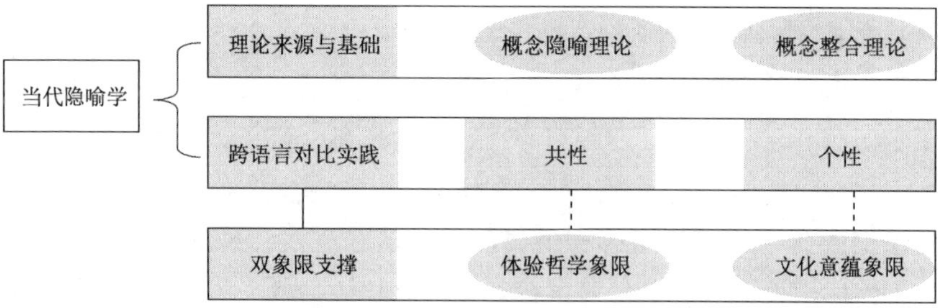

图 1.3　当代隐喻学理论样式构架

第五节　学术价值和应用价值

第一，“当代隐喻学”作为围绕隐喻课题展开的当代语言学研究，将概念隐喻观、概念整合论等学说聚合起来，理论统摄力较强。

第二，本书诉诸当代隐喻学，将传统辞格的地位整体抬升到认知高度，重审辞格在人类大脑运行中的身份和作用，可令古老的修辞学焕发新颜，为 21 世纪修辞学培育新的增长点。

第三，在对比环节中，“体验哲学”借助人所共有的涉身经验来诠释跨语言的“同”，经切割缩减后的“文化模型”可逐个对应地详解汉英语言的“异”，操作性强，可为其他项目的对比提供可资借鉴的样本和参照。

第六节　结　　语

随着 20 世纪六七十年代以来认知心理学的迅猛发展和 80 年代末“隐喻革命”的风起云涌，学界不约而同地从真正意义上去“解释”语言，寻觅语言现象与人类认知之间的确凿联系。与传统的语言观相左，当代隐喻学认为语言不是独立于人的认知能力以外的形式系统，而是在人类的认知活动与客观世界的相互作用中脱胎的。诚然，方兴未艾的当代隐喻学探讨只是人们有意识地探索规约思维与行动的隐喻机制之“万里长征的第一步”。本研究在有机契合概念隐喻观和概念整合理论、体验哲学和文化诸元素的基础上权宜性地界定了当代隐喻学，尝试性地厘清了学科疆域。这只是初步的学界划分，当代隐喻学与认知心理学、认知文体学、认知诗学等边缘认知科学的边界远非泾渭分明，混淆糅杂之处在所难免。当代隐喻学作为一门新兴的认知科学尚不具备固定稳健的理论框架，尚未被广大学界同人认同，还有漫长的路要走。相关科学领域日新月异的发展必将有益于当代隐喻学的健康快速成长，促发其成为一门更加为学人广泛认可的认知显学。

学界尚未就当代隐喻学所涵盖的多个维度进行系统深入的跨语言对比研究，也未分门别类地剖解各个隐喻项目的相同点和差异点。人类有着共同的生理特征和相似的涉身经验，因此人类在构建隐喻时会根据认知模式里存在的对应性激活近似的联想，从而不谋而合地产生相仿甚至完全一致的隐喻表征。同时，由于自然条件、社会环境、历史传统的分野，不同民族的隐喻在孕育的始源上便伴生有分歧。不同民族文化背景下的人在进行心理联想时，由于诸多文化因素的浸入，势必会派生出部分相异甚至截然有别的隐喻样貌。

第二章　当代隐喻学的体验哲学基础

第一节　引　　言

英语“哲学”（philosophy）一词源自希腊语的 philo（热爱）与 sophia（知识、智慧），两个语素的并体 philosophia 之联合意义为“love of knowledge, wisdom”（对知识和智慧的挚爱）。哲学究其本身即是人类为了积聚更多的知识和智慧而进行的认知思维活动。Lakoff 和 Johnson 于 1980 年发表了石破天惊的《我们赖以生存的隐喻》，在此基础上于 1999 年再度联袂出版了另一部学术力作《肉身中的哲学——体验心智及其对西方思想的挑战》，集数十年研究之大成，在书中率先采纳并全面阐释了“体验哲学”的理论框架。

Lakoff 和 Johnson 将“体验哲学”视作一种非客观主义，亦称“新经验主义”（experientialism），与被其归结为客观主义（objectivism）的经验主义和理性主义针锋相对。经验主义诞生自古希腊，属于一种认识论学说，其根本思想是：人类的一切知识都来自外部的、感官的印象以及大脑对这些印象所进行的抽象和概括等活动，亦即人类知识发端于感觉，并以感觉的领悟为基础。经验主义和理性主义认识论均认为人类可通过直接的经验性感官或间接的推理来获取关于世界的绝对的、无条件的真理。体验哲学是在严厉批判西方客观主义传统哲学和 A. N. Chomsky（1928—　）转换生成语法的基础上建筑起来的一种全新的非客观主义哲学思潮，对全世界学术界，特别是哲学界产生了重大影响和轰动效应。不同于客观主义哲学思潮，体验哲学认为人类知识源自体验，强调身体经验和主客互动对认知加工和语言表达的基础性作用，人类的范畴、概念、推理和心智是基于身体经验形成的，其最基本形式主要依赖于对身体部位的感知。

第二节　划隔第一代与第二代认知科学的界标说略

Lakoff 和 Johnson（1999：37）将认知科学历时地划分为第一代认知科学和第二代认知科学两大派别，分别代表着传统的认知科学（即非体验心智研究）与新兴的认知科学（即体验心智研究）。第一代认知科学发端于 20 世纪 50 年代，始于表征计算范式的认知研究，当时计算机技术方兴未艾，被运用于智能研究，认知心理学的研究，引领心理学研究的主导方向，生成语法渐成主流。概而言之，E. G. A. Husserl（1859—1938）、H. Dreyfus（1929—2017）、A. N. Chomsky、Paul M. Churchland（1942— ）和 J. R. Searle（1932— ）等人都属于这一范畴。

第一代认知科学是基于传统的英美分析哲学（形式主义学派和日常语言学派）和先验哲学，接纳了许多其他哲学门派的有益成分，如客观主义、形式主义、符号主义、认知主义、“二元论”、非隐喻性推理等。这些理论派系均认为范畴、特征、关系等是客观存在的，独立于人的意识，与人的身体经验、神经系统、主观因素等无关。人类的心智仅是外部世界的内部表征，仅是对自然客观的、镜像的反映，推理具有非隐喻性；认知过程是纯粹的心智现象，身体只是精神和大脑的传输器。认知心理学、人工智能、形式逻辑、生成语法将其发展为：心智的主要特征可用形式化的方法来描摹，用形式符号来表征；思维仅是对抽象符号的机械运作，可根据形式规则对这些符号进行运算，而这些符号本身就如同计算机语言是无意义的。他们还将感知（perception）与概念（conception）隔断，认为人类的推理能力独立于感知能力和身体运动，主张推理是一种自治的能力，与身体经验无关。第一代认知科学带来的重要观念突破在于其超越了行为主义否认心智的狭隘观点，承认复杂的行为和认知能力是经由内在状态（即心智）的调节达成的。第一代认知科学，特别是作为其核心的学科——心理学、语言学和计算机科学，在随后的发展中均遵循共同的研究范式，即将心智的内部状态视为抽象表征水平的逻辑或计算过程。

第二代认知科学肇始于 20 世纪 70 年代，对第一代认知科学予以尖锐的驳斥，坚决批判哲学的基本观点、认知心理学的符号加工学说和转换生成语法中的先验哲学假设。其主要观点是：概念、范畴、心智源自身体经验，人类借助自身特殊的生理构造，沿着既定的路径来感知世间万物，理解其间的各种关系。第二代认知科学包括以下关键点（Lakoff & Johnson，1999：77-78）：①概念结构源自人类的感觉运动经验和引发感觉运动经验的神经结构。在人类的概念系统中，真正的“结构”概念是通过体验，特别是通过感知和肌肉运动能力得到的。②依照与我们的身体及自身体经验间的联系，心理结构是内在表义的，不能仅借助无意义的符号而被充分地转录。③“基本层次”概念部分地源自人们的运动图式和格式塔知觉及意象形成（formation）的能力。④我们的大脑是结构式的，将感觉运动区的激活模式投射到高级皮层区，进而形成初级隐喻。这种投射允许我们在推论模式的基础上概念化抽象概念，这些推论模式适用于与身体直接连在一起的感觉运动过程。⑤概念结构包括各种原型（prototype），每个原型都有一套泾渭分明的推理模式。⑥理性是体验的，因为我们的基本推理模式源自感觉运动及其他基于身体的推理模式。⑦理性是想象的，身体的推理模式经由隐喻被映射到推理的抽象模式上。

体验哲学是第一代认知科学与第二代认知科学的分水岭，两者的划分能使我们更清醒地洞悉认知科学理论。两代认知科学之间的根本分歧在于是否承认人类的认知是体验的，理性是体验的，心智是体验的。“体验”可以包括个体或社团的各种实际的或潜在的经历，是具有遗传结构的个体与物理和社会的交互。要厘清理性，我们就必须理解我们身体里的视觉系统、肌动系统和神经机制。我们需要身体来进行推理，理性不是非涉身性的（disembodied），而是源自我们的大脑、身体和身体经验之本性。理性不是非体验心智的先验特征，相反完全是由人身体的布局及特性和我们在世界中日常活动的点点滴滴塑就的。从发生学起源观之，心智必然以一个在环境中具体的身体结构和身体活动为基础，因此，最初的心智是基于身体的，心智是身体的心智，始终与身体结构和活动图式内在关联。

第三节　体验哲学学科缘起

体验哲学是在鞭笞两千多年传统的客观主义哲学理论基础上提出的，纠正了客观真值对应论，接受和发展了 M. Merleau-Ponty（1908—1961）等人的体验认知观，强调人的身体体验在概念、思维、推理和语言等认知形成过程中的关键作用，有力地向整个西方哲学体系提出了挑战。

精神与物质的关系一直是哲学领域的核心命题，20 世纪之前的西方哲学对思想、心智的讨论大多囿于“二元论”。R. Descartes（1596—1650）的“二元论”奠定了近代认识论的基本概念框架，同时衍生了长期困扰意识研究的身—心关系问题。在 Descartes 开启的两分法中，“二元论”否认身体和心智之间存在关联，认为精神和物质是两个独立的本源，身体被归为客体一侧，被视为无生命的机器。

体验性概念的肇始首先是哲学对“二元论”的否定和反动，从哲学渊源上来说，体验性研究来自欧洲大陆现象学的哲学启示。Husserl 和 Merleau-Ponty 等一些研究者力图捕捉现象学与认知科学之间内在的深刻联系。以 Husserl 对身体的追问为契机，到 Merleau-Ponty“身体图式”的身体本体论构想，身体问题逐渐成为现代现象学研究的核心话题，甚至有研究者提出了哲学研究的“身体转向”的说法，认为是“继语言学转向之后，20 世纪哲学的又一大转向”（张红翠，2007：129）。

归根结底，我们可以在现代哲学创始人 Husserl 的意义学说中找到一个与体验认知观念相汇的起点。Husserl（2005：303）较早地表述了感知和身体运动的统一在认识活动中的基础性作用。Husserl 对身体的考问在于：肉身是如何对其自身有某种“感觉”的，或者说，在我们感觉事物时，我们是如何察感到作为经验的肉身的。对此，Husserl 的回答是：身体是一切感觉活动发生的场所，剥离身体感觉就无从提起。在 Husserl 看来，身体是知觉经验得以发生发展的方向原点，身体不仅与周围世界互为条件，而且也与精神意志等互为条件（臧佩洪，2005：6）。由此，他提出了“零点之身”“生活世界”“境域性”“主体间性”“交互主体性”等概念，突出强调了身体对于感知的基础性、身体与世界的互动性和主体经验与世界的交融性。虽然身体问题不是 Husserl 现象学的中心话题，他对身体的看法也不够彻底（臧佩洪，2005：5），但身体在感知和精神世界中的地位，身体在心智与外部世界互动中的作用在 Husserl 的现象哲学中已初见端倪。但从根本上来说，Husserl 的现象学仍隶属唯心主义的“意识哲学”，因此“无法克服如何从身体向心灵过渡这样的难题：身体是经验的，意识是先验的，异质的两者之间不存在任何意义上的类比的通道”（杨大春，2003：70-71）。

德国存在主义哲学创始人和主要代表 Martin Heidegger（1889—1976）发现：认知活动本身是一个生存活动，人不是一个“思维的事物”（thinking thing），而首先是一个在世存在（being in the world）的活动者，这是思维主体涉身性（embodiment）的第一步。Heidegger 在其著名的“在世存在”的辨析中表明，我们形成现实表征的首要条件是：我们已经浑然地游弋于世界中，处理和把握着事物。即便是对世界采取理论的态度，我们仍然是在世存在的活动者；即便是发现世界和形成客观中立的（disinterested）世界图像，我们也必须与事物互搏，置身于观测及控制实验的条件等。Heidegger“通过提出一个既非意识也非身体的含混的‘此在’范畴来绕开身心关系难题”（杨大春，2003：70）。对于身体，Heidegger 认为，“我们并不‘拥有’一个身体，相反，我们‘是’身体性的。身体并不是我们的灵魂所背负的一个躯壳，我们的一切（包括灵魂）都与身体的感觉运动、感觉或感受性相关”（臧佩洪，2005：7）。对于身体与世界的关系，Heidegger 提出了“在世界之中存在”的哲学程式，认为人类的行为是“涉境化了的身体—环境系统的经验”。通过现象学的相关性考察可以发现：意义既不是单纯来自外部世界，也不是主体的臆想或由纯粹的反思自我统摄，而是发生于主体和外部世界相互作用的活动过程中，是交互活动的创设和建构。我们无论如何也无法独立于存世的活动来认知世界，因此人们认知结果的意义也不可能与其认知和理解活动毫不相干，人类的认知并非像客观主义坚持的那样以真值条件的形式对应于外部世界。

Merleau-Ponty 在 Husserl 和 Heidegger 的基础上形成了更为系统的思想，为体验心智研究提供了最直接的哲学灵感。Merleau-Ponty 对身体的关注从知觉综合和理智综合的区分开始，“身体是这种奇特的物体，它把自己的各部分当作世界的一般象征来使用，我们就是以这种方式得以‘经常接触’这个世界，‘理解’这个世界，发现这个世界”（梅洛-庞蒂，2001：302），“身体不仅把一种意义给予自然物体，而且也给予文化物体，比如说词语”（梅洛-庞蒂，2001：300），“知觉综合依靠身体图式的前逻辑统一性，除了身体本身的秘密，不再拥有物体的秘密”（梅洛-庞蒂，2001：297）。Merleau-Ponty 提出概念和判断是知觉主体通过己身进行概念化和图式化的结果，人是通过身体的图式向物体、他人、世界开放并占有和分享世界的一种生存方式（梅洛-庞蒂，2001：135-138）。Merleau-Ponty 这里所说的身体图式既不是对“我们身体体验的概括”，也不仅仅是格式塔心理学意义上的“完形”，而是与涉境概念合体于一处，使身体真正成为人们进入世界并获得意义的基础。在 Merleau-Ponty 看来，“知觉的主体是身体，它既不是笛卡儿意义上的物，也不同于客观身体的现象身体，其实质是物性的客观身体与心灵的统一体”，身体是“躯体与心灵的最本源的结合”，也是“一个知觉和意义相纽结的知觉场”（李婉莉，2006：43）。Merleau-Ponty 在此基础上提出的“身体现象学”和“肉的本体论”，“以身体的知觉意向性取代了胡塞尔的纯粹意识的意向性，用知觉的呈现取代了意识的构造，用社会性的主体取代了绝对主体，进而以肉的本体论奠基表明身体与世界是由同样的材料所构成的，从而一定程度地避免了胡塞尔的现象学唯心主义”，修正和超越了 Husserl 的现象学思想（郑震，2007：51）。Merleau-Ponty 以“肉身”（flesh）冠名我们身体与世界最初接触的体验，代表我们原初的具身经验，并试图将哲学界的目光集中到其所宣称的“世界之肉身”（the flesh of the world）上，宣告：“世界的问题可以从身体的问题开始。”Merleau-Ponty 认为我们生活于能够感触到的世界，人类所有心智能力都只能通过“体验”（embodiment）才能存在。Merleau-Ponty 既反对过于强调知觉对象的“纯粹外在性”的经验主义（忽视了知觉主体是一个有意向的身体），又反对片面强调知觉主体的“纯粹内在性”的理性主义（过于无视概念和判断的存在论基础）。

Merleau-Ponty 提出主体和客体不是两个独立的实体，而是来自非固定的、整合而成的经验，基于此创立了“身体—主体”（body-subject，亦称“己身”）这一概念，知觉便处于己身与世界之间，倡导心智的根源在于身体的唯物论思想，并鲜明地提出了身体知觉对概念和命题形成的存在论观点，并以此来批判 Descartes 的“二元论”。Merleau-Ponty 认为人自己的身体是知觉主体，既能主动感知外界，又能被自己所感知，这一“己身”是人类在此世界中的一种生存方式，概念和判断是知觉主体通过己身进行概念化和图式化的结果，人是通过身体的图式向物体、他人、世界开放并占有和分享世界的一种生存方式。所以，被感知的世界绝不是知觉对象的总和，其间必有人己身的介入，必受身体图式投射的影响。Merleau-Ponty 指出人类主体既不是无形质的纯思维形式的主体，也不是将行为还原到物理解释的躯体，而是身体—主体。换言之，任何一个完成认知任务的“我”或“主体”都是一种含混的（ambiguous）存在，“身体绝没有哪一部分是纯粹的事物，也没有哪一部分是纯粹的观念”（梅洛-庞蒂，2017：303），是一种思维特性和物质特性编织在一起的存在。意识不是孤立的实体意识，而是介入性意识（engaged consciousness）；身体图式、意向弧等是身体直接塑成意识的机制；身体现象学可以从知觉意识推广到理智意识的解释上等。梅洛-庞蒂（2001：538-540）区分了两种身体：客观身体和现象学身体。前者是一个能像物质一样进行分解的生理实体，后者则是某个“我”所经验和经历的、承载着“我”的、介入自然和社会的有机体。如果“我”是一个主体，那么“我”既不是“在身体前面、在身体之中”的存在，也不是先验地表征世界的、无形质的、与世界相对的思维存在；“我”就是我所经验的身体，是身体的在世存在（bodily being-in-the-world）。身体—主体并非无形质的思维主体，而是人类唯一经验到的主体之样式。主体始终是身体之经和在世之纬编织而成的：“……主体性的本质联系于身体的本质及世界的本质，是因为作为主体性的我的存在就是作为身体的我的存在和世界的存在，是因为被具体看待的作为我之所是的主体最终与这个身体和这个世界不可分离。”（梅洛-庞蒂，2001：511-512）

Merleau-Ponty 进一步发现：此在（dasein）的在世存在是身体—主体的在世存在，我们认知结果的意义不仅与我们和世界相互作用的认知活动有关，而且与我们实现认知活动的基本的身体图式、行为结构和生理神经结构相连。在Merleau-Ponty看来，我们的认知是开始于“我能”（I can）而不是“我认为”（I think that）。“我能”是因为“我”是一个身体—主体，构成我身体的元素和构成世界中事物的元素是一样的，它们是由相同的“肉身”构成的。而之所以“我能”，正因为“我”是“身体—主体”——一个与世界同在的“身体”，因此“我”才能存在于世界之中，并与世界互动。唯有这样，我才不是一个与世界分离的心智，我们才能够在世界中与其间的事物发生联系并相互作用，才能在世界中自由行游。Merleau-Ponty深刻地发现了心智与身体的浑然相关的本性：我们重新学会了感知我们的身体，我们在客观的和与身体相去甚远的知识中重新发现了另一种关于我们身体的知识，因为身体始终和我们在一起，不分彼此、难分难离，我们就是身体。但是，当我们以这种方式重新搭建身体和世界的联系时，我们将重新发现自己，因为如果我们用自己的身体感知，那么身体就是一个自然的“我”和“知觉”的完美合璧。Merleau-Ponty眼中的“经验”乃是真正的身体体验；“行为”不仅具有了生命符号象征的意味，具有了意义和价值的指向，更具有了身体和活生生的生命活动之维度。Merleau-Ponty把经验的主体由意识转向了身体，把经验的对象由抽象的实在扭向了活生生的现实世界，把经验的效用由获得单纯的知识、获得真理转向了通往真实、重临物、真、善的构建维度，故其所体现出的乃是一种彻底而实至名归的经验主义哲学。Merleau-Ponty认为，真正的哲学既不是思辨的哲学，也不是直觉的哲学；既不是主体的哲学，也不是客体的哲学；而是在反思与直觉尚暧昧未分之前的“看”的哲学，是主客合一的身体哲学，是像身体一样有生命节奏的哲学而不是非生命的无度之哲学。

第四节　体验哲学的学理智慧

Descartes认识论的核心思想之一就是“二元论”，认为心智与身体是两相分离的，人类的思想只能是外部现实的内在心智表征，Lakoff和Johnson将这种观点冠以“表征—现实对应论”。近代认知心理学提出“心智的信息加工和符号运算”的观点，Descartes的心智表征观被演绎为符号表征观，这成为近代英美分析哲学家的核心观点“符号系统现实主义”（symbol-system realism），使得Descartes“二元论”在心智和世界间的鸿沟更加宽深。在客体和主体之间本就不存在一道无法填补的鸿沟，两者一旦分离，对客观现实的了解只有两种可能：要么通过物体本身来了解，要么通过能被多数人理解的共享的有意识结构来了解。心智的体验观认为这两种路径同样谬误。

心智体验观彻底批判了 Descartes 和 Chomsky 的“心智与身体分离”的“二元论”：心智和推理基于身体经验，概念通过身体经验而获得意义，它们既不是纯心智的，也不是一种独立于身体的先天能力，更不是纯客观的，“主体—客体”二分法不能成立。心智体验性的思想反对分析哲学和 Chomsky 的语法传统，认为研究人类语言和思维不应仅靠形式和逻辑手段，而应充分考虑人的身体基础。理性不是非体验性的，而是肇始自人类的大脑、身体和身体经验，发端于人类的大脑神经结构、除大脑以外的其他身体部分以及我们日常生活的细枝末节。人类通过身体与世界的互相作用来与世界联通，人们整日存活在客观世界中，片刻亦无法与其脱离。使得认知、心智、知识成为可能的只能是我们的身体经验，是想象力，而绝不是超验。

第二代认知科学以确定心智的身体基础、身体在认知和社会活动中的首要作用为标志，哲学地和经验地表明身体是我们接触、介入、认识和拥有世界的枢轴（pivot），是心智表现的最初样式。学界逐渐意识到：将人的认知活动单纯归结为反思意识的符号思维水平是极端片面的，人的认知活动需要从更为基本的身体能力和身体经验中觅到源头。体验哲学的核心思想为：人类的范畴、概念、推理和语言均源自人们与客观外界的互动体验和认知加工，它们具有切实的体验性。Lakoff 和 Johnson（2002：245，249）后来又反复强调了这一原则：“从最根本的意义上说，心智是基于身体经验的，意义是基于身体经验的，思维也是基于身体经验的。这是体验哲学的实质。”完全可将“心智、意义、思维”统称为“认知”，从而得出“认知来自身体经验”的结论，即“认知具有体验性”。遵循 Merleau-Ponty 的研究脉络，Lakoff 和 Johnson 进一步提出人类的认知（包括概念体系）以身体为基石、起点和边界。在此基础上，两位又提出抽象原理亦源于身体：用于推理的身体运动的概念和推导系统可能由神经模式预制。

Lakoff 和 Johnson 二次联手，再度发力，在《肉身中的哲学——体验心智及其对西方思想的挑战》中开宗明义地提到第二代认知科学的三项主要发现：心智原本是体验的；思维大都是无意识的；抽象概念大部分是隐喻的（Lakoff & Johnson，1999：74-129）。

一、心智的体验性

在体验假说的三项基本原则中，“心智的体验性”是该理论的基石与核心。

体验心智认为：我们的范畴、概念、推理和心智并不是外部现实客观的、镜像的反映，而是由我们的身体经验形成的，其最基本的形式主要依仗于对身体部位的感知逐步集聚而成，认知归根结底是身体经验性的。两位学者（Lakoff & Johnson，1999：497）指出："概念是通过身体、大脑及在世界的体验而形成的，且唯有通过此才能为人洞悉。概念是通过体验，特别是通过感知和肌肉运动获取的。"人类具有特殊的身体构造和感觉肌动系统。人类的身体体验、概念化、语言与思想等均具有体验性。理性具有身体基础，体验不但与身体的生理构成有关，还与人的社交体验有关；身体是人们理解抽象概念的重要资源，体验是人类认知的重要支点。人以自身的感觉器官直接感知客观世界，在与客观世界的互动中获得经验。体验性在人类概念化世界的过程中扮演着重要角色。人类的概念建立在身体及其经验的基础上。身体不仅是一种媒介，从根本上更是思维产生的根基和源泉；不仅是一种认知的载体，从根本上更是直接塑成认知的母体。简言之，身体既是物理的又是思维的。我们不仅借助身体生存，更利用身体思考。人们从医学、性别、宗教和历史等角度对身体进行了无可计数的研究，人类探索和孔见世界的活动从来就不能独立于身体及其经验之外。我们能够通过身体及其经验，即以体验性的方式概念化世界的一个重要原因在于身体自身的特性。

Lakoff 将"体验性"定义为"我们共有的生物机能以及我们在环境中活动而得来的身体和社会经验"（Lakoff，1987：267）。与客观主义相悖，Lakoff 和 Johnson 所言的"经验"不是狭义的经验，而是广义的经验，即个体或个体组成的社团的一切现成或潜在的经历，而不仅指客观世界在人们头脑中留下的印象，有感知、动觉，而且特别指个体由遗传获得的内在结构和与物理、社会环境相互作用的属性。人类的认识是基于对自身的理解，沿着由近及远、由具体到抽象、由身体到其他语义域的路径逐步拓展开去的。

身体、思想和世界三者相互联系，以体验性为枢纽。没有身体与世界的紧密联系就不可能存在体验性。我们通过身体来了解世界，并通过世界来反观身体。一方面，身体与思维有着最亲密而基本的联系，以独特的方式感知着客观世界，从而形成独特的思维能力；另一方面，身体与世界存在着互动关系，人的身体是社会文化中的身体。世界以体验性的方式得以概念化。体验性还存在于我们对世界和人生的观点和看法中，人们通过体验性的身体经验形成对世界和人生的总体认识，进而积聚我们的价值观。体验性在我们认知世界的过程中普遍存在，深蕴于人类的一切实践活动包括人们对世界的看法和价值观中。我们解释世界时，每当意识到自己的社会身份时都会赋予事物以自己身体的特质，以期更好地感受、理解并处理对待之。

人类作为形成认知的主体，在其形成的整个过程中发挥着关键性作用。人类的主体性与心理学家所说的“人类中心论”（anthropocentrism），亦称“自我中心论”（egocentricity）相通共融。如古希腊哲学家 Protagoras（约公元前 490 或 480—约公元前 420 或 410）所云：人是万物的尺度（Man is the measure of all things）。人类在对时空等抽象范畴的感知建构过程中发挥着核心作用，人们将自我（ego）置于宇宙的中心，然后以此为参照并形成视角（perspective），确定“上—下、前—后、左—右、高—低、远—近、中心—边缘”等概念（Miller & Johnson-Laird，1976：395）。人类认识世界的过程是一个不断依据由亲身感知世界所获经验进行组构的过程，是对客观世界万事万物进行范畴化、概念化的过程。人类对客观世界范畴化的过程，就像为客观物体定位一样，是需要参照点的或者说需要凭借一定标准的，人们最接近、最熟悉、最容易理解的参照事物莫过于自己的身体。我们异常熟悉身体各部位及其功能，我们最基本的经验就是对自己身体的理解。在人类的感知和体验过程中，身体是我们形成抽象概念的根本基础，是人类原始思维的出发点，也是想象力和创造力的本源，在认知形成的过程中居功至伟。

以自我为中心的认知方式可追溯至原始社会。原始人类在最初认知世界时，从认识自己开始认识世界，以体认的方式直接认同世界，把人的身体作为衡量周围世界的标尺。先祖的思维印有明显的“体认”烙痕，身体部位是人类原始思维的出发点和归宿。盘古的神话传说即展现出原始人用身体体认世界的方式。承三国徐整《五运历年纪》所疏：“气成风云，声为雷霆；左眼为日，右眼为月；四肢五体为四极五岳；血液为江河；筋脉为地里；肌肉为田土；发为星辰；皮肤为草木；齿骨为金石；精髓为珠玉；汗流为雨泽；身之诸虫，因风所感，化为黎氓。”可见古人了悟周边环境之首选便是身体这一他们所最亲密的参照点，身体是我们传递抽象概念的主要基础，是人类原始思维的出发点。《易经》作为众经之首、大道之源，在很多方面奠定了华夏民族的思维方式、开创了中华文化的诸多传统，体现了极为高明的生存智慧。《易传·系辞下》载：“古者包牺氏之王天下也，仰则观象于天，俯则观法于地，观鸟兽之文与地之宜，近取诸身，远取诸物，于是始作八卦，以通神明之德，以类万物之情。”先民们历经长期的生产实践，以天然纯朴而富于智慧的眼光，“仰则观象于天，俯则观法于地”，采用“类万物之情”的天才的直觉方法，先把氤氲混沌的客观世界，自觉地抽象、分离为“天地人”的对立统一体，产生奇偶、阴阳等矛盾观念。先民从俯仰观察中，取法于自然与人事，以卦象的形式为世界作系统性命名；化为自身尺度，寄寓了人类突破自身局限试图探索未知甚至不可知之域的迫切愿望，这是一种朴素而稚嫩的体验观。对身体的认识在我们的概念系统形成过程中占据着不可替代的中心地位。人本身就是认识本体，也在被认识之中，这种认识是一种身临其境、人在其中的所悟，倡导的也就是“体认、体会、体察、体悟”等。“人体是世界的符号。世界也是人体的象征符号。人体是一种给世界万物打上他的激情和欲望印记的分割与统一的力量。”（耿占春，1993：136）体验性，简言之是指我们是具有肉身的生物体，我们的意识和智能、我们的情绪和价值、我们维持生命的生理活动都是在这个生物基础上实现的。

二、认知的无意识性

Lakoff 和 Johnson（1980a：1）把认知无意识（cognitive unconscious），即“思维大都是无意识的”，归入认知科学的三个重要发现之一。所谓“认知”是一种广义的解释，包括对五官感知的加工、记忆、注意、情感、思维、推理、语言等一系列范畴。认知的无意识性是指：“隐藏在认知能够意识到的层面之下，意识无法达到，运行速度极快而无法捕捉。”（Lakoff & Johnson，1999：10）在西方哲学史上对于认知是否具有意识性一直异见林立，如 Descartes 就认为“推理—语言”是有意识的，Searle（1995：128）也坚决否定认知的无意识性。J. Lacan（1901—1981）曾通过分析语言结构阐述了人类无意识的思维机制，Chomsky 判定认知是无意识的，Lakoff 和 Johnson 接受了 Chomsky 的这一观点，并赞许其观点为认知科学做出了杰出的贡献。

传统英美分析哲学认为所有思维都是有意识的，通过先于经验的反思就能完全知晓，体验哲学认为这绝无可能。视觉、听觉、嗅觉、感觉等神经加工过程无法被意识到，大部分推理也不能被意识到。因此，体验哲学认为大部分认知和推理是无意识的，这决定了全部知觉思维的结构。没有这种无意识思维，就没有有意识思维。我们思想的大部分是无意识的，这种无意识不是弗洛伊德的被压抑意义上的无意识，也不是现象学家们所讨论的技能化应付中的无意识，而是说我们的思想是在意识难以通达的知觉水平之下运作的，速度过快而不能被注意。“认知无意识是位于表面、位于可见的意识之尖下面的巨大的冰山部分。它包括所有那些将意识经验结构化并使之可能的精神运作……认知无意识这个概念是用来解释不能根据自身直接被理解的意识经验和行为。也就是说，认知无意识必须被假设预存，以便解释对意识行为以及广泛的无意识行为的控制。存在高度结构化的

心理加工不但是在无意识地发挥作用，而且是有意识知觉不可通达的。”（Lakoff & Johnson，1999：103）

我们对心智中的所思所想没有直接的知觉，身体的协调运作大都是自动完成的。以我国国球——乒乓球运动为例，竞技中我们有意识的活动不是设置如何协调视觉、听觉、身体感觉与身体的运动（我们自动地却又是如此精确地、恰切地接球、击球、传球或停球），而是分配以构思竞技策略，甚至偶尔思想不集中，涣散抛锚；我们的身体自动地完成种种不可思议的协调。在被 Descartes 如此看重的思维领域，完成“我思”活动的神经过程也是清晰的意识无法企及的。不但人的身体活动大多数是在清晰意识的层面之下进行的，而且“我们的思想是在认知觉知（cognitive awareness）的水平下活动，难以切入到意识中，并且活动太快而不被注视”（Lakoff & Johnson，1980a：10）。再如我们习以为常的言语交际，即使是最简单的一则话语，也需要牵涉许多认知运作程序和神经加工过程，倘若细数起来，总能读释出十余个程序：听到声波、解读句法、分析词义、获得句义、关注对方的表情和姿势、做出推理、获取含意、调用记忆库信息、作出回应、选用适当词句、指挥口腔运动、发送话语……，令人眼花缭乱，无法一一举隅。但我们在日常交际过程中从未意识到这些程序的存在，或者说拼尽全力也无法了解和控制这一心智加工过程，明白无误地对这一内在全过程了然于胸反倒不正常了。我们每天都在轻松地、流利自如地讲话，但规范的语法表达却不是我们有意识完成的：我们只要张开嘴巴，一切似乎“浑然天成”，毫无拼凑痕迹（Lakoff & Johnson，1980a：10）。

大量的身体活动、情绪表达和实现语言能力的机制是自动且非反思地（unreflectively）运行着的。认知无意识是由位于可通达的意识之心理活动构成的巨大整体构件，认知无意识是塑造和支撑有意识思想的隐蔽之手。有意识的思想只是冰山一角，在意识层面下的无意识思想占据了所有思想中压倒性的主体，没有无意识认知就不存在有意识思想。

三、思维的隐喻性

体验哲学的第三条原则为“思维的隐喻性”。诱发语言变化的触媒——隐喻在传统修辞学中只是一种修辞手段，是正常语言使用的偏离（deviation），仅仅局限于文学、修辞学和艺术领域。Aristotle 认为隐喻不是概念性的，而仅是词语的非常规性用法，不适合日常言语，仅局限于修辞和诗歌，从而完全忽视了隐喻巨大的认知功能。当前国内外众多学科不约而同地钟情于隐喻研究，颠覆了传统修辞观，掀起了一场轰轰烈烈的“隐喻革命”，认为隐喻不再是语言修辞层面的问题，而是人类的认知方式，且是不可或缺的生存手段。思维、行为、语言，究其本质而言都是隐喻性的，用一个事物来喻说另一个事物的现象不仅不可避免，且还量大面广，无处不在。

隐喻实质上不仅仅是语言现象，更是一种认知现象，是人类的一种基本认知方式和认知工具，普遍存在于我们的日常生活、思维和行动中。据 Richards（1936：98）统计，我们日常会话中几乎平均每三句话中就可能出现一个隐喻。Lakoff 和 Johnson（1999：3）声称我们语言的 70%都是隐喻。正是潜藏在人们的思想系统中的众多隐喻辅助我们认识和理解周围世界。正如束定芳（2000：30）所言：“隐喻不但是一种语言现象，而且在本质上是人类理解周围世界的一种感知（perceptual）和形成概念（conceptualize）的工具。”隐喻作为认识世界的一种重要的认知方式，在人类的范畴化、概念结构、思维推理的形成过程中起着关键作用。人们的思维方式已自觉地将两种事物相提并论，并以具体的事物来思考、描述和谈论抽象的事物，隐喻使得抽象思维成为可能。隐喻是理解抽象概念的认知方式和认知工具，是客观现实、身体经验、人类认知和生理基础等多重因素综合的结晶。

传统的分析哲学和形式主义哲学认为概念都是非隐喻性的，可通过 F. L. G. Frege（1848—1925）的系统意义（sense）来确立，或通过抽象符号与独立于心智的世界之间纯粹的、客观的关系来确定。而思维的隐喻观对这一传统哲学观提出了尖锐的批判，隐喻思维的哲学启示在于，隐喻是基于身体经验的（Lakoff & Johnson，1999：468），隐喻的体验性说明其“生息繁衍”不可能是任意的，隐喻思维的本质是通过一件事物去认识另一件事物，隐喻的产生和理解深深地根植于我们的身体经验。我们日常经验中的相关性不可避免地会指引我们获得基本隐喻，它是身体、经验、大脑和心智的产物，只能通过体验获得意义，这样就把主观判断与感觉运动经验连接起来。第二代认知科学旗帜鲜明地指出：独立于经验基础，隐喻就不能被理解，甚至无法被恰当阐释。人类的理解和思维都根植于人类基本的身体经验，隐喻的经验基础是我们在多数情况下通过人类的身体机能运用熟悉的、有形的事物来认识一件陌生的、抽象的事情，而且一般说来我们总是更愿意相信亲眼所见的东西（蓝纯，2005：115-118）。

我们将人体作为认知参照点形成了大量的隐喻，所以就有了“世界是人”的概念隐喻和以人类为中心或自我为中心的思想。人类中心论（戴俊霞，2003：6）认为人类认识事物总是从自身的行为出发，以自我为中心，之后引申到外界事物、空间、时间、性质等，遵循着由近及远、由实体到非实体、由具体到抽象的认知规律。大部分概念都通过隐喻建构，是非自治的，不可能独立于身体的心智能力，而是基于身体经验。人的心智体验往往在人对自身身体体验的基础上，通过隐喻认知方式，由具体简单的认知域映射到抽象复杂的认知域。人们在认知世界的过程中以人自己为中心、以身体体验为基础，通过隐喻向内映射到心智领域、向外映射到外部环境，包括自然环境和社会环境的认知过程。隐喻的系统性还表现在隐喻主要以人的身体或者与身体经验有关的概念域为源认知域，换句话说，这些体验的源概念域在组织更加抽象的概念结构中发挥着不可或缺的作用（Roher，2007：32）。“值得注意的是在一切语种里大部分涉及无生命的事物的表达方式，都是用人体及其各部分以及用人的感觉和情欲的隐喻来形成的。”（维柯，1986：215）

当认知主体要表达对某一靶域的特定属性的认识但又苦于没有恰当的现成表达方式时，就会选择另一对象作为表达的媒介（即源域），其基础就是相似性。亚里士多德（1954：5）在两千多年前论及隐喻时就曾指出：“善于驾驭隐喻意味着需要具有敏锐的眼力能洞察事物之间的相似性，甚至认为识别隐喻相似性的能力是天才的标志。”正是通过相似性，认知主体实现了从认知的此岸（源域）向认知的彼岸（靶域）的跨越。对隐喻的理解是基于“相似性”，即相似于外部世界某一客观特征。隐喻的生成同样基于相似性。相似性是隐喻生成的前提：没有相似性，隐喻也就无从谈起。隐喻理解的心理学基础建立在相似性的心理联想基础之上。进一步说，对隐喻靶域的理解，即对抽象事物的理解，是建立在源域和靶域相似性的基础之上的，相似性是隐喻理解的基石。如果源域与靶域两者之间无相似性可言，那么隐喻也就成了无源之水，无本之木，既无法建构也无法破译。

隐喻性推理使得抽象的科学论述成为可能，哲学也基于隐喻。隐喻的认知性被正式作为一条普适原则置于哲学理论框架之中。哲学运用相对少量的隐喻形成了统一的核心理论，如：Pythagoras 构架了“存在是数”的隐喻，他将数学中的本体映射到了一般的存在之上；Descartes 衍推出“理解是看见”的隐喻，将视觉域的推理类型映射到心智域和思维域。因此，隐喻在我们的日常生活、语言、思维，甚至哲学中无处不在，不用隐喻来思考经验和推理，是绝难想象、匪夷所思的。正如 Ungerer 和 Schmid（2001：143）所说：“如果隐喻不是一种修辞手段，而是一种思维方式的话，就没有理由认为这种资源只用作对抽象的语言进行归类的工具，它还是我们认识复杂的科学概念、政治态度、社会问题的方式。”正是隐喻，使得我们能够正确理解抽象概念域；正是隐喻，将我们的知识扩展到了新的领域；正是隐喻，把哲学中的理论拼接起来形成一个完整的理论系统，并赋予其巨大的解释力，使得我们能更好地理解哲学理论。倘若剔除隐喻性思维，剩下的骨架概念就会太过贫瘠，我们就无法进行日常实质性的推理。哲学理论都运用了隐喻性思维，因此隐喻不是哲学研究的障碍物，而是哲学家取之不尽用之不竭的“宝藏”。剔除隐喻，就是抛弃哲学；没有隐喻，哲学家就不可能进行深入的探讨；或者说，没有隐喻就没有哲学（Lakoff & Johnson，1999：543）。

第五节　结　　语

体验哲学是从 20 世纪中后期开始为解决身心二元对立问题应运而生的。体验哲学是一套前所未有的全新哲学理论，与英美分析哲学和 Chomsky 基于混合哲学的心智观针锋相对，彻底颠覆了西方哲学的观点，对西方传统思想是一个巨大挑战，对哲学、认知科学产生了重大而深远的影响，成为第一代和第二代认知科学的界碑。Lakoff 和 Johnson 认为，在认知科学领域中，人们对认知和智能的观念经历了两次革命性的转变，促成了两代认知科学，认知的体验观是第二代认知科学的基石。体验是以主体在认识过程中和心理过程中所积累的经验内容为对象的，是对经验带有感情色彩的回味、反刍、把玩，具有主体性、创造性与过程性。体验哲学的基本见解是：我们的心智、理性能力都是体验性的，它们有赖于我们身体的具体的生理神经结构和活动图式；认知过程、认知发展和高水平的认知深深植根于人的身体结构以及最初的身体和世界的相互作用中。通过将大脑置于身体之中、身体置于环境之中，体验心智对认知的研究已远远超出了传统意义上包括语言、推理在内的纯思维、概念的研究范畴。

第三章 当代隐喻学的文化模型底座

第一节 引 言

隐喻是语言中一种生动的、源自生活的表达路径，在日常交际中无处不在、无时不有，人类耳濡目染的语言表达形式，如 budding romance、the head of a valley、the mouth of a river、Facts speak louder than words 和“上网”“杀毒”“地球村”“劳动果实”“世界工厂”“繁荣市场”“经济翻番”“反腐倡廉”“消除失业”“信息高速路”“计算机病毒”等，实际上都是隐喻式的词义扩展表征。Newmark 认为，“隐喻性语言占了英语语言的 3/4”（Newmark，2001：85），并将其划分为“经过长期反复使用已察觉不出隐喻意义存在的死喻（dead metaphor），极具表达能势、词藻华丽但空洞无物的陈词性隐喻（cliché metaphor），以及随意文体话语中具有亲切自然感的库存隐喻（stock metaphor）”三类（Newmark，2001：60）。事实上，隐喻遍布于各种文体的语篇（尤其是诗歌、小说）中，许多具有普适意义的主题，如理智、情感、人生价值等都是经由隐喻来传递的。毫不夸张地说，隐喻是语言的基本特征，人类语言整体上是一个隐喻性的符号系统。

第二节 隐喻与思维

隐喻研究源远流长，最早对隐喻进行研究的当数古希腊先哲 Aristotle。他的名著《诗学》和《修辞学》对隐喻做了系统阐述，认为隐喻是用一个词替代另一个词来表达同一意义的语言手段，两词属于一种比照关系，其主要功能是修饰，与明喻同属比喻范畴。受此影响，两千多年来的隐喻研究始终保持一种默契的“基调”，即把隐喻视作一种表现为字面性偏异的纯修辞现象，是用于粉饰装点语言的工具，是只有诗人或演说家才能把玩的渲染技巧。隐喻一直被看成一种文学作品的“专属品”，相关的研究也大多囿于修辞学限域内。随着各分支领域对隐喻研究的逐步深入，当今对隐喻的研究已远远超出了修辞学的范畴，已然扩展到了诸多邻近领域，成为一门跨学科的学问。

当代隐喻学奠基人 Lakoff 和 Johnson 的合著《我们赖以生存的隐喻》标志着认知隐喻观的肇始，被尊为隐喻研究“认知转向”的风向标，对隐喻研究产生了革命性的影响。这一宣言激活了沉寂多年的隐喻研究，激起持续 40 余年来隐喻研究的狂潮。Lakoff 自诩以自己为代表的隐喻理论为“当代隐喻理论”（Lakoff，1993：202-251）。该理论认为：隐喻不仅是一种语言的表演，究其本质是概念性的，是人们认知、思维、经历、语言甚至行为的基础，是人类看待和认识事物的一个全新视角。人们总是习惯把抽象的概念具体化，利用已有的经验来类推新的感受。人类若要探索世界、挖掘未知领域必定要借助隐喻工具，即将已知概念和固有系统中的有价信息投射到未知世界（孙毅，2011b：78）。随着人类对社会和自然的认识不断深入，“我们要认识和描写以前未知的事物，必须依赖我们已经知道的概念及其语言表达方式，由此及彼，由表及里，有时还要发挥惊人的想象力。这个过程正是隐喻的核心，它把熟悉和不熟悉的事物作不寻常的并列，从而加深了我们对不熟悉事物的认识”（胡壮麟，1997：51）。隐喻作为一种认知工具，为我们日常生活中出现的大量新事物、新概念、新信息和新语境的阐释提供了充分的理论基础。

人类认知的基本趋势是，用已知同化未知，通过熟悉的事物理解陌生的事物，其中已知或熟悉的事物就是隐喻的“本体”，而未知或陌生的事物则是“喻体”。在日常生活中，人们常用反映某一领域事物和表达某一范畴概念的语言形式（源域）来反映另一领域事物和表达另一范畴概念（靶域）。隐喻认知结构中，当具体概念投射到抽象概念之时，人们需要尽其所能对异类混合的概念进行认知上的加工处理，从而实现从源域向靶域的跨越。

人类的思想并非独立而是纷繁复杂的体系，这就需要人类自身具备跳跃性思维能力，在看似不同的两类事物中找出相似或相同之处，即 Lakoff 所说的跨界描绘（cross-domain mapping）（孙琦，2002：107）。在隐喻结构中，两种表面上毫无联系的事物并置在一处，相提并论，是因为人类认知领域对它们产生了相似性的联想，因而利用对两种事物感知的交融来解释、评价、表达他们对客观现象的真实感受和情感。相似性可以是事物的形状相似、功能相似或心理相似（束定芳，2002：103-104）。人们在生活中发现一种事物的某些特征与另一完全不同的事物的某些特征具有相似性，就会将这一事物某方面的意象转移到另一完全不同的事物上，这就是隐喻的认知过程。为了深刻认识和理解周围世界，人们本能地呼唤不同概念间的相似点，从而创造隐喻，发展语言。

第三节　语言与文化

最早的“文化”定义可追溯至英国人类学家、文化史及人类学进化论学派的鼻祖 E. B. Taylor（1832—1917）。1871 年 Taylor 在《原始文化》一书中提出了狭义文化的早期经典定义，即文化是包括知识、信仰、艺术、道德、法律、习俗和任何人作为一名社会成员而获得的能力和习惯在内的复杂构体。学者们随后又对 Taylor 的设定进行了不懈的探讨和修正，美国社会学家、人类学家 W. F. Ogburn（1886—1959）、F. H. Hankins、M. M. Willey 等人共同的定义为：文化是复合体，包括实物、知识、信仰、艺术、道德、风俗以及人们作为社会成员而获得的任何其他能力与习惯。在汉语典籍里对“文化”一词也不乏多种释义。《易经》中就曾云：“刚柔交错，天文也；文明以止，人文也。观乎天文以察时变，观乎人文以化成天下。”“文化”一般可理解为某一社会在历史发展过程中所创造的物质和精神财富的总和，特指精神财富，如文学、艺术、宗教、教育、科学、意识形态、社会制度等（陈舒，1997：1）。通常文化可分广义和狭义两类：广义文化是指人类社会历史发展过程中所创造成果的总和，分为物质、精神和制度三个方面，与“社会”“人类”词语近义，包罗万象；狭义文化则指专注于人类的精神创造生产过程（孙毅，2012a：47）。

语言在反映并构成人类认知、思维的同时也与文化有着相互依存的关系。早在 18 世纪，德国哲学家、诗人 Herder 就曾在《论德意志新文学》（*The Construction of German New Literature*）一书中对语言与文化的关系进行过探索，把语言视作人类思想的工具、内容和形式，敏锐地察觉到人类思维与语言文化之间的密切联系。王宗炎先生指出：“语言是文化的一个组成部分，又是文化的载体，文化的传授和传播必然借助于语言。语言受文化的影响，反过来又对文化施加影响。”（转引自王萍，2013：131）著名的语言学家古德诺夫在《文化人类学与语言学》中也曾明确地论述过语言和文化的关系：“一个社会的语言是该社会的文化的一个方面，语言作为文化的组成部分，其特殊性表现在：它是学习文化的主要工具，人们在学习和运用语言的过程中获得整个文化。”（转引自甄晓婕，2006：379）语言作为人类交际的工具和符号系统，不能脱离其赖以为计的文化环境而存在，文化更不能挣脱语言的外壳。世界上不存在没有语言的文化，也不存在没有文化的语言，语言反映一个民族的文化，同时又受到文化的反拨。两者之间相互渗透、水乳交融的关系使人们谈到语言就不能不论及文化。

人类的物质生产和精神活动都压缩存现于一定的文化圈之内。语言从形成之日起就与使用该语言的民族文化紧紧地捆绑在一起，须臾难离。由于语言的发生和发展，人类文化得以孳乳和传承。文化是在特定的自然和历史条件下形成的，具有鲜明的民族性，每个民族都有自己的语言和文化。文化渗透并制约着语言结构的各个组成部分，不仅包括历史、地理、社会制度等具体方面，也包括政治、经济、态度、价值观、世界观、生活方式、文学传统、哲学思想、宗教信仰、风土人情、行为取向、思维方式、国民心态、大众性格等比较抽象的内容。

第四节　隐喻与文化

隐喻既根植于语言，又根植于文化，是一个语言社团文化和经验的积淀，是文化在语言中的集中体现。隐喻本身是文化的组件，是一个民族文化浓缩的精华，能够折射出文化的点点滴滴。隐喻作为一种重要的语言现象与民族文化息息相关，自然包含丰富而生动的文化意义，每则隐喻背后都承载着浓重的文化信息，都蕴藏着强烈的文化特征，是语言中民族文化的发展和变化最为敏感而脆弱的部分。隐喻是一个语言集团文化的沉淀，是反映认知方式和展现文化背景的重要语言工具，任何社会都具有特殊的文化背景和隐喻认知结构，相当部分的文化都是通过隐喻表现出来并储存在人的记忆中的。隐喻反过来又对文化世界产生影响，将其中所饱含的文化因素投射回文化世界中，影响人们对文化世界的理解。

一、地理疆域与生存环境

早在公元前 2 世纪，古希腊学者埃拉托色尼即率先合成了术语 geographica（geo+graphica），意为“地理”或“大地的记述”。“地理”一词在华夏文明中最早现身于公元前 4 世纪的《易经·系辞》，其中有“仰以观于天文，俯以察于地理”的论述。东汉思想家王充将“地理”精辟地概括为“地有山川陵故谓之理”。生活在特定地理位置上的人们在使用喻体时也必定沾有地理因素的痕迹。英国全境由靠近欧洲大陆西北部海岸的不列颠群岛的大部分岛屿组成，隔北海、多佛尔海峡和英吉利海峡与欧洲大陆遥遥相望，是一个四面环海的岛国。英国处于海洋型地理环境之中，临海爱海，自古以来渔业、造船业、海运业便在经济生活中占据核心的位置，所以语言表达上多采用与海洋有关的词汇来隐喻人类及其活动（孙毅，2010b：46），如 fish in the air（缘木求鱼）、an odd fish（怪人）、miss the boat（坐失良机）、to be in low water（经济窘迫）、to be all at sea（茫然失措）、to be in deep water（水深火热）、fish story（荒唐故事）、a sea of（大量）、to tide over（渡过难关）、to sink or swim（不论成败）等。华夏文明发源于黄河流域，属典型的东方大陆型文化，以农业为主体的经济结构派生出不少与农耕生产相关的隐喻，如斩草除根、拔苗助长、顺藤摸瓜、瓜熟蒂落、枯木逢春等。由于长期在平原环境中生活劳作，与其息息相关的家畜隐喻亦比比皆是，如气壮如牛、牛脾气、鸡飞狗跳、狗眼看人低、狗仗人势、小肚鸡肠、鸡鸣狗盗、鸡犬不宁、革命的老黄牛等。

我国属季风性气候区，冬夏气温分布差异很大。冬季气温普遍偏低，南热北冷，南北温差大。夏季全国大部分地区普遍高温，南北温差不大。“东风”在汉语文化里指充满暖意的春风，世间万物由于春风吹拂而有了蓬勃的活力。如李适《中和节赐群臣宴赋七韵》中“东风变梅柳，万汇生春光”、辛弃疾《青玉案·元夕》中“东风夜放花千树，更吹落，星如雨”和郭沫若《东风吟》中“东风吹遍人间后，紫万红千满地开”均描述了蕴含生命力的春风携来的山花烂漫和大自然的勃勃生机。而在英语文化中，east wind（东风）却为冬天凛冽的朔风，给人以寒冷萧肃的不适之感。当西风吹起时，英国正是万物复苏的季节，因此在英语文化中，west wind（西风）是希望和力量的象征。如英国浪漫主义诗人雪莱名诗 *Ode to the West Wind*（《西风颂》）中的“If Winter comes，can spring be far behind?”，诗人把西风喻成能摧毁一切的力量。

二、社会历史与文学传统

世界各语言中有诸多隐喻都与国家的社会历史有盘根错节的联系，可以追溯到各自独特的历史事件。就西方而言，1815 年，拿破仑军队和英国将军威灵顿指挥的反法联军在比利时布鲁塞尔近郊的滑铁卢村展开激战，法军大败，这就是历史上有名的滑铁卢战役。英国人每当谈及某人在官司或比赛中惨败时就会说 meet one's waterloo（某人遭遇滑铁卢）。无独有偶，汉语亦有表“彻底失利”的隐喻法“败走麦城”。蜀国大将关羽带兵攻入曹操控制的襄阳城，孙权趁机攻下荆州。关羽带兵回来抢夺，却被击溃，最后兵陷麦城而亡。承清同治《当阳县志》所载：“麦城在县东南五十里，沮漳二水之间，传楚昭王所筑。三国时，关羽为孙权所袭，西走麦城即此。”又有，burn one's boats 典出古罗马历史。恺撒大帝率兵越过鲁比肯河，过河后下令烧毁全部战船，以表誓不回头的决心。这一隐喻与汉语“破釜沉舟”如出一辙。项羽渡河后，让部下凿釜落船，自断退路，表示必胜信心。隐喻 a bull in a china shop（莽撞闯祸）可溯源至 19 世纪初。1816 年，W. P. Amherst（1773—1857）前往中国调停贸易争端，这次外交使命以失败告终。当时英国报纸登了一幅漫画，将其画成一头闯进瓷器店的公牛，淋漓尽致地讽刺了这位外交官的鲁莽恣意。

隐喻不仅来自其使用者独有的历史国情，还源于这个国家或民族卷帙浩繁的文学传统。隐喻的创造和运用在文学史上由来已久，古今中外文人墨客们都对隐喻宠爱有加。比如我国诗人陶渊明以“采菊东篱下，悠然见南山”使“东篱”成为远离尘俗、洁身自好品格的代言；杜牧以“借问酒家何处有，牧童遥指杏花村”使“杏花村”成为酒店的标识；李后主《虞美人》中一句“问君能有几多愁，恰似一江春水向东流”，那“剪不断，理还乱”的愁绪便跃然纸上。成语“名落孙山”源自宋·范公偁《过庭录》：“吴人孙山，滑稽才子也。赴举他郡，乡人托以子偕往。乡人子失意，山缀榜末，先归。乡人问其子得失，山曰：‘解名尽处是孙山，贤郎更在孙山外。’”全句意为“举人榜上的末位是我孙山，而令郎的名字在我之后”。以后便据此把考试或选拔未录取婉称“名落孙山”。再如 Milky Way（银河）一词源自《古希腊神话集》。传说中，赫拉（Hera）既是众神之神宙斯（Zeus）的妹妹，又是宙斯的妻子，是众女神之神。赫拉的乳汁具有长生不老的神奇功效。一次，宙斯悄悄将其私生子海格立斯（Hercules）放在睡着的赫拉身旁吮吸乳汁，借此长生不老，谁知小孩用力过猛，惊醒了赫拉，她发现后把孩子推开，乳汁直喷到了天上，Milky Way 应运而生。

三、国民心态与大众性格

中国属于黄土文明，崇尚“天人合一”，这就造就了中国人含蓄、内向、稳健、喜静的性格心态。中国人更偏好相对静态的植物隐喻，如文人在描绘女子容貌的时候善用植物的样态来隐喻其美貌与体态，如桃羞杏让、出水芙蓉、人面桃花、眉如细柳、樱桃小口、春笋指尖、春柳细腰、三寸金莲等，以植物生长的不同时期来隐喻少女各个年龄阶段，如花蕾、黄花闺女、明日黄花等。在中国文化里“月亮”这个语符使人联想起的也不仅是一种天体，月夜清光、月圆月缺，统统凝聚着中国人无尽的情感意蕴和深思回味。以“月”来抒情托意的诗词不胜枚举：“明月千里寄相思，夜色茫茫罩四周”“举头望明月，低头思故乡”“举杯邀明月，对影成三人”“江畔何人初见月，江月何年初照人”“人有悲欢离合，月有阴晴圆缺”等。内秀腼腆的中国人把内心的喜怒哀乐一股脑寄附于“月亮”的语符上面。再有，rose（玫瑰）在西方文化里不仅是花园里的一种红色带刺的花，还被赋予了许多与美丽、热情、爱意等相关的情感心理感质。苏格兰诗人 R. Burns（1759—1796）的咏叹：“O, my luve is like a red, red rose, That's newly sprung in June.”（噢，我的爱像一朵红红的玫瑰，它在六月里新鲜绽蕾。）

四、宗教信仰与传说典故

宗教是人类社会发展到一定历史阶段出现的一种文化现象，属于意识形态的范畴。西方文学大师 T. S. Eliot（1888—1965）认为，文化在本质上是一个民族宗教的化身，文化的出现与发展无时不与宗教随影附形。我国学者梁漱溟（2005：97）甚至宣称：“人类文化都是以宗教开端；且每依宗教为中心。人群秩序及政治，导源于宗教，人的思想知识以至各种学术，亦无不导源于宗教。”宗教的建立离不开隐喻，可以说隐喻为宗教的创立提供了基础。佛教思想是汉语发展变化的一流至关重要的文化源，在汉语隐喻中得到了充分的体现，如唐僧肉、菩萨心肠、僧多粥少、现身说法、五体投地、借花献佛、回头是岸、大慈大悲、如来佛的掌心、不看僧面看佛面、跑得了和尚跑不了庙等。

基督教在英国影响巨大，《圣经》对其语言文化发展的影响更是非同小可。许多英语隐喻均源于《圣经》中的典故。英语隐喻 the salt of the earth（社会中坚）源于《马太福音》，耶稣鼓励他的门徒时即以盐作喻：“You are the salt of the earth.”（你们是世间的盐。）隐喻 the apple of the eye（掌上明珠）出自《申命记》中的“He kept him as the apple of his eye.”（保护他如同保护眼中的瞳仁。）；no respect of persons（一视同仁）出自《新使徒行传》，“Then Peter opened his mouth and said of a truth. I perceive that God is no respect of persons.”（彼得开口说，我真看出上帝待人不偏不倚。）等。

五、民俗风情与生活习惯

民俗是人类社会长久形成的习俗礼制、礼仪、信仰、风尚的总和，是社会约定俗成的民间生活和原生形态。风俗是一种悠久的社会传统，作为一个民族的文化创造通贯古今。民俗与隐喻密不可分、相互影响，有些民俗事项可直接表现为隐喻形态。许多带有浓郁民俗风情的词语常被作为隐喻使用，不仅赋予隐喻以基本喻义，还不断重复并巩固着长期聚成的评价意义或褒贬态度。历朝历代中国人闲暇时分喜欢在剧舍里看戏，用戏剧演技和舞美的知识来折射社会生活的方方面面："跑龙套"喻随从跟卒，"唱红脸"喻正面人物，"唱白脸"喻反面角色等。

作为文化传统形式的民族生活习惯也参与了隐喻的组构，并对隐喻的理解起到了一定的指针作用。一般说来，当国人采撷喻体时，大多选择与自己生活环境密切相关的东西，选择那些在日常生活中司空见惯的物品。中国长期处于农耕的封建社会，生产力水平低下，吃饱肚子是人们普遍关心的首要问题，由此引发了大量有关"吃"的隐喻：饭桶、铁饭碗、砸饭碗、丢了饭碗、吃闲饭、吃小灶、吃救济、吃空额、吃回扣、吃皇粮、吃瓦片、吃老本、吃大锅饭、吃哑巴亏等。面包、黄油、奶酪是西方人朝夕相伴的主食，用其作喻体能生动地说明许多复杂而抽象的事情，如 to earn one's bread（谋生）、bread and butter（主要收入来源）、bread and cheese（生活必需品）、to take the bread out of one's mouth（剥夺某人的生计）、to know which side one's bread is buttered（知道自己的利益所在）、bread and water（简单的饭菜）等。

六、思维方式与哲学观念

中国传统文化以儒家和道家流脉为主干，注重"天人合一"的主客体不分的朴素辩证观，对形象思维较为倚重。形象思维强调应用联想、类比的方法，从整体上直接描述事物，通过表象和发散性联觉表达思想。例如，《诗经》首篇吟"关关雎鸠，在河之洲。窈窕淑女，君子好逑"，以雎鸠逐鱼类推追求异性；卢照邻的《长安古意》"得成比目何辞死，愿作鸳鸯不羡仙。比目鸳鸯真可羡，双去双来君不见。生憎帐额绣孤鸾，好取门帘帖双燕。双燕双飞绕画梁，罗帷翠被郁金香"；白居易的《长恨歌》"在天愿作比翼鸟，在地愿为连理枝"；汉无名氏的《燕赵多佳人》"思为双飞燕，衔泥巢君屋"。国人眼中比目鱼、鸳鸯、燕子等司空见惯的小动物是至死不渝、坚贞不移的爱情之化身（孙毅和周世清，2011：128）。相比之下，在西方，尤其是在欧洲文艺复兴与启蒙运动之后，人们的思想开放，敢于自由地追求属于自己的爱情，勇于赤裸裸地表白内心的真实情感。如英国诗人 S. T. Coleridge（1772—1834）用"火"直率而大胆地来盛赞爱情："All thoughts, all passions, all delights, /Whatever stirs this mortal frame, /All are but ministers of Love, /And feed his sacred **flame**."（所有的关心，所有的激情，所有的快乐，不管是不是扰动了人们的状态，都是爱的使者，并且添加了他神圣的**爱之火**。）

第五节　跨文化隐喻的文化异质性

汉语和英语虽然在隐喻设喻方面有很多相同或相似之处，但毕竟分属不同的两大语系，东西方的文化背景也相去甚远，分别反映各自本土的文化现实及状态。汉语中用“三个臭皮匠，顶个诸葛亮”来形容人多智广。而英美世界中没有这个历史人物，只有相近的 Two heads are better than one（两个脑袋胜过一个脑袋）。中国文化中有“吃的是草，挤的是奶”，而在英美人的眼中则隐喻为 He found it brick, and he left it marble（采用的是砖石，落成的却是大厦），两种文化中的取喻诉求大相径庭。

语言本身是一个民族经验认知的结果，不但表面上作为结果的符号不同，其形成过程中的经验内涵、价值取向也不同（谢之君，2007：166）。中国人向来习惯用牛犁地，牛也就自然而然地成了中国人最熟悉的动物，而英国人则更多地用马来耕作，因此汉语中用“牛”构成的表达法在英语中多说成“马”，如吹牛（talk horse）、像老黄牛一样干活（work as a horse）、壮如牛（as strong as a horse）、牛仔片（horse opera）、孺子牛（a willing horse）、牛不喝水强按头（You may take a horse to the water, but you can't make him drink）等。

汉英隐喻不同的表现形式折射出人们对同一世界可能会产生不同的认知视角，不同母语者会从不同的角度来看待同一事物，产生不同的理解并激发出别样的隐喻。在中国文化中“圣鸟”孔雀是高尚、典雅、善良、智慧和美丽的象征，特别是傣族同胞跳孔雀舞以表达自己的美好愿望。但英语中，peacock 是骄傲的象征，常指狂妄、爱炫耀的人。再如在汉语中“龙”是中华民族的象征，体现着吉祥、神圣、尊贵，总是与美好的意义相连，如龙飞凤舞、龙凤呈祥、望子成龙、龙腾虎跃、藏龙卧虎、生龙活虎、龙吟虎啸等。与此对应，dragon 在英美人心中是狰狞的怪兽，四处喷火，杀食人类，是凶险、罪恶的化身，带有强烈的贬义。早在中世纪 dragon 就被认定是“罪恶的象征”，撒旦被斥作 the great dragon，old dragon 喻“魔鬼”，sow dragon's teeth 指“播下恶种”等。

第六节　结　　语

隐喻不仅是一种语言现象，更是一种思维方式，是人类一柄重要的认知武器，已然成为心理学、哲学、人类学、认知科学等多学科领域的探索课题。隐喻不应仅被看作一种装饰手段，只对其进行纯修辞学的检视，而应将其视作一种人类认知的基本手段并进行全面、系统、多维的研究。隐喻与文化有着密不可分的联系，隐喻深深扎根于文化中，是文化在语言中的集中体现，是语言与文化之间一个紧致的契合点。人类的思维既有普遍性，又有民族性。由于受到不同民族的地理环境、历史文学、风俗习惯、价值观念等因素的影响，喻体蕴含了千姿百态的民族特征。透过隐喻可以极大地帮助我们理解、认识和习得文化，有助于我们洞悉不同文化在认知中的分野及其动因，这也是进行跨文化对比的一个有效切入点。

第四章　共 轭 隐 喻

第一节　引　　言

zeugma 之名源自希腊语 zeugnynai（用一副轭套驾两匹牲口），相当于英文 yoke together。从修辞学的视角观之，共轭（zeugma）是用一个动词、介词或形容词等同时支配或修饰两个或两个以上的配词，使其同时拥有不同语义的辞格。邵志洪（1997）阐释了作为语法范畴和修辞范畴不同属性 zeugma 的差异之处及各自表现。随后许德金（1998）和邵志洪（1999）就语法范畴与修辞范畴分野的“存”与“无”问题展开了富有成效的争鸣。倪传斌（2003）通过对辞格共轭和“异叙”的对比，分析了科技英语共轭结构的四大特点，并据此总结出若干汉译方法。赵琴（2007）探究了 zeugma 的概念整合过程并从心理空间透视和理顺了 zeugma 和 syllepsis 的界线。方宗祥（2011）用概念合成理论分析共轭修辞的即时理解过程，认定其系一种图示—映射—单向网络整合模型。纵览文献，前期研究尚未充分挖掘共轭的滋生与理解的认知机制，尤其还未借助认知隐喻的相关成果予以系统关照，汉英共轭的异同及背后的理据也未见明晰，亟待深究。

第二节　当代隐喻学视阈中共轭的认知隐喻化识解

蓝纯（2003：32）统计：“人们每分钟平均使用 1.08 个新隐喻和 4.08 个规约性隐喻。”隐喻无处不在、无时不有，是“我们概念化抽象范畴的强有力认知武器”（Ungerer & Schmid，1996：114），“是理解人类认知能力的唯一路径，也是排除语言理解和习得中困难的不可或缺之装备”（Mey，1993：301）。

范畴错置（category mistake）指在语义组合中违反选择条件或常理的现象。范畴错置是隐喻创造的逻辑动源，也是隐喻发掘的先决条件。共轭通过轭词并置起由自我毁灭的命题所激活的两极，将惯用搭配同怪诞搭配捏合起来，在正常与非正常的碰撞中达成一致，故可将其统归为隐喻的子项。

Lakoff 和 Johnson（1980a：84）提出评判隐喻的两个标准：①涉及两个或以上概念且其各属不同的认知域；②只涉足部分特征的运演。据此标准可划定共轭的隐喻本质：首先，共轭牵涉两个或以上概念域，如："直等到满天阳光被渔网网尽，渔筏儿才缓缓归航"（艾雯《渔港书简》）；"几只羊依旧低头择草，恍惚间只让我觉得它们嚼的不止是草，而是冬天里半发的绿意，以及草场上无边无际的阳光"（张晓风《画晴》）。两例中的"鱼（隐藏于原文上下文中）""草"属具象域；而"满天阳光""半发的绿意""无边无际阳光"属抽象域。因为分属异域，故存在用一个域呈现另一个域的关系，被表征的是靶域，阐释靶域的是源域。其次，共轭只投射源域中的部分特征，如"阳光"不仅能被网尽，还可用其他语词摹状，比如被羊群咀嚼。所以在认知隐喻限域中可将共轭归结为：在某句式中，一个语词同时和两个或以上的单位搭配，其一符合逻辑习惯，而其他悖于此，吻合的是基本义，背离的是隐喻义。就共轭而言，皆为轭词与轭体的共现，形成表面上的穿插，其中一小部分特征得到突显，其余绝大部分特征被遮蔽、掩藏和压制下去。

Lakoff 和 Johnson（1980a：154）提出隐喻的生成和识解均基于相似性。共轭隐喻表面不合逻辑的搭配以源域、靶域间的相似性为基础。许多情形下，源域事件在与靶域事件匹配互动后，会对后者进行间接的映射性添加，在源域与靶域间创造相似性。徐盛桓（2011：332）指出："关于'涌现'（emergence）的哲学研究认为，一组相对完备的成分以某种方式结合并相互作用，就会涌现出新的'涌现事物'（emergent substance），同这样的事物一起出现的属性，称为'涌现属性'（emergent property）。涌现事物及其涌现属性是具有一定自主性新质的现象。"共轭隐喻所表的是涌现事物，具有丰沛新颖的涌现属性，烘托出非表面元素直接堆砌、拼合的涌现新义。

1）*打*铁，*打*铁，一天到晚打不歇，早晨*打*出万缕红霞，晚上*打*出一轮明月。（民歌）

2）金山江水滚滚滔滔*流*了半个世纪，把一个二十四岁青年船夫*流*成了七十四岁的老人。（以上两例源自 http://wenku.baidu.com/view/3f4efcc008a1284ac85043a5.html）

例 1）铁匠辛劳"打铁"，从早到晚，早上的"万缕红霞"与夜晚的"一轮明月"，昭示铁匠每日的辛勤劳作，不知疲惫，"红霞""明月"经轭词"打"同"铁"相拈连，向读者传递勤恳劳作的"铁匠形象"；例 2）"江水滔滔的流逝”炮制出“人生时光的逝去”，通过“流逝”的嫁接，流露“青春易逝，年轻不再”的人生感悟（图 4.1）。当涌现义出现时，轭词会生成临时的使用义，具有权宜性特点。涌现义往往源于人们的“崇新”心理，大多会随环境的改变而消散，但也有的会随递归复用而固定在语汇系统中得以沿用。

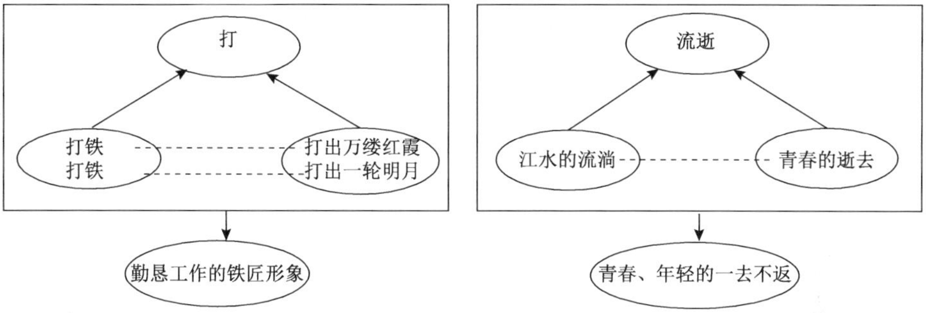

(a)“打铁”、“万缕红霞”与“一轮明月”　　(b)“江水”与“人生青春”流逝

图 4.1　认知隐喻识解图

Croft 和 Cruse（2004：92）提出动态识解论（dynamic construal approach），认为解喻者从甄别到识解的全过程可按启动、拓展、终结分为隐喻衔接、局域激活和隐喻连贯三个逐层深入的阶段。

3）突然，一道没有雷鸣、干燥的闪电从夜空里*划*下来，一直*划*破了*他的梦*。（郑万隆《古道》）

4）They can *wage war* and *peace*.

首先，解喻者对表述进行解码并判定隐喻的存在：“闪电”置身“夜空”域并可将其划破，与“他的梦”无直接关联，“划破了他的梦”为范畴错置。wage war 是常规搭配，指引发战争，而 wage peace 有悖常理。其次，在局域激活阶段，解喻者激活常规语义并搭建相应的事件框架：“闪电划过”的规约搭配为“夜空”，完整的夜空因闪电的骤现而破碎。“他的梦”范畴中不存在“闪电”，不能被“划破”，却能在心灵遭重创后碎裂。war 作“战争”的典型搭配是 wage，peace 作“和平”不能与 wage 组构，可与 keep、create 连用，wage 充当活性因子，激活靶域框架。最后，进入全局连贯阶段，解喻者补充调整先前的信息库：“闪电划破夜空”概念映射至靶域，整句识解为“他的梦想霎时变得支离破碎”。wage 激活源域 war，源域特征投射到靶域 peace，格式塔义（整体的、非内部个体简单叠加而成的意义）为 They wage war and create peace。

要之，共轭符合认知隐喻的范畴错置、跨域映射、局部显隐、相似性涌现等所有充要条件，完全可将前者归为后者的一个子项或辖项，权且冠名以“共轭隐喻”，并予以统筹深掘。共轭隐喻与其他隐喻类别最大的区别性特征在于其将“常态搭配”与“语义错置”共同摆列，相合的直白义与相冲的隐喻义一字排开，一目了然，形成表面上“针尖对麦芒”式的交织与碰撞，矛盾性和冲击力强劲。

第三节　当代隐喻学限域中共轭的疆域厘定

要认识事物的本质，须先学会观察该事物的特点，对其整合分类。Goatly（1997：82-92）区分出名词性、动词性、形容词性和副词性等隐喻类别。束定芳（2000：59-60）指出：“根据隐喻的句法构成特点，我们还可以分出名词性隐喻、动词性隐喻、副词性隐喻和介词性隐喻等种类。”王文斌（2007：58-62）还发现了量词性隐喻。共轭结构虽都由一个轭词——Z（共同词）作连接器来修饰另一个或几个语词，但所涉语词之范畴是异质的。对共轭隐喻事实及发生理据的阐释，须从语言本体出发，对其结构进行剖解细化，为其后的概念化寻绎扫清障碍。

一、动词性共轭隐喻

动词是语言的核要与灵魂。语言表达对动词需求的无穷性及人类思维的隐喻本质孳乳了大量动词性隐喻。表具体动作的动词是用于描述外部事物最基础的平台，因而常被用作源域映射至表抽象行为的靶域。动词性共轭隐喻即动词作轭词，将需联结的不同域契合起来。其组成至少有两个 VP，一则一看便知其义，其余则需在轭词的辅助下重构概念，生成机制为 V（Z）Os→V（Z）Ot。

5）We will see to it that the blouses *appeal to eyes* as well as *to the purse*.

上例中类属词为 appeal，配词为 eyes 和 purse，前者“吸引人的眼球”，后者“吸引人的钱包”。appeal to eyes 为普通域，合乎常理，而 appeal the purse 则为特异域，悖于常规。所以，由普通域 appeal to eyes 铺垫，特异域 appeal the purse 在将认知置于商业活动框架时，“刺激消费以赢利”的涌现义得以识解（图 4.2）。

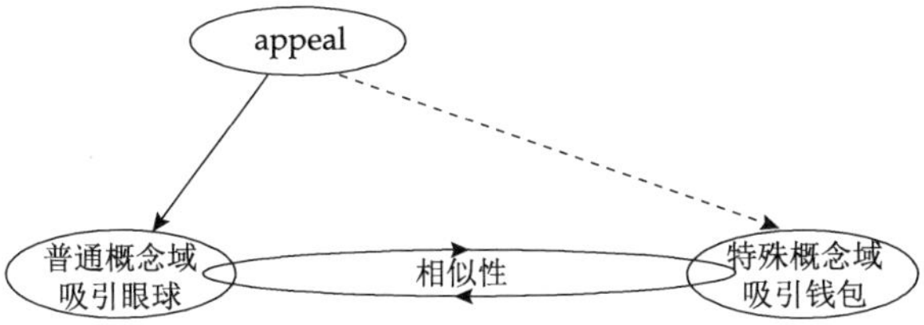

图 4.2 appeal 作为轭词的识解图

注：实线表大脑已存的规约经验，虚线表大脑需理解的新表述

6）你爹*摸*了几十年*鸭屁股*，还*摸*不出张书记*那点道理*，还发什么牢骚？（陈残云《鸭寮纪事》）

例 6）“摸道理”表明“爹”对“书记”的脾气一清二楚，无需“自己”再大放厥词。动词与其左右翼语词发生冲突，貌似病句，与其常规使用条件偏离，实则打破了喻体原有事件格局，是对既定义的反叛。

二、形容词性共轭隐喻

形容词是表事物的性质、状态或动作、行为变化的词。形容词性共轭隐喻即形容词担当轭词，由两个或两个以上的 AP 构成，其中一个 AP 是常见搭配，其余则需调适，生成机制为 A（Z）Os→A（Z）Ot 或 OsA（Z）→OtA（Z）。

7）It is much better to have *a patched jacket* than to have *a patched character*.

衣服穿破了，打个补丁并不费事。可当人的性格出现缺陷时，就不能简单地缝补了事。概念 patched character（补过的性格）乍听颇感费解，但仰仗司空见惯的衣物修补，人们可认识到应尽力塑造自身性格，使之趋近完善。

8）我吓得连哭也忘了，*碗*从我手里掉下地，摔了个*粉碎*，我的*心*，也和这碗儿一齐*碎了*。（黎汝清《海岛女民兵》）

“心”经由轭词“碎了”，抽象无形域被映射到对应的有形域，通过可触可观的物象向受众展现了“极端难过的感受”。

三、名词性共轭隐喻

名词性共轭隐喻即名词充当轭词，由两个或以上的 NP 构成，一个 NP 乃正常表达，剩余为异常搭配，生成机制为 N（Z）Os→N（Z）Ot。事物是独立自主的，而其属性却唯有依附于母体才能存活，事物的各个属性随观察角度的变迁而得以凸显。

9）All of his purchases of recent years had to be liquidated at a great *sacrifice* both to *his health* and *his pocketbook*. (Rude Goldberg: *Art for Heart's Sake*)

sacrifice health（牺牲健康）属正常搭配，而 sacrifice pocketbook（牺牲钱袋子）超出了规约认知预期。受众借助源域“牺牲健康”顺势识解到“健康和钱财都不复存在，人财两空”的属性义。

10）读者定会觉得这是一条“*新闻*”吧，其实却是一条*旧闻*。（毛泽东《质问国民党》）

汉语名词性共轭隐喻还可记作+ANs→–ANt（此处 Ns=Nt），即由+A 和–A 二者的反义关系实现隐喻认知。构成汉语组系一般要求语素数相同，如大众化—特殊化、顺境—逆境。例 10）“新闻”和“旧闻”现于国共两党对峙时期，利用人熟知的概念仿构出涌现性新语，旨在嘲讽国民党反动派的愚蠢行径。

四、介词性共轭隐喻

介词属于封闭词类，在整个语库中所占比例较小，但使用频率颇高。介词性共轭隐喻即介词作轭词，连接两个或两个以上的 N 或 NP，生成模式为 P（Z）Os→P（Z）Ot。

11）At noon Mrs. Turpin would get *out of bed and humor,* put *on kimono, airs,* and *the water* to boil for coffee. (O. Henry: *Suite Homes and Their Romance*)

人类据自己熟稔的身体及其与外界的相对位置，形成了诸如 IN、OUT 等意象图式。get out of bed 可解为离开“床”这一有形物；而论及 get out of humor，大脑将属不同范畴的“床”和“幽默”经轭词来表完形义，即主人公下床，毫无幽默地做接下的事情。air、water 等无形域通过 on 成了同 kimono 一般亲切可感的实体。

五、量词性共轭隐喻

量词是表人、事、动作的单位词。相对印欧语言，量词丰富是汉语的一大特色。量词性共轭隐喻即量词担当轭词，生成机制为 Q（Z）Os→Q（Z）Ot 或 OsQ（Z）→OtQ（Z）。

12）一双茧手力万钧，掰开大山夺乌金。壮志在胸镐在手，*干劲万吨煤万吨*。（李隆汉《采工》）

“干劲万吨”之于“煤万吨”我们更熟悉后者，“干劲”似乎无法精确度量。但人们的劳动热情会提高工作效率，轭词“万吨”连接的不只是高产量，更是工人的冲天干劲。

对立统一既是事物存在的根本性质，又是事物发展的内在动力。统一面向同一性而存在，对立基于相异性而出现。潘文国和杨自俭（2008：89）号召学界：“可以说，经过这 30 年特别是近 20 年中国从事对比研究学者的努力，一个具有中国特色的中国对比语言学学派已经初步形成，我们已经具备与世界对比语言学同行进行平等交流的基本条件。但是……我们需要在理论上进一步深入，进一步系统化，特别是要进一步加强以‘异与同’为中心的学科基本范畴的研究以及以性质、目标为中心的学科总体理论建设。”对共轭隐喻的跨语言对比，有助于学界揭开共轭概念的“外壳”，经由现象抵达本质，探究其表面形态之下的深层认知机理，以便更好地管窥人类概念系统的全貌。

第四节 跨语言共轭隐喻共性的体验哲学理据考辨

Lakoff（1987：194）宣称：“西方哲学流脉一直由客观主义，尤其由分析哲学把持，客观主义从前苏格拉底时代一直主导至今。”客观主义将语言视为抽象符号及其运算规则的操作系统，侧重形式而忽略意义、追求代数般的形式化规程。当代隐喻学者针锋相对地提出了“体验哲学”，主张语言不是一个独立王国，在客观现实与语言之间没有直接的联通，其中介是由身体经验所驱动的人类概念系统，对语言的探讨必须契合身体经验法则。这一语言观为意义客观性和真理等传统哲学问题开辟了一条崭新的道路（Lakoff，1987：x），也为当代隐喻学的观察角度、分析方法和研究取向提供了深刻的哲学依理。Lakoff 和 Johnson（1999：3）在惊世巨作《肉身中的哲学——体验心智及其对西方思想的挑战》的开篇便直言不讳地说：“心智本质上是体验性的；思想在绝大部分是无意识的；抽象概念大多是隐喻性的。这是认知科学的三大发现。两千余年来先验哲学对推理的这些方面的假设一去不返了。归功于这些发现，哲学的面目焕然一新。”

身体经验是指身体与外界的互动及由此获取知识的身体功能，囊括了运动、情感、社会及一切常人所具备的所有基本感知经验，特别包含塑造这些经验的天赋认知能力。人类的范畴、概念、推理和心智均非对外部现实客观的、镜像的反映，而是基于身体经验的。Gibbs（2003：2）指出："人类主观的、可感的身体经验为语言与思维提供了基础。认知发生于身体与物质文化世界的交互过程，唯有在人与环境的动态交互中才能得到充分的阐释。人类的语言与思维衍生自体验性活动的递归范式之中，时刻掌控着心智行为。"

作为"我们共有的生物机能及人类在环境中活动而得来的身体及社会经验"（Lakoff，1987：64），人类思维的体验性特质即是将人的身体作为考察周围世界万事万物的"标杆"和度量衡。对客观世界概念化的第一要务便是给客观事物定位、树立坐标，这需要引入人们最熟悉、最易察辨的事物作为参照点，而最可及贴切的莫过于人体自身。人最初赤裸裸地挺立于世界面前，身体是人类认识的第一对象或曰初始媒介。古敬恒（2000：7）提出："古人往往从人生和社会出发，依靠原始的建立在经验现象上的直觉思维去认识事物，其基本思想是物我不分，天地人混沌一片。表现在造词上，常常先造表示人体的词语，然后移用于动物或其他事物。"初民在蒙昧懵懂状态下把外部世界"人化"，将自身与整个世界等同起来，将身体的特质粘贴到一切事物之上。张再林（2012：24）考证先民测量时间的圭表："按照《周髀算经》'周髀，长八尺。……髀者，股也。……髀者，表也'这一说法，髀的本义就是指身长八尺的人的腿骨。由此可以推知，我们先民最初对时间的把握……即诉诸于我们对日光下自己身影的测度，由此才有了古人以表述时间的'景（影）刻'一词，还有'光阴'一词。"由于主、客体意识的匮乏，在早期人类眼中，人与自然万物是浑然一体的，世界即为其身体。人类用身体来理解世界、为世界命名，谱写出庞大的"人体式大地"的华彩乐章。罗建平（2011：51）指出："从哲学角度讲，自我放大到群体水平，就是大我，进而是人类的自我。这个放大的自我也是自我中心的……人的'自'我中心的外在化，就是'推行'自我的标准，显示自我的存在。"世界是人的世界，整个世界不过是身体的多倍放大，构成世界的万物无不与人体各部分一一对应。人正是在天地人同构一体的意识水平上培植自己的心智萌芽的。

人类祖先是以认识自身为契机来着手了悟世界的，因此身体是形成相关抽象概念的"始源之源"。身体是人类初始思维的原点，亦为人类最重要的喻源。古人别无他法，唯有诉诸自己最熟稔亲密的身体来隐喻他物，人寓天地，洞晓周近世界。人体是我们再熟悉不过的源域，人们对世界最初的认知即源于对自身的了解，随后再通过隐喻手段逐渐扩展至其他领域。人通过隐喻把世界据为己有并把自己变成世界。各种身体经验为隐喻性地构建共轭概念提供了可靠的源域保障。当人们用身体及其功能来构架隐喻概念、理解另一抽象域时，人体共轭喻义便应运而生了。

例 13）—例 16）是以身体构造或组织为纲构建的汉英共轭隐喻，分别涵盖心、血、eyes and hearts 和 outward appearance。例 13）以“热泪成冰”喻“冰冻心头爱与憎”，以表内心情感的无比深切；例 14）以“红烛”为源域，与靶域“世人的梦与血”构成映射；例 15）中 weeping eyes 为正态搭配，而 weeping hearts 属异常搭配，表义 weeping eyes and grief hearts；例 16）中 low、high、brown、fair、little 和 great 以“人之外貌”为源域，以一系列形容词为桥梁，与靶域 praise 形成映射（表 4.1）。人类的认知活动根植于身体经验，任何民族的身体生理组织与相关经验都是趋同的，所以汉英语言中以身体为基础构架的共轭隐喻体系有颇多相似之处。简言之，语言使用者身体结构的相似性是汉英共轭隐喻趋近性的物质基础。共同的身体生理特征引导人类在构建共轭隐喻时生成相仿的共轭隐喻，形成“共核”或“交集”。

13）天寒*热泪冻成冰*，*冻不住心头的爱和憎*。（阮章竞《送别》）

14）*红烛*啊！
既制了，便*烧着*！
烧罢！烧罢！
烧破世人的梦，
烧沸世人的血——
也救出他们的灵魂，
也捣破他们的监狱！（闻一多《红烛》）

15）When commemorating the great soul, the friends of his went to the graveyard with *weeping eyes* and *hearts*.

16）She is too *low* for a *high* praise, too *brown* for a *fair* praise, and too *little* for a *great* praise.

表 4.1 基于身体结构的汉英共轭隐喻

源域	轭词	靶域
热泪成冰	冻	心头爱与憎
红烛	烧	世人的梦与血
Eyes	Weeping	Hearts
Appearance	Low、high、brown、fair、little、great	Praise

此外，体验哲学还涵盖唯有在想象中才能出现的虚拟心理体验，相当比例的体验在现实世界中是无从觅迹的。无论是独立的简单陈述还是拓展的复杂话语，理解隐喻的能力在相当程度上都体现在虚拟地执行身体行为上，涉及搭建虚幻的身体活动场景。想象中的虚拟构成了体验性心智的另一基石，令隐喻投射上天下地，无所不能。只要不突破想象的空间，隐喻创造就无极限。Johnson（1987：172）提出："想象对于人类意义与理性而言至关重要，原因在于我们形成意义的经验、认知和推理，统统依存于特定的想象结构。"王寅（2009：4）在论及"模拟语义学"时指出："神经元模拟论认为'理解'是通过神经模仿功能获得的，可用以解释语句意义之根源……只有通过人们心智中想象力，对不存在于现场的事件或行为作出想象，这才是能很好地'理解'语句意义的生理和神经基础，可见'想象'对于'理解'是关键的"。在"She *opened the door* and *her heart* to the homeless child."中，具体动作 open 对抽象范畴 heart 无执行力，有悖逻辑。一方面，动词短语激活 open 的功能网（functional web），唤醒储存于记忆中的图式，动作主体在头脑中搜索并重演 open 动作；另一方面，隐喻将抽象范畴 heart 实体化，heart 被 open 等表述均能为人识解。对比发现，汉英动词性共轭隐喻具有趋同性（表 4.2），这是因为汉英语言使用者参照动觉体系拟绘相应的知觉体验，通过想象演绎"虚无"的行为，heart、cool、"温暖和爱"及"精神"等抽象范畴转而拥有"肉身"。

17）She *opened the door* and *her heart* to the homeless child.

18）The umpire *lost his cap* and *his cool*.

19）你默默地*吐着丝*，*吐着温暖*，*吐着爱*。在用生命织出的丝绸上，人们认识了你的价值。（马继红《蚕》）

20）铁窗和镣铐，坚壁和重门，*锁得住自由的身*，*锁不住革命的精神*！（杨沫《青春之歌》）

表 4.2　基于虚拟动作的汉英共轭隐喻

源域	轭词	靶域
Door	Open	Heart
Cap	Lose	Cool
丝	吐着	温暖和爱
身体	锁住	革命的精神

基于身体经验和虚拟动作的汉英共轭隐喻具有趋同性，因为生活在同一世界中的汉英语言使用者具有相同的身体结构，发散遐想，选用相仿的涉身经验进路来以有形易识的现象临摹、表达和传递无影无形的范畴。

第五节　跨语言共轭隐喻特异性的文化模型理据论略

概念隐喻学说饱受诟病之处即在极大程度上忽略了文化在隐喻铸型中的基础性价值，Dobrovol'skij 和 Piirainen（2005：128）坦言："概念隐喻理论虽然能诠释修辞语言最重要的方面，却不能阐明所有可能性生成理据的普遍机制，部分语言数据显得随机而任意。要做到精确而周全的诠释，必须考虑到相关知识的影响，尤其是物质文化及具有深厚历史根基的各种文化规约。"Quinn（1991：51）还犀利地指出："我所说的'文化'是指人们在语言使用中所把持并有时（并非总是）意识到、储存并传递的分享性理解。令人扼腕的是，人类学以外的语言学者，尤其是当代隐喻学者几乎无一例外地忽略文化在组构人类思维方面的重大作用，在其论证中，文化的功能被极大地边缘化了，成了可有可无的'鸡肋'。"

Tylor（1871：1）为"文化"下了一个经典定义："文化或文明，自其宽泛的人种志意旨观之，是蕴盖知识、信仰、艺术、道德、法律、习俗及其他任何人类作为社会成员所掌握的能力与习惯。"换言之，广义文化指人类在劳动中所创造的物质财富和精神财富之总和；狭义文化指社会特定发展阶段中的意识形态及与之相适应的制度和组织机构。隐喻是在一定文化氛围之内被创造和接受的，本身即是文化的构成部分，是贮藏、传递、发展文化的载体，能集中反映文化的内容。

作为一种隐喻变体，共轭隐喻同样与文化息息相关。一方面，共轭隐喻是文化的构成要件，能在很大程度上反映文化的信念、态度、行为方式等维度。共轭隐喻中的喻体往往是新知，随着时间的推移和人们的频繁使用，部分共轭隐喻拥有了约定俗成的字面义，化身常规隐喻，逐渐融入人的思维，成为文化的子部分。另一方面，一种思维方式总与特定的文化心理相照应，而文化心理具有相对的稳定性，也就决定了共轭隐喻的文化传承功能。文化诸要素可通过共轭隐喻的形式世代相传，从而对人的思维方式施加影响。

Shore（1996：208）指出："虽然文化知识的概念界定及其内涵过于抽象复杂，但可将文化知识降解为一系列具有一定分布特色的模型。"文化作为随历史凝结而成的、普遍的、相对稳定的生存方式或存在状态，往往以文化模型

（cultural model）的形式存世。人类的切身体验只能告诉我们潜在的隐喻认知模式。至于这些潜在的模式能否在特定的文化环境中得到应用，这在很大程度上取决于在既定文化中不同个体所共有的文化模型（Yu，1998：43）。孙毅和杨一姝（2012：50）言明："认知根植于文化，语言使用者建立了与各自文化模型相融的隐喻优选方案，折射在语言上就形成了带有民族特异性和规约性的隐喻表述。" Quinn 和 Holland（1987：28）认为："文化模型创造和选择隐喻的知识来源和建构基础，许多深层的文化内容，如人生观、价值观等，在很大程度上通过隐喻来表达，而不同种语言文化在隐喻运用上又往往有较大差别。" 民族语言反映和记录特定的文化模型。共轭隐喻背负文化间的差异与冲突：由于历史、地理、政治、审美、制度、习俗、经济、科技等不同的文化模型存在不平衡，不同民族对同一客体观察和理解的角度往往有所分歧，这必然在共轭隐喻中留下截然不同的痕迹。

囿于篇幅和作者精力，本书仅以"民族审美"这一文化模型来举隅例证。华夏民族求美的一个恒定原则即是对称与均衡。这一审美原则的形成既有客观因素，又含主观影响。就客观而言，平衡、对称是大自然普遍存在的现实情形，人和动物的肢体的左右结构、植物枝叶的伞形分布，都给人之视觉造成一种对称的美感。就主观来讲，中国传统哲学认为"阴阳"是通贯一切事物的两个对立面。老子说："万物负阴而抱阳。"《易经》命名"一阴一阳之谓道"的学说，把阴阳交替看作宇宙的根本规律。国人往往讲究偶式对应，如生与死、天与地、日与月等等。刘勰《文心雕龙·丽辞第三十五》云："造化赋形，支体必双，神理为用，事不孤立。" "造化赋形"引领人们扩充延展，及于天—地、日—月、山—水等自然现象的匹配，及于君—臣、父—子、夫—妇等社会现象的相应相成，追逐均衡、讲究对称的审美意识也由此而成。

华夏民族崇尚对称与均衡的审美取向孕育了汉语以两两相映、平衡对称为美而以破坏对称、失衡为丑的语类意识。在汉语里，音、义、词、语、句的重叠反复、成双共对、对立并联和对偶排比折射出国人这种对称、均衡的"向心"美学倾向。汉语共轭的内部结构，承图 4.3 的树状分析，每个节点与其下的成分都构成稳固的金字塔状；且每层均呈双浮现、虚实相接，彰显出汉语的匀称之美。汉语中，在 ZO 与 ZO′水平方向上，轭词与两轭体之间呈等距分布；垂直方向上，ZO 与 ZO′作为句子成分呈轴对称分布。每个共轭隐喻的树状分析皆可形成一个稳固的三角形，由节点 ZO 和 ZO′与其下的成分首尾相接而成，梯阶有序。如例 21）、例 22）所示，轭词"种"和"跳"分别与轭体"树秧""希望"和"烛火”“思想”组合构成基底，各自同其上部节点 ZO 与 ZO′建构出两个坚实的三角形，而 ZO 与 ZO′作为句子成分的轴对称分布使得共轭隐喻的结构图最终以牢固的金字塔状呈现，这正是汉民族崇尚均匀、对称、平衡、和谐之美的集中体现（图 4.3）。

21）在高原的土地上*种*下一株株的*树秧*，也就是*种*下了一个美好的*希望*。（《中国人民解放军战士诗选——植树歌》）

22）他说不出的新鲜而且高兴，*烛火*像元夜似的*闪闪的跳*，他的*思想*也*迸跳*起来了。（鲁迅《阿 Q 正传》）

(a) 例21）“种”共轭结构树形图　(b) 例22）“跳”共轭结构树形图

图 4.3　汉语共轭内部结构审美观

“本体论”（ontology）是西方哲学最根本的发展积淀，被尊为“第一哲学”和“第一原理”，最大特点是其逻辑构造：①本体论自其诞生起就规定“是”或“存在”（being）为最高、最普遍的范畴，因此“是”和其余哲学范畴建立起“种”和“属”式的关系；②G. W. F. Hegel（1770—1831）在《逻辑学》的本体论著作中发扬了辩证逻辑的方法，以最普遍抽象的“是”为起点，逐步演进为具体范畴。各个层次的“属”概念由“是”依照严格逻辑程序推导而成。在这种思维模式的掣肘下，英美人注意思维的分析性，强调形式推衍。

英语结构与逻辑构造呼应，两者的本质是“二元论”。如罗素（1996：295）所言：“‘实体’一言以蔽之，就是由于把由主词和谓语所构成的语句结构转用到世界结构上面来，而形成的一种形而上学的错误。”就英语而言，Partridge（1954：9）认为“英语句子十句有九句是按主谓宾配列的”；刘宓庆（1993：13）也认为，“任何英语句子都可以完形为主谓提挈全句的基本程式”。事实上，Chomsky 创立的转换生成语法不仅秉承了“二元论”的逻辑结构，更把分析性思维运用得登峰造极。任何复杂语句均可抽象为 S—NP+VP 二元结构，NP 和 VP 可切分至更基本的语言单位。

据西方哲学“物我两分”的观点，原子观促成了西方分析性思维态势，英语共轭隐喻思维如解析原子的内部结构一般，层层剥解语言结构中的实体（subject）和客体（object），如剥笋状将共轭结构中的蕴涵成分逐一呈现，级阶感强烈（图 4.4）。在英语中，共轭隐喻表达式（ZO & ZO′）的树形分析表明，轭体同轭词之间呈自左向右的横向偏离走势，有逐渐倚向后部的“右倾”样态。随着句子水平方向的不断向前扩展，轭词对其相应轭体的管辖支配能力呈渐弱渐衰的“离心”态势。表面视之左轻右重，渐趋繁沉，实则逐层深入。轭体作为轭词的动作对象，属于客观世界，而轭词属于主观世界。故例 23）、例 24）中的一个轭词 raise 和 listen to，理论上可配置串用无限个轭体，一个茶壶配多个茶杯，使得句子能够持续延展；而汉语轭体以两个居多，这正契合了华夏民族崇尚匀和稳衡的美学要求。此类典型“物我两分”的主谓结构分析模式，是英语国家信奉的“二元论”思想的一种语言表现（图 4.4）。

23）She lowered her standards by *raising her glass, her courage, her eyes* and *his hopes*. (Flanders and Swann, *Have Some Madeira, M'Dear*)

24）Miller responded, describing his symptoms and Dr. Dietrich *listened* carefully, not only *to the words*, but *to the mood, the tone, the feel of the personality* before him.

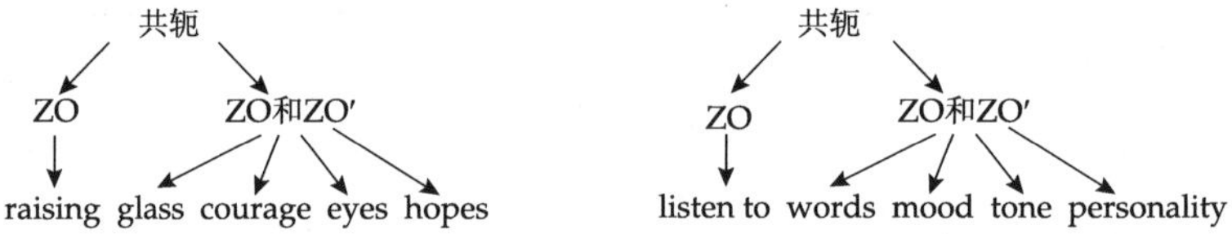

(a) 例23）“raosomg”共轭结构树形图　　(b) 例24）“listen to”共轭结构树形图

图 4.4　英语共轭内部结构思维模式

一言以蔽之，全部身体经验皆发生在特定的文化模型之中，都会在种种文化模型中优胜劣汰、筛选择用。“民族审美”只是“文化模型”大家族的冰山一角，后者还应囊括地理疆域与生存环境、社会历史与文学传统、国民心态与大众性格、宗教信仰与神话传说、民俗风情与生活习惯、思维方式与哲学观念等一揽子维度（孙毅，2013b：93-95）。因此，牵涉“民族审美”这一文化模型算子的汉英共轭隐喻差异和分化的考量，只是“万里长征第一步”，只能管中窥豹，还很不充分，文化模型的全景式扇面尚未完全打开，仍有待拓展细梳。

第六节　结　　语

共轭往往从具体事物连用至抽象思想，使其得以形象鲜明地隐喻性显露。共轭隐喻是“范畴错置”修辞百花园中的一朵奇葩，突破常规，实现平凡语词不寻常的表现力。就共轭隐喻而言，各种不同的具象和抽象的意象，吻合的本义与背离的喻义，在同一舞台上和谐共舞，在一致与矛盾的“同胞孪生”中商榷与妥协，最终融洽地同处一体。诚然，认知隐喻并不能包治百病地涵盖所有共轭情形。共轭从具象到抽象的隐喻式迁移并不绝对，从抽象到具体、从具体到具体、从抽象到抽象皆有可能，只是多寡不一而已，都值得未来进一步探究。汉英共轭隐喻是普遍性与特殊性的结晶。人类总体上拥有同样的身体构造及相关体验，所以共轭隐喻具有泛人类共享性。作为文化的载体和透镜，共轭隐喻不可避免地盖上根深蒂固的民族烙印，经过“审美取象”等形形色色文化模型的过滤辐射出去的细节各有千秋、千姿百态。

第五章 夸张隐喻

第一节 引　　言

夸张作为一种修辞方式是在客观现实的基础上对事物做“超额过量”的描述。《牛津简明英语词典》（*The Concise Oxford Dictionary*）定义 hyperbole 为 an exaggeration not meant to be taken literally。不少修辞学家认为英语的 hyperbole 和汉语的“夸张”在表达方式、修辞效果、使用目的等方面一一吻合，均是“为了表达的需要，故意言过其实，对客观的人、事、物作扩大或缩小的描述”（成伟均等，1991：503）。喜欢夸张的心理普遍存在，学界相关的研究亦不胜枚举。慕明春（1994：36）提出，广告夸张与文学夸张一样，基本特征是用言过其实的手法突出客观事物的特点以加深印象，但两者的区别亦明晰。孙建友（1995：23）将夸张分为领悟、纷争、成熟和发展四个阶段。韦世林（1996：82）指出，任何一种好的修辞方式都有逻辑支点，都可得以圆满的逻辑解释。吴礼权（1997：28）点明：违背逻辑与事理的夸张往往是说写者“忘我”精神状态下的“本我”返真。高胜林（2000：121）提出，除事实夸张，还有虚拟夸张，其基础不是事实，而是求奇求异心理。

基于单一修辞学的夸张研究只注意到语义变化的表象，并未洞悉到底层变迁的思维本质。陈汝东（2001：2）指出：“随着修辞研究的深入，人们已经不满足于用传统的方法来归纳修辞方式和阐释修辞现象。近几年，人们开始借鉴哲学、社会心理学和认知心理学的理论方法，从认知角度探讨言语交际运作的动态心理机制，分析各种社会心理因素认知、话语认知与修辞的动态共变关系，揭示修辞的认知规律”。辞格不仅激发语义嬗变，更关键的是这些变化已确实地主宰着我们认知事物的全过程。以此认识为契机，本章着力剖析夸张的隐喻本性，条清缕晰地探索其根植的泛人类共享性与民族分野性的原因。

第二节　夸张的隐喻本质寻源

隐喻是近 30 年来在海内外迅猛发展起来的跨领域研究课题。从古至今的理论家都对隐喻情有独钟，纷纷从不同的角度进行解释，提出不少真知灼见。Aristotle 的比较论、M. F. Quintilianus（约 35—约 100）的替代论、I. A. Richards（1893—1979）和 M. Black 的互动论、Lakoff 和 Johnson 的概念隐喻论、Fauconnier 的整合空间论及 Halliday 的语法隐喻论都从各自视角发表了颇具见地的论释。其中以《我们赖以生存的隐喻》为发端的"概念隐喻论"使隐喻从修辞层跃升至认知层，使隐喻就此彻底摆脱了文学和修辞学的藩篱。该理论认为隐喻不只是语言表达手段，更是一种独具魅力、以一事物描写另一相关事物的思维方式，是以一种体验的用语来解释和规约另一种体验的过程（Johnson，1987：15）。隐喻本质上是人类由此及彼、由表及里地了悟周围世界的利器。

传统意义上的夸张与认知视界中的隐喻具有同位素关系。Lakoff 和 Johnson（1980a：84）提出把握隐喻的两项基准：①两个牵涉概念分属不同认知域；②只涉及部分特征的操作。据此可判定夸张的隐喻本质：首先，夸张涉及两个语义场，每个场均存有特殊的图式结构，例 1）"犯罪"语域的典型图式包括"动机""做错事""罪犯""工具""惩罚"等，"这么好的天气还待在家里"语域的典型图式包括"无聊""无所事事""孤单""沉闷"等。两域关联的实质是语义场间的对峙。不同语域还存有用一个语域呈现另一个语域的关系。被说明的是靶域，阐明靶域的是源域。其次，夸张并非简单地以源域代替靶域，而是有选择、有侧重地把源域的某些属性映射到靶域上。例 2）夸张所实现的只是整个语义场"辩论"的一部分，映射只涉及部分特征，相当比例的特征被忽略或掩盖了。

1）这么好的天气还待在家里，实在是一种<u>犯罪</u>。

2）His eloquence would <u>split rocks</u>!

Croft 和 Cruse（2004：92）提出动态识解论，解喻者从感知到识解可按起始、发展、终结分为解码衔接、局域激活、全局连贯三个渐进的非离散性阶段。首先，解喻者解码表达式并判定隐喻的存在：例 1）靶域"这么好的天气还待在家里"蕴于"某人"概念域，是对"某人"的行为描述。"犯罪"域与"某人"域虽有联系，但"犯罪"与"这么好的天气还待在家里"不符逻辑，这暗示着隐喻的存现。例 2）eloquence 不可能 split rocks，这种主谓搭配有悖常理，若这一搭配在特定语境中为真，则为隐喻。随后，识解过程进入局域激活阶段。解喻者激活常规语义搭配并构建相关事件框架，高效地创建内部关联：例 1）“犯罪”的常规搭配应为“邪恶”。“犯罪是邪恶的”警告人们犯罪极其错误且愚蠢违法。这些信息都是由“犯罪”激活的。“待在家里”这一行为称不上“犯罪”，但晴好天气却待在家里无所事事，那就是非理性选择。这些信息是激活后的源域和靶域比照后的结果。例 2）中 split rocks 的常规搭配是 explosive 等威力强大的锐器，eloquence 属言语行为，不会穿山劈石，但激昂的雄辩威力无穷。最后，隐喻进入全局连贯阶段，源域与靶域发生类比，解喻者依据常识或语境修补先前的识解：例 1）中的“犯罪”概念映射到靶域上，“犯罪”被解读为“不明智的”。整句识解为“这么好的天气还待在家里，实非明智之举”。例 2）中的 split rocks 激活源域 explosive，源域特征投射至靶域 eloquence，整句识解为“His eloquence would be very powerful.”。

夸张的矛盾性是指字面义在逻辑上的谬误，是基本义与语境互动的结果。从词语的共现关系而言，语义搭配要求语词组合符合事理或习惯，夸张即是在合理的句法结构中对常规的偏离和错位，即超常组配。如果仿照隐喻将夸张定义为通过某一事物来谈论另一事物，那么每则夸张均至少涉及两个不同类的概念，把这两个概念通过某种句法手段并置或等同起来会构成语义冲突，或曰范畴错置。矛盾性只是表象，实乃夸张发生的标志和信号，夸张的理解正是透过表面的矛盾性发掘并剖解其深层义。夸张在此意义上与隐喻同质，成立的先决条件即是语言偏离。

第三节　夸张隐喻的疆域厘定

由于设定标准不统一，夸张的分类众说纷纭、莫衷一是，有的学者以夸张目标为准绳，有的以夸张结构为标尺。陈望道（2001）将夸张分为普通夸张和超前夸张两类；黄庆萱（2002）将夸张划为空间、时间、物象和人情四类；张弓（1993）将夸张割为“数量、性质、质量的”和“把不可能的说成可能的”两类。由于夸张包罗万象，以上分类都无法穷尽所有的题材和内容。

夸张可分为夸张对象、夸张形象、夸张点三个子集。夸张对象即被陈述的目标，一般为具体的人或物；夸张形象是容身于表层结构且与常规表达相异的部分；夸张点是被强调的部分，一般为人的感情、感受或事物的抽象属性。本章据此将夸张隐喻分为数量、时间、程度及情感等范畴，然后在其下分别谈扩大类和缩小类。

一、数量夸张隐喻

数量夸张隐喻中，夸张对象与夸张形象超常组配，映射到靶域的源域特征为数量。当夸张点呈显性时，隐喻特征突兀易见；处于隐性时，须通过动态识解论的三部曲来破解。

（一）扩大类

扩大类夸张令事情超越本来的面目或程度。

3）从化的荔枝树多得像汪洋大海。（杨朔《荔枝蜜》）
4）She left amid a swarm of photographers.

例 3）直接提及“多”字，夸张点为“数量”，呈显性。靶域即夸张对象是“荔枝树”，源域或夸张形象是“汪洋大海”。对象与形象的搭配超常，荔枝树与大海无直接联系，但远眺大片荔枝林确有汪洋之感，所以用大海的了无边际描摹树木繁盛。例 4）中，夸张形象即源域 swarm 语域的典型事件图式，包括 bee 、crowed 、honeycomb ，源域 swarm 的部分特征映射至靶域 photographers，属扩大类。

（二）缩小类

与扩大类相对，缩小类夸张是将事物的数量、性质、状态、作用、特征等往小、低、短、少、慢、弱、浅、稀等方面压缩。

5）我一点儿力气都没有了。
6）There was not a grain of truth in what he said.

例 5）中，表示数量的“一点儿”与“力气”为非逻辑搭配，正常状况下再疲惫也不可能些许力气都没有；例 6）中，夸张对象 truth 与夸张形象 grain 为非常规搭配，源域 grain 的典型图式包括 tiny、little、food 等，其部分特征映射至靶域 truth，属缩小类。

二、时间夸张隐喻

时间夸张隐喻中，夸张对象即靶域为“时间”，既有感叹时针走得缓慢的焦急也有叹息时间无情逝去的伤触，前者为扩大类，后者是缩小类。

（一）扩大类

7）感承众头领好意相留，只是小可度日如年，今日告辞。（施耐庵《水浒传》）

8）Life is happiness, each minute might have been an age of happiness.

在例 7）、例 8）中，一天不会有一年那么长，一分钟的时间推移得再慢也不可能是一个时代，属扩大类。

（二）缩小类

源域与靶域“时间”的搭配有悖常理，用来感慨时间飞逝。

9）三十八年过去，弹指一挥间。（毛泽东《水调歌头·重上井冈山》）

10）Time flies!

例 9）中，源域“弹指”暗示靶域“光阴”之消逝，但三十八年游走得再快也比不上手指弹动所耗时间；例 10）中夸张形象 flies 激活源域 arrow，其特征 extremely fast 映射至靶域 time，时间像弓箭弹射般转瞬即逝，属缩小类。

三、程度夸张隐喻

程度夸张隐喻中，夸张对象可为“人”、“物”或“事件”，夸张形象则为各类表达式，可为词亦可为句，夸张点常呈显性，且多由形容词扮演。

（一）扩大类

11）蜀道之难，难于上青天。（李白《蜀道难》）

12）And the wind from the east go tearing round the mountains like forty thousand devils.

例 11）、例 12）中的夸张对象“蜀道”和 wind 分别与夸张形象“青天”和 devils 的搭配相悖，夸张点的浮现使对象与形象有所关联，但登蜀道难不过上青天，风力也抵不过魔力，属扩大类。

（二）缩小类

源域与靶域“作用”的搭配属超常搭配，用“细小”来阐明靶域“作用”渺小，属缩小类。

13）五岭逶迤腾细浪，乌蒙磅礴走泥丸。（毛泽东《七律·长征》）
14）He didn't care an atom about it.

例 13）的夸张对象“五岭”“乌蒙”与夸张形象“细浪”“泥丸”搭配有悖；例 14）的夸张对象为 care、夸张形象为 atom，源域 atom 的特征“小”“少”映射到靶域 care 及 service，识解为“他一丁点儿都不在乎”。

四、情感夸张隐喻

人在表达最普遍、最重要的情感时喜用夸张传达内心涌动。

（一）扩大类

15）肺都气炸了。
16）He hit the ceiling at the news.

例 15）、例 16）的夸张对象分别是“人”和 he，夸张形象是“肺炸”和 hit the ceiling，对象与形象的搭配有悖常理，强调极端地愤怒，属扩大类。

（二）缩小类

17）他们样子往往很凶，其实胆小如鼠。（郭小川《文学工作不能跃进》）
18）The little girl is as timid as a hare, shy in the presence of strangers.

例 17）、例 18）中源域分别为“鼠”和 hare，靶域为“胆量”和 courage，以反衬“胆量”和 courage 之小，属缩小类。

五、教化夸张隐喻

教化夸张隐喻常现于儿童读物中，变物理世界的不可能为心理世界的可能。

（一）扩大类

19）我捉住了一只红蜻蜓/放进小小的标本夹/想不到春天竟哭了起

来/春天说她丢失了一只脚丫。（王宜振《红蜻蜓》）

20）She must be watching yet/ Waiting till we come home to her/ Anxious if we are late/ Watching from Heaven's window/ Leaning from Heaven's gate.

例 19）源域是"脚丫"，靶域是"红蜻蜓"，"捉了一只蜻蜓做标本"被异想天开地想象为"春天为此丢失了一只脚丫"；例 20）的 Heaven's window、Heaven's gate 中，靶域 Heaven 的部分特征映射至源域 house，旨在凸显母爱伟大及家庭安全，属扩大类。

（二）缩小类

21）太阳很大/房子却很小很小//谁要是不信/请往露珠里瞧瞧/一个又红又大的太阳/躲在小小的露珠里微笑//也许太阳会变魔法/在天上很大很大/走进小小的家/就变得很小很小。（王宜振《大太阳的小房子》）

22）Unicycle, unicycle/ radiant and round/ Spying you, you spoke to me/ without a single sound/ Unicycle, unicycle/ beautiful and kind/ like the petals on a flower/ wheeling through my mind.

例 21）中童心里的太阳很小，能跻身进露珠里；例 22）将 unicycle 和 petal 契合起来，花瓣上骑独轮车，属缩小类。

第四节　汉英夸张隐喻的异同

无论文学创作还是日常生活中，夸张隐喻均以瑰丽的想象将事物特征渲染和彰显出来。

一、汉英夸张隐喻的趋同

语言作为承载思维的工具可使人有目的地交际，这是由于其反映的客观世界是大同的，颇具共性。

（一）利用数字

利用数字在汉英夸张隐喻表大小时异常突出。

23）他喜欢冒险，曾经从万丈悬崖跳入海中。

24）Splendid cheeses they were, ripe and mellow, and with a two hundred horse-power scent about them that might have been warranted to carry three miles, and knock a man over at two hundred yards. (J. K. Jerome: *The Odour of Cheese*)

例 23）凭数字“万丈”衬托“他”的过人胆量和冒险精神；例 24）巧妙地运用三组数词来描绘奶酪香，读者如闻其味。

（二）利用语义

通过语义上的夸张来表义是常见的汉英夸张隐喻。

25）鸿渐吓得头颅几乎下缩齐肩，眉毛上升入发，知道苏小姐误会这是求婚的信，还要撒娇加些波折。（钱钟书《围城》）

26）And I will lure thee still, my dear/ Till a'the seas gang dry/ Till a'the seas gang dry, my dear/ And the rocks melt wi'the sun. (Robert Burns: *A Red, Red Rose*)

例 25）鸿渐失态地缩颈耸肩，刻画出惊吓的程度；例 26）表白爱将持续到“海枯石烂”。

（三）与其他修辞格连用

汉英夸张隐喻还可与其他修辞法如拟人、明喻等连用。

27）他妻子骨瘦如柴。

28）A man with a mouth like a mastiff, a brow like a mountain and eyes like burning anthracite—that was Daniel Webster in his prime. (Stephen Vincent Benet: *The Devil and Daniel Webster*)

例 27）将夸张和明喻结合，用木柴的纤细生动地比拟人的羸弱；例 28）借助明喻将韦伯的面部特征临摹得活灵活现。

二、汉英夸张隐喻的差异

语言千差万别，每种语言都具有其他语言无可取代之处，即民族性。

（一）写实与写意

英语惯用理性和逻辑，倾向客观和准确地写实述说。汉语注视主体的所感所想，偏重将自己的认识投射到对象上，即写意。

29）千山鸟飞绝，万径人踪灭。孤舟蓑笠翁，独钓寒江雪。（柳宗元《江雪》）

30）On Sundays I have a thousand and one things to do.

汉语崇尚模糊的意象性，例 29）表面描绘荒寂景象，实则吐露诗人壮志未酬的孤独情怀；例 30）中英语追求精确的科学化，类似的还有 a hundred and one cares（无微不至的关怀）、millions of reasons（无数理由）。

（二）形合与意合

英语夸张隐喻常有明确的形态标志，符形合；而汉语夸张隐喻主要靠构义关系维系，符意合。

31）主人之刀利如锋，主母之手轻且松。薄薄批来如纸同，轻轻装来无二重。（褚人获《坚瓠集》）

32）With the development of these new tools, it is as if man has suddenly become a millionaire of the mind.

例 31）中肉片薄到微风便可将其吹入云霄；例 32）用 as if 引导的虚拟条件句，有明显的形式痕迹。

（三）超前夸张

超前夸张，又叫窜前夸张，即故意把尚未发生的事情说出来，其特点是将事情发生的时间进行调换。英语中几乎没有超前夸张这一形式（吕煦，2004：191）。

33）他酒没沾唇，心早就热了。（郑直《激战无名川》）

34）这媳妇才算媳妇，要如今的妇女呀，别说守一年，男人眼睛没闭，她就瞧上旁人了。（周立波《暴风骤雨》）

例 33）中，在时间上后出现的事物提前出现了，逼真地突出酒量大、酒香醇和情意浓；例 34）寥寥数语将水性杨花、鲜廉寡耻的女人揶揄得入木三分。

（四）不同数词的安插

汉语“三”及其倍数的数字夸张隐喻俯拾皆是，如“白发三千丈，缘愁似个长”“十八般武艺样样精通”“三十六计，走为上计”“三百六十行，行行出状元”等，而英语则无此偏好。

第五节 汉英夸张隐喻弥合性的体验哲学理据钩沉

张尧均（2004：34）指出：“在古典世界中，人始终是处在一个整体的宇宙秩序或存在秩序中，并在其中占据某一适当的位置，他绝不会试图与这一整体相脱离，或僭越自己的位置。只是随着现代主体的出现，人才从宇宙万物中独立出来，他宣称自己是独立的主体，而其它一切只是作为它的对象而存在。单一的秩序由此而分裂为二元的平行序列，而对于事物和世界的体验也随之发生了一种根本性的变化。”

郭熙煌（2009：11）指出：“从认知语言学方面来看，人类具有共同的生理和心理基础，而语言又是一种具有生理和心理基础的知识结构和知识系统，这就证明了人类语言共性系统的存在，作为语言之间的差异的语言个性毕竟是非本质的边缘性规则和参数……人类共同的生理机能，面对相同的物质世界，能够归纳出相似的概念、结构。”

鉴于客观主义无法恰当地描述人类心智获得及相关的人类语言，Lakoff（1987）和 Johnson（1987）针锋相对地提出了一种新的认知理论，并冠名以“体验哲学”。它首先是现实主义的，即承认客观存在的现实性，相信真理并不只意味着内部一致，相信科学标准的客观性，摒弃纯粹的唯我论和唯心论。但更重要的是其经验性。这里的“经验”含义甚广，包括人类基本的感觉——运动经验、情感经验、社会经验以及一切正常人所具备的其他各种经验，还特别包括塑造这些经验并使之成为可能的人类天赋的认知能力。必须指出的是，这种经验主义并不等同于哲学史上常见的“经验主义”（empiricism）。其“经验”不是指被动地印在白纸一样的头脑中的感觉印象，也不是指个体由于其独特的历史而获得的偶然经验，它主要是指人之所以为人，生活在这个人类社会中普遍的经验方面，强调的是作为自然和社会环境一部分的经验的能动功用。根据该认知理论，既然人类的身体、其天赋能力以及其作用方式都是真实世界的一部分，由此而来的人类的共同经验应是人类思维之所以有意义的促动因素。“促动”在此并不等于“决定”，即不是说经验严格地决定了人类的概念和推理方式，而是说人类经验的固有结构使概念理解成为可能，并限定了概念和理性结构的可能范围。

这种经验现实主义提出，人类的概念系统是人类经验的产物，而经验是通过身体获得的；在人类经验之外的客观现实与人类语言之间并没有直接的联系，其间的中介是由人类经验所促动的人类概念。概念结构既来自人类身体和社会经验的结构性质，也来自人类的天赋认知能力，即将结构性的身体和互动经验投射为抽象的概念结构的能力。而理性思维正是一般认知过程作用于这样的概念结构的结果。

体验哲学的核心是要解释人类的一个古老的哲学命题：体验与各种概念及其结构间的关系。周麦成（2012：20）言明：“因此，我们说，概念的形成与我们身体对客观世界的经验和体验密切相关，与我们的主观意识密不可分，是我们感知、感觉、心智、情绪等的产物，是我们与客观世界互动的产物。身体是我们认识世界的出发点，在我们认识和了解世界的过程中，我们借助于空间概念和人类的思维进行范畴化的活动，形成概念和推理，完成人类对世界的体验，并通过体验获取知识。”

冯建明（2013：50）提出：“客观世界路径、语言内部路径和心智路径内的语义理论蜗居于各自设定的狭小领域内，画地为牢，自成体系，忽略了语言赖以生存和发展的其他方面。而基于体验哲学的认知语义路径一方面既反对‘语言具有独立于思维的客观意义’的客观主义语义观，又反对‘语义先天就存在于大脑中’的主观主义语义观；另一方面，它坚持意义来自于人们对客观世界的体验和认知，强调客观世界对意义所具有的始源性作用；同时又认为意义是一种心理现象，强调人的身体特征、生理机制和认知思维等主观因素在意义形成中的作用，强调语义的心智性和主体性。”

郭熙煌（2009：64）提出：“认知科学认为，认知活动是人的大脑同外部世界以互动形式进行信息加工的活动。在认知学说的影响下，20 多年来国内外语言学界兴起了一种语言研究的认知趋势，即以人类感知世界的经验和体验为基础来研究语言，以揭示语言的心智体验属性。这一主客观互动的认知语言学研究被称为当代语言研究的新视角。”海景龙和陈丽（2013：18）提出：“身体问题是哲学中一个亘古弥新的问题。身体不只是生理意义上的形躯，更是由历史、社会、政治权利与文化的建构而成的，它是人自我理解的起点，也是我们理解世界的媒介。当代西方知识界掀起的一股“身体”取代“主体”的潮流，表明重新思考“身体”与“主体”的关系已成为当代西方哲学发展的一条重要线索。

Johnson（1987：XIX）提笔便写：“我们人类都拥有身体。作为‘理性的动物’，我们有‘理性’的一面，也有‘动物’的一面。我们的理性有体验的性质。人类体验的核心直接影响事物对我们表义的内容和方式，这些意义可以发展言传的途径，以及能够使我们理解和推理自身经验的路径与我们采取的措施和行动。世界的真实是由我们身体的运动、我们的空间和时间方位的外廓以及我们与物体的交互形式所塑形的。这绝对不仅是一个抽象概念化与命题评价的问题。”

Leddy（1995：205-206）指出：“新经验主义与客观主义和主观主义针锋相对。对客观主义的批判极具冲撞力。对主观主义的批判持有‘经验没有自然性结构’的观点。客观主义者认为所有的真实都依存于所有时间不具有固定的、本质的联系，且离散性物体和关系独立于人类理解。客观主义者坚信绝对真理和普遍性真实知识。客观主义与 Frege、Husserl、Chomsky、B. A. W. Russell（1872—1970）、Searle、D. Davidson（1917—2003）等哲学家、语言学者、心理学者和认知科学者密切相关。”

马德浩和季浏（2012：78）言明：“梅洛 · 庞蒂认为：人与人可以共存，可以通过交流消除彼此的分歧。他的这一观点立足于他对身体的独特理解上。他用身体取代了意识在认识中的核心地位，并将身体视为主体的本质，从而否定了主体借助灵魂而超世存在的可能性。他在强调人是在世存在的同时，也承认他人在主体的存在中扮演着重要角色。他认为身体具有开放性，这种开放性表现在身体与身体之间的相互交流上，这种交流创造了人类的社会文化。”

孟伟（2007：77）指出：“涉身认知的核心观念是：身体是认知活动的主体。围绕着这一核心观念，就需要我们澄清身体这一认知主体的一些特征，特别是说明身体如何是‘活的’身体。”龚光明（2012：65）指出：“‘体验’是文艺心理学的核心概念，体验是人的生活经验中见出意义、思想和诗意的部分，体验的特性与艺术活动有同构关系。”Gadamer 指出：“体验（erlebnis）这个词在 19 世纪 70 年代才成为与经历（erleben）这个词相区别的惯常用词。体验一词的道德构造是以两个方面的意义为根据的：一方面是直接性，这种直接性先于所有解释、处理或传达而存在，并且为解释提供线索、为创作提供素材；另一方面是由直接性获得的收获，即直接性存留下来的结果。”

当代隐喻学是在继承和发展经验联想心理学的基础上、率先在欧美兴起并迅速席卷世界的语言学流派。当代隐喻学创立了“体验哲学”的哲学根基：犀利批判并彻底颠覆了传统“客观主义”哲学思潮，针锋相对地指出，人类的范畴、概念、心智、思维、推理、意义并非为外部现实直接而忠实的反应，不是客观存在并独立于人的意识，而是由我们的身体经验所塑就、主客观互动的产物。人类的认知并非像镜子或白板般简单地复制或映照客观事物，而是以身体经验的方式有选择地重新组织外界信息，使其符合经验的加工和再创造。身体与客观世界的反复互动、接触形成的经验构成了认知的基础，认知以体验为纲。

身体在认知过程中的主体性地位意味着人的认知建筑在身体的感知基础上，身体是认知得以显现的平台或中介。作为认知对象的世界是由身体投射的世界，四处浸染着身体的味道。原始人类在最初“睁眼”看世界、观物取象之时，以体认方式来直接认同于世界，即把人立为衡量周围万事万物的标尺。在洞悉世界时，人类将身体所有器官向客观物质世界投射，或曰人类是以认识自身身体的方式去类推客观物质世界的。罗建平（2011：3）指出：“身体作为研究对象，貌似狭小，其实广博，是‘一叶知秋’式的把握自我和世界。从根本上讲，身体承载着灵魂、自我和世界的联系，通过身体，我们才会更好地理解对象世界。”人类凭借自身特殊的生理构造来感知世间万物，理解其间的种种关系。

现实与语言间没有直接而必然的联系，语言遴选哪些信息、如何组织这些信息，都受身体的掣肘。辜正坤（2007：107）述：“从逻辑上来看，越是远古的时候，人类越不可能具备太多的语言运用任意性，随便地去创造一种语言或文字。不同的人类只可能就当时的智力条件创造出一种就他们的能力能够创造的东西。换句话说，至少在创造文字的时候，他们只可能是近取诸身、远取诸物地进行模仿性创造”。人类最先认识自己周围立体的、有形可见的东西，首先是人体本身，身体在语言的萌芽伊始居功至伟。语言最初作为一种命名活动，不仅赋予事物以名称，更赐予其人化的品格。

人们在思想底层的隐喻网络形成认知图，认知者将自我置于宇宙中心，以此为参照形成视角来铸就与世界的联系。“正是在人的肉体与世界万物万象间的普遍的相互认同中，才产生了自然与人之间的类比同化，产生了人与自然的初始联系，产生了万古不朽的原始隐喻，产生了符号的基础，创生了语言。因而创生了宇宙。”（耿占春，2007：11）一方面，人借隐喻从人体式的管道内部窥探外界，以外显的器官命名万物；另一方面，天地万物也成了人体器官的象征符号。换言之，人类把对自身身体的认识树为靶域，形成人体隐喻化范式，自此诞生了大量以人体器官作喻体的隐喻语汇。

人类都有五官、两条胳膊、两只腿、循环的血液、呼吸用的肺、皮肤、内脏等，在整体上拥有一致的身体器官。人类相同的身体结构使夸张隐喻具备了认知共性。质言之，语言使用者生理机制的共享性是汉英夸张隐喻类同的物质基础。例 35）—例 44）是以身体构造为源域的汉英夸张隐喻：例 35）、例 36）的夸张对象“她”、Hank Morgan 与夸张形象“心碎”、heartbroken 的搭配有悖常理，以身体器官“心”、heart 的非正常状态“碎”、broken 映射“悲伤”、sadness；例 37）、例 38）以“眼睛”、eye 喻指“时间”、time；例 39）、例 40）用“头发”、hair 映射“微薄的力量”、weak strength；例 41）、例 42）以“耳”、ears 喻指“专心”、attention；例 43）、例 44）中源域“左右手”、right hand 激活靶域“重要”、indispensable（表 5.1）。

35）她感到十分无助和心碎。

36）Hank Morgan is heartbroken at the end because he cannot get back to his Arthurian sweetheart.

37）一转眼就过了六年。

38）The incident was over in a twinkle.（twinkle 激活源域 eyes）

39）他们在这千钧一发之际，双双同心协力，使出浑身的劲对付绳索。

40）John was within a hairbreadth of death.

41）如此甚妙，我们洗耳恭听。（清・李汝珍《镜花缘》）

42）Tell me your experience, I'm all ears.

43）人民的游击战争，从整个革命战争的观点看来，和主力红军是互为左右手，只有主力红军而无人民的游击战争，就象一个独臂将军。（毛泽东《中国革命战争的战略问题》）

44）And all along the way, Karl Rove would act as his political right hand man.

表 5.1 汉英身体夸张隐喻

身体夸张隐喻	源域	靶域
心碎/Heartbroken	心/Heart	悲伤/Sadness
一转眼/In a twinkle	眼/Eye	时间/Time
千钧一发/Hairbreadth	发/Hair	微薄的力量/Weak strength
洗耳恭听/All ears	耳/Ears	专心/Concentration
左右手/Right hand	手/Hand	重要/Importance

“体验”是指身体与外界的互动及由此获得知识的身体功能，也是夸张隐喻的基本属性。夸张隐喻源自体验，体验会自然而然地引导我们自动而无意识地获

取和习得夸张隐喻。人们只能在现实世界中对反反复复、具体实在的体验构造复杂的夸张隐喻，脱离体验来谈夸张隐喻犹如空中楼阁，难以想象。体验为全体人类共有，不同民族的体验是相仿的，以此为源域的汉英夸张隐喻共性昭然（表5.2），如例45）—例51）。

45）吓死我了。

46）I was scared to death.

47）海南的夏天热得人喘不过气来。

48）It was so hot a noon that the leaves had to gasp for breath.

49）我如饥似渴地把那二十几页的长文，一口气读下去。（郭沫若《革命春秋·学生时代》）

50）I am hungering for a chance to go to Europe again.

51）They thirsted for independence.

表 5.2 基于生理体验的汉英夸张隐喻

生理体验夸张隐喻	源域	靶域
吓死/Scared to death	死亡/Death	惊吓/Shock
喘不过气来/Gasp for breath	喘粗气/Panting	炎热/Scorching
如饥似渴/Hungering/thirsted for	饥渴/Being hungry and thirsty	欲望/Desire

第六节 汉英夸张隐喻迥异性的文化模型理据发凡

Gibbs（1999：146）言："我们应将隐喻及隐喻与思维间的关系视为无数的认知网，这些网络并非仅限于个体的大脑思维中，还可延伸并进入社会群体的文化世界。因此隐喻不仅是基于体验的个体思维过程，更需置于文化中加以考量。" Ding（2009：221）指出："有些隐喻的喻体和本体之间的连接基础不是各族人民都比较熟悉的日常生活，而是关于它们所在文化的特定知识。说得具体一些，有些外来隐喻能指与某种特殊的生活方式以及文化传统密切相关。" 从本质上而言，隐喻是一种文化现象，是文化构成的要件，是文化在语言中的集中体现。隐喻自其产生、理解到表达均体现出文化的影响，是反映和折射文化的"透镜"。

同理，作为夸张隐喻创造的动力、表述的对象和存在的价值，文化理所当然地担当起推手的职责，掌控夸张隐喻的形成和发展。人类在特定文化中展开对世界的探索，夸张隐喻也必然烙有深刻的文化印记。夸张隐喻是保存、贮藏、传承和发扬文化的载体，蕴含丰富多彩的民族传统和浓郁厚重的地域风情。文化作为历史凝结而成的、普遍的、相对稳定的生存方式或状态，往往以文化模型汇聚存世。文化模型是由民族全体成员在长期实践活动中积累总结并世代延续的结构或形式。“文化模型是预设的，是人们习以为常的，被社会成员广泛接受的模型，它对理解人们的世界观和行为起着重要的作用。”（Quinn & Holland，1987：4）文化模型建构于一个民族的社会发展中所创造的物质和精神财富的总和之上，共含物质、制度和心理三种形态。物质模型是通过人们制作的各种实物产品表现出来的建筑物、服饰、饮食、工具等，属显性文化。制度模型是指人共同遵守的社会规范和行为准则，属隐性文化。心理模型亦称观念文化或精神文化，是通过人们思维活动所形成的方式和产品表现出的价值观念、思维方式、审美趣味、道德情操、宗教信仰、科学理念等，属隐性文化。Quinn（1991：65）认为：“文化在帮助人们理解世界时应发挥更基础的作用，隐喻并不能构建对世界的理解，话语者之所以选择和青睐特定的隐喻是因为这些隐喻与特定文化模型相映合。”

夸张隐喻体现文化模型的方方面面，受不同文化模型的引导。夸张隐喻的使用随时随地彰显着文化模型，无法自发孳乳和发酵，其运用自始至终受文化模型的掣肘，各种文化模型都会直接或间接地干扰夸张隐喻的筛选。文化模型因一个社会或群体的不同而相异，随时间、社会和人生积累的变化而迁移。不同民族物质、制度及心理文化模型的发展不均衡，必然导致夸张隐喻在使用方法和表现形式上彰显出或多或少的差异。例 52）—例 57）汉英时间夸张隐喻，靶域都是“时间”，但映射“时间”的源域却不尽相同。例 52）—例 55）是汉语时间夸张隐喻：例 52）用源域“梭”回往牵线的速度形容时光飞逝；例 53）用昙花“花期极短”映射靶域“时间”短暂；例 54）借源域“风”呼啸说明时光流逝；例 55）源域将“朝露”的特征“短暂”与“时间”连接起来，暗叹时间苦短。例 56）、例 57）是英语时间夸张隐喻，源域分别是 flash、shot，与靶域 time 超常搭配，但 flash、shot 的特征 temporary、transient 与靶域串联一处表光阴似箭（表 5.3）。

52）逝者如斯，不舍昼夜，<u>时光如梭</u>，人生苦短。

53）低通货膨胀率不会只是<u>昙花一现</u>。

54）<u>往事如风</u>，我确实很想说些什么，然而冰封三尺，冻结了所有声音……

55）日月如跳丸，人生如朝露，生死事大，无常迅速。（明·赵弼《觉寿居士传》）

56）His first novel was a flash in the pan.

57）Like a shot the cabinet responded.

表 5.3 汉英时间夸张隐喻

时间夸张隐喻	源域	靶域
时光如梭	梭	时间
昙花一现	昙花	时间
往事如风	风	时间
人生如朝露	朝露	时间
A flash in the pan	Flash	Time
Like a shot	Shot	Time

第七节 结 语

夸张隐喻是人类感知、思考和认识宇宙万象的思维模式。语言的肉身是语词，而语言的基因和灵魂则是理据。汉英夸张隐喻趋同的理据肇始于普遍的、人类依据身体及其经验考察周围世界的内涵与形制，这是因为任何民族的夸张表征都以体验为基础，而跨语言分歧理据归因于夸张隐喻饱含深刻而丰富的文化内涵，其发生发展必受文化模型的钳制。

第六章　双 关 隐 喻

第一节　引　　言

语言究其本质而言是修辞性的，运用语言者无一例外都是修辞动物。修辞学认定“双关”为一种再普通不过的修辞格，在特定语境中利用语音或语义条件，蓄意使一个语词或句式兼含两层意思，表义与真义各执一端。余章成（2011：80）概括：“用一个词语同时关顾两种不同的事物，产生‘表’、‘里’两重意思。表面谈的是这件事，实际指的是另一件事，而后者是最主要的，这种修辞方式，叫双关。”英语 pun 的全称为 paronomasia，该词源于拉丁语 paronomazein，与汉语“双关”的意义基本吻合，意为 to call by a different name，即“用不同名字称呼”。双关作为一种重要的修辞手段历来为语言学者所关注，主要集中在两个方面。一方面，是在假定话语意义已明确的基础上来静态研究双关，主要侧重对双关的修辞作用及幽默效果等语言浅层分析；另一方面，部分学者开始利用修辞学边缘性学科的特点，结合心理学、语用学的观点探索双关：李军（2008）从动态过程提出了“修辞控效说”，认为双关修辞是一个取效行为；周有斌（1996）探讨双关的产生与理解机制，但仍局限性地认为双关修辞是一种纯描写性的语义偏离现象。传统学界热衷于对双关系统的整体把握，无法解释双关语是怎样用一个语块来表达双重意义的，缺乏对其内在动因的考察，亟待我们深入挖掘。

当代隐喻学是一个以我们经验和感知周围世界并将其概念化的方法、策略作为基础和依据的语言学流派，为寻求更好的双关诠释方案拓宽了思路。语言结构与人的身体结构间有必然的联系，语义并不限于语言系统内部，而且扎根于人体与世界互动过程中形成的经验。对于语言形式的根本动因，必须打破语言的枷锁，到形式结构以外去寻找观察和解释语言现象的催生诱因。本书借鉴当代隐喻学理论研究双关这一广泛运用而独具魅力的语言现象，通过汉英对比来探讨双关辞格表象背后深刻的生成机制及衍推理据。

第二节 双关辞格的认知隐喻本质

隐喻的研究历史源远流长，早在两千多年前古希腊先哲 Aristotle 即在《论修辞》中将隐喻定义为用属于一事物的名称来指另一事物。受此影响，隐喻一直被视为一种文学修辞手段和附属于语言外壳之上的妆饰现象。Lakoff 和 Johnson 在 1980 年凭《我们赖以生存的隐喻》一书开辟了现代隐喻研究的新征程，提出隐喻不仅是一种修辞手段，还是人类概念系统的固有属性，不但属于语言层面，更隶属思维层面。胡壮麟（1997：56）指出：隐喻的作用是“在人们用语言思考所感知的物质世界和精神世界时，能从原先互不相关的不同事物、概念和语言表达中发现如同互联网中的链接点，建立想象丰富的联系。这不是一个量的变化，而是认识上的质的飞跃。新的关系、新的事物、新的观念、新的语言表达方式由是而生”。

在言语交际中，认知主体借助语言单位的符号特点，用一个概念域去激活另一个概念域，形成同一事物关涉不同概念域的认知机制，这在语言上表现为双关。双关由两个语境、一个触机、一个铰链构成；认知隐喻由一个本体、一个喻体和一个相似点构成。由此可见，双关和隐喻在结构上有诸多趋同之处：①双关涉及两个语境，两个不同的事物，这与隐喻完全一致；②双关的两个语境，一个是显性的，一个是隐性的，隐喻中的两个概念范畴同样一个是显露的，一个是隐藏的；③双关有一个触机使两个语境能各自言之成理，铰链将两者连在一起，所以有存在的合理性，而隐喻由一个相似点将本体和喻体连接起来，使得事物的语义在另一个范畴也成立；④连接双关的铰链和连接隐喻的相似点都具有很强的遮蔽性。

Lakoff 和 Johnson（1980：84）提出评判隐喻的两个标准：①涉及的两个概念分属于不同认知活动域；②只涉及部分特征的运演。据此标准亦可判定双关具有隐喻性本质：首先，双关涉及两个语义场。例 1）中，当我们接收“太后”信号时，会激活相关语域，太后是皇帝之母，历朝历代曾出现过多位太后，最出名的当数慈禧太后，可是泛指，也可是专指；提起“太厚”则指另一概念域，应被置于“厚度”的三维空间。两域依靠音位特点建立了连接，“太后”激活“脸皮太厚”。其次，双关并非简单地以源域概念代替靶域概念，而是有选择、有侧重地把前者映射到后者上赋予其属性。例 1）语义场的映射是在两个事物间比较，把属于甲事物的些许属性移植到乙事物。

Wilson 和 Carston（2006：404-433）认为：在隐喻的解释过程中，解喻者总在寻求最佳关联。关联度的大小与语境效应成正比：语境效应越大，关联度越大；语境效应越小，关联度越小。根据关联理论，语言交际是一个由认知到推理的过程，解喻者只有在特定语境中运用推理，才能透过表义来理解隐喻含义。如例 2）中，首先根据语境，解喻者最先会想到 lie 的一层意思“躺”，句意为“律师在床上翻来覆去，无法入睡”；由于 lie 一词多义，解喻者随后会想到 lie 的另一层意思“撒谎”，句义可解为“律师在帮人打官司时两边撒谎，时刻保持头脑清醒以不被戳穿”。第二项句义更符合律师的职业特点，与语境更贴切。

1）甲：你们说我像皇帝哪还是像太后呢？
乙：你是太厚！
甲：我是什么太后呢？
乙：脸皮太厚！（相声《白骨精现形记》）

2）Why are lawyers all uneasy sleeper? Because they *lie* first on one side, and then on the other, and remain wide awake all the time.

综上所述，传统意义的双关与认知视野中的隐喻具有同位素关系，暗蕴语言表象之外的深层连接机制。双关隐喻是建构在源域通过语言单位激活靶域并建立两域联系的基础上的，其实现是在具体语境下，将源域（显明意义）通过联想等推理手段映射至靶域（深层意义），从而达成识解（图 6.1）。在双关隐喻中，两种看似毫无关系的事物被相提并论是因为人们在认知域挖掘相似性，把两件事物联系起来。

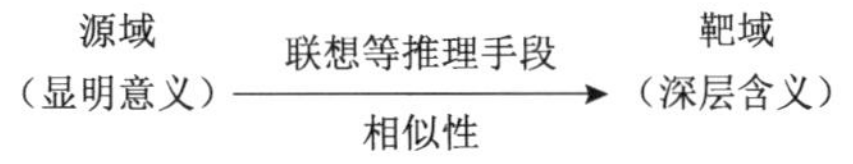

图 6.1　双关的隐喻性本质

第三节　双关隐喻的疆域厘定

辞格辨析一直是修辞学研究的重点课题。从何角度对修辞方式下定义，尤其辨析“每式之内的系统”，与修辞学者的整体研究思路和兴趣有关。综观前贤对双关的界定，总体趋势是越来越科学、认识愈加深入，但对双关内涵与外延的判断仍存较大争议。以英语为例，何善芬（2002：392）指出：“目前英语双关语的分类尚有不同见解。有的分成同字双关（Antanaclasis）、谐音双关（Paranomasia）和兼用双关（Syllepsis），也称一笔双叙3种；有的分成同音双关（Homophonic Pun）、近音双关（Paranomasia）、同字双关（Antanaclasis）、一词多义双关（Sylleptic Pun）和歧解双关（Asteismus）5种；还有的则将Pun与同词双关（《英语辞格》称‘换义’）谐音双关并列在‘文字游戏’一类……由此可见，上述分类标准不一，导致分类的繁杂和混乱，难以体现英语双关语的结构全貌和修辞特色。”科学的界定是认识和解决问题的第一步，对双关的界定存在分歧是造成目前研究乱象的根源。我们有必要对以往的双关定义进行梳理、比较和分析，廓清其语言学界域，为更清晰地认识双关隐喻的本质进行前期铺垫。根据双关隐喻中源域与靶域建立连接的方式不同，可将双关分为语音联系型、多义联系型、语境联系型及结构联系型等类别。

一、语音联系双关隐喻

语音联系双关隐喻包括同音联系和近音联系两种情况。

（一）同音联系双关隐喻

同音联系双关隐喻是指用同音异形异义关系创建源域与靶域的连接，字面是一层意思，而隐含的是另一层意思。

3）梁山军师——*吴用*（无用）

4）King: … my cousin Hamlet, and my son, … how is it that the clouds still hang on you?

Hamlet: Not so, my lord, I am too much in the *sun*.

例3）由“吴用”与“无用”构成同音联系双关隐喻。首先“梁山军师确乃吴用”，解喻者借助“吴用”与“无用”同音，激活靶域，从而派生出双关隐喻。同样地，例4）由son与sun构成同音联系双关隐喻。哈姆雷特对杀父的奸王称已为son极其反感，顺势用了too much in the sun来回应，表义为“阳光（sun）晒得够多了”。解喻者在son与sun间据同音建造起源域与靶域间的桥梁，可推断其真义是“对成为奸王的儿子（son）已忍无可忍”。

（二）近音联系双关隐喻

近音联系双关隐喻是在语音相似的基础上，把一个词和语音相近的另一个词串联起来，从而构建起源域与靶域的连接。

5）丰年好大雪，珍珠如土金如铁。（曹雪芹《红楼梦》）

6）Trust us. Over 5,000 *ears* of experience.（一助听器广告语）

乍看例 5）中的“雪”可误解为“大雪纷飞”，但紧接着描写的是家财万贯，前后两句似悖，解喻者会联想到“雪”音近于“薛”，从而构建起源域与靶域间的链接，将此句识解为“薛家富可敌国”。同理，例 6）ears 和 years 的发音相近，借助近音联系激活靶域，得知该产品的悠久历史和上乘质量。

二、多义联系双关隐喻

借助语言单位的多义性，建立源域与靶域的联系，从而激活双关义，可冠之以多义联系双关隐喻。

（一）原始多义联系双关隐喻

原始多义联系双关隐喻是建立起源域与靶域连接的语言单位原本即是多义词，其多义性是与生俱来的。

7）现在开会，领导讲话都是白纸黑字印好了的，用不着记什么。再说，领导讲的反正都是些“*普通话*”，记也没有多大意思。（王跃文《夏秋冬》）

8）A man sits down at a table in a restaurant and asks, “Do you serve crabs here?” The waiter says, “Sure, sit down. We *serve* anybody.”

例 7）中的“普通话”，解喻者先会联想到其常规义，即“以典范的现代白话文著作为语法规范的汉民族共同语”，但由“记也没有多大意思”可发现上下文不吻合，解喻者转而凭“普通话”的多义性激活靶域，可将其识解为“某些领导讲话空洞异常，言之无物”；例 8）中的第一个 serve 是顾客问服务员，由随后的 crabs 可知其义为“供应”，整句为：“你们这里供应螃蟹吗？”而服务员回答：“We serve anybody.”显然顾客不能像食物一样被烹饪，解喻者旋即联想到 serve 的另一义项为“为……服务”。

（二）即时多义联系双关隐喻

与原始多义联系相反，即时多义联系双关隐喻激活靶域的意义核心是由即时语境的参与造成的，换言之，本来没有多义域的词语具备了某种心理空间。

9）洪湖窥视着姑娘的眼睛，胆怯地说：“你……*爱洪湖*吗？”

桐花立即听出了话里的双关含义，睁着妩媚的大眼睛，稍带戏谑地望着小伙子，没有回答。（贺兴桐、于力《洪湖恋》）

10）“My *Faith* is gone!” cried he, after one stupefied moment. (Hawthorne: *Young Goodman Brown*)

例 9）中“洪湖”本是地名，解喻者先将其解为“姑娘是否喜欢洪湖这个地方”，在即时语境中，小伙子恰好也叫洪湖，从而激活靶域，用含蓄的方式向姑娘示爱。例 10）中 Faith 本指“信仰”，解喻者先将其解为“我的信仰没了”。但结合上下文可知，女主人公恰巧也叫 Faith（菲丝），身染重病，命垂一线，她丈夫 Goodman 昏厥过去，醒来悲愤地喊出：“My Faith is gone!”由此激活另一个认知域——菲丝。

三、语境联系双关隐喻

语境联系双关隐喻在语言层面多表现为句子，在言语交际中，句式（源域）契合言语交际的即时语境激活另一个认知域（靶域），从而具备另一层意义。

11）周繁漪：好，你去吧！小心，现在，（望窗外，自语）*风暴就要起来了*！（曹禺《雷雨》）

12）... She need be accustomed to such loads betimes though, neighbor, for she will *carry weight* when you are dead. (C. Dickens: *The Old Curiosity Shop*)

例 11）“风暴”常指“自然灾祸”，但结合当时特定的语境，真正意图是指内心情感，暗示灾难即将降临濒临衰退的大家庭。例 12）同样，carry weight 字面是“扛重物”，如果脱离上下文，则无法激活“挑起生活重担”的深层义。

四、结构联系双关隐喻

结构联系双关隐喻依靠对语言单位的重新排列来激活靶域，是人们对语法结构之重组或曰词性变换。

13）做女人*美好*。（美容广告）

14）There were three men in a boat with four cigarettes but no matches. What did they do? They threw out one cigarette and made the boat *a cigarette lighter*. (Ai Lin, 2007)

例 13）中“美好”是形容词作谓语，可解为“做女人真好”，另外“美好”还可视为主谓短语作谓语，由此激活靶域，可解为“做女人美一点好”。例 14）中 a cigarette lighter 可当作“副+形”结构，其中 cigarette 作副词，lighter 为形容词比较级，可解为“使（船）的重量减少一根火柴的重量”。另外 cigarette lighter 可记作“名+名”结构，可解为“一种可点燃火柴的用具”。

第四节 汉英双关隐喻的系统对比

语言的个性与共性是共存和并重的：否认共性便失去了对比的基础；忽视个性便失去了对比的价值。换言之，探求同中之异、异中之同乃是从事汉英对比工作应始终遵循的方针。

一、汉英双关隐喻的共享特征

汉英语言都大量使用双关隐喻，不约而同地利用同音异义异形、近音异形异义、同音同形异义和同音同形近义，进行同音异义的置换，使语句兼有双重含义。

（一）连接方式

汉英双关隐喻均建构于源域通过语言单位激活靶域并创建两域联系的基础之上。两种语言都有大量多义词、同音词和近音词，其同音同形的物质外壳能使人产生同义联想，为双关提供丰富的语言素材。因此，汉英语言常通过多义词和谐音词塑造词语双关。汉语中有许多歇后语型双关都属于语义双关，如“茅坑里的石头——又臭又硬”“门缝里看人——把人看扁了”等。英语中的语义双关主要现于文学作品、幽默小品、标题、广告等，如“An ambassador is an honest man who lies abroad. ”正利用了 lie 的多义性。谐音双关在汉语中也有一定比例，如“孔夫子搬家——净是书（输）”，“猪八戒的脊梁——悟能（无能）之背（辈）”等。英语中 Hunter、Farmer、Cooper、Blacksmith 等姓氏原是据其职业命名的语音双关隐喻。英语文学作品也常用这种命名法，如：Henry Fielding 笔下的 Jonathan Wild 是一个无法无天的歹徒；*Vanity Fair* 中的女主人公 Becky Sharp 确实很 sharp（狡猾、厉害）。

（二）主观性

很多双关隐喻都与人的主观感受不无关联。“杨柳青青江水平，闻郎江上唱歌声。东边日出西边雨，道是无晴却有晴。”（刘禹锡《竹枝词》）诗人借助同音把“晴”和“情”这两件本不相关的事物巧妙地串联起来，表现出少女忐忑不安的微妙情感。再如歇后语“哑巴吃黄连——有苦难言”中，“苦”表指味觉，实则指心理。*A Farewell to Arms* 是 E. Hemingway 的经典小说。看似说“永别了武器”，但 arms 有“武器”和“手臂”双重义，剧情是第一次世界大战期间，美军战士亨利与英国女护士凯瑟琳邂逅并相恋。亨利目睹战争的惨象后脱离部队与女友私奔，但不幸的是凯瑟琳在难产中死去。所以，该题目奏响了一曲与爱人永别的哀乐。

（三）语境性

汉英双关都十分重视语境，强调上下文的契合。如《三国演义》中有：“瑜命请入，教左右扶起，坐于床上。孔明曰：‘连日不晤君颜，何期贵体不安？’瑜曰：‘人有旦夕祸福，岂能自保？’孔明笑曰：‘天有不测风云，人又岂能料乎？’瑜闻失色，乃作呻吟之声。”这段文字是孔明与周瑜商议火攻曹营，无法摆脱“周瑜欲用火攻但又恐无东风相助而患心病”的语境。

15）It's a well-known fact that if want an improvement in your working conditions, you should always tackle your boss about your issues one at a time. After all, you should never *put all your begs in one ask-it*.

例 15）中，never put all your begs in one ask-it 恰与 never put all your eggs in one basket 的熟语语音相近，解喻者借助语境框架激活靶域。由此可见，英语双关同汉语一样，脱离了语境就无法形成双关义。

二、汉英双关隐喻的差异性

汉英语言中的双关隐喻不仅有以上三点相同之处，还有显著的差异。

（一）表达方式

汉语双关用于含蓄委婉的居多，而英语的 pun 则以幽默与讽刺为主。华夏民族较多地使用迂回、隐晦的表达，侧重话语意图的隐蔽性。例 16）中，女主人公被敌人抓走的危难时刻挣扎着留下遗言，用“妈妈”暗指“党”，嘱咐孩子听党话，跟党走。英语双关常用于揶揄场景，例 17）中借用 pray 与 prey 造成双关，有力地嘲讽了西方教堂里的绅士、太太、小姐们貌似虔诚实则丑恶的嘴脸。

16）……她扭回头来，两眼直盯着被惊呆了的孩子，拉长了声音说：“孩子，好好地听*妈妈*的话啊！”（王愿坚《党费》）

17）On Sunday they *pray* for you and on Monday they *prey* on you.

汉语双关隐喻并不借助汉语词语本身固有的多义性，而是将其做进一步引申。例 18）中的“苦药”字面是治病的药，实指“人生苦药”，暗示了戏中人物长期抑郁。与此相反，英语双关隐喻一般以词语本身固有的多义性或多音性为前提。如例 19）中的 well done 含有两层意思：一指“干得不错”；二指“煮得全熟的”。well done 会令解喻者想到其常规义，即夸赞之辞，但结合语境会发现这与句意不合，进而考虑到 well done 的第二层意思，即“煮得全熟的”。

18）周繁漪：这些年喝这些*苦药*，我大概是喝够了。（曹禺《雷雨》）

19）The diner was very angry when he found his steak too raw. “Waiter!” he barked, “Didn’t you hear me say ‘*well done*’?” “I can’t thank you enough, sir,” replied the waiter. “I hardly ever get a compliment.”

（二）构成手段

汉语中特有的双关手段有歇后语双关和析字双关。歇后语充分利用汉语同音字多、善用谐音的优势，如：孔夫子搬家——净是书（输）；飞机上吹喇叭——响（想）得高。析字双关是把汉语方块字拆开，用可独立成字的偏旁部首单独造句。如：“何处合成愁？离人心上秋。纵芭蕉，不雨也飕飕。”（吴文英《唐多令》）词中“心”加“秋”成“愁”字，意指思乡的愁绪。英语是一种屈折语，特有的双关手段有词源型、黏着语素型和首字母型。如 The Unique Spirit of Canada（别具风味的加拿大酒）中的 spirit 作“烈性酒”解时常用复数 spirits，此处的单数形式作为 spirits 的屈折式暗含“精神”之义。就首字母缩略而言，里根政府的星球大战计划，褒奖者赞曰 SAFE（shield against fatal encounter）；鄙贬者斥为 MAD（mutually assured destruction）或 PITS（pie in the sky）（天上的馅饼或“陷阱”）。

（三）关键词运用

汉语双关隐喻很难觅见表明、暗双义的两个关键语同现的情况。通常只出现一个关键词，其与句子的表意直接相关，而其影射义则需读者咀嚼。例 20）中的“雪”明指白雪而实指薛宝钗，“林”明指树林而暗指林黛玉。英语除多义双关隐喻仅现一个关键词外，其他形式在表层结构常出现两个关键词分表明、暗两义。例 21）中，莎翁妙用 sole 和 soul 的同音异义，刻画出萦绕罗密欧心头的烦恼。

20）空对着，山中高士晶莹*雪*；终不忘，世外仙姝寂寞*林*。（曹雪芹《红楼梦》）

21）Not I, believe me: you have dancing shoes with nimble *soles*: I have a *soul* of lead so stakes me to the ground I cannot move. (William Shakespeare, *Romeo and Juliet*)

第五节　汉英双关隐喻汇通之处的体验哲学理据

语言系统的自组织过程是不断同外界环境交换物质、信息能量开放的信息交换过程，这种信息交换的独特变量，就是语词符号和事物之间联系的变量。在由无序到有序的自组织转变过程中，每个促动和激发语言生成、变化和发展的动因，都可以归纳为理据。理据是语言生命的基因（林艳，2009：65）。张炼强（2012：58）认为：“认知语言学认为，语言符号与客观事物之间的关系是有理据可言的，不是任意的，语言结构与认知结构有一定的对应性，语言形式与语言内容之间是有理据可言的。”语言符号与其意义之间存在着必然的、有机的联系，或曰理据性，考究双关隐喻这种独具魅力的表征法是怎样孳乳的，即是要考察语言与现实、认知之间的关系，寻求其哲学上的确切依据。

传统学界认为哲学研究只存在主观主义和客观主义两种立场。客观主义主张世间万物都是独立于人类之外的客观存在。唯有客观知识才符合客观世界，所以只有客观的才是正确的。世界存在着客观真理，因为物质是客观存在的。与此针锋相对，主观主义在分析人类活动时以人类的直觉和感受为指针。在现实生活中没有任何人是真正客观的，感觉和情绪常是展开人类行为的决定性因素；想象式语言是表达人类直觉和情绪的前提，艺术和诗歌等均是主观想象的产物。客观主义忽视了人积极的主观能动性，主观主义忽略了客观对认知的框限作用。

当代隐喻学的哲学基础是主客观结合的体验哲学。该理论纠正了客观主义和主观主义中的错误观点，汲取其中的合理成分，既强调客观实际对认知的作用又重视人的主观能动性。体验哲学充分验证：客观主义与主观主义彻底地将心智和身体割裂开来，没有给予身体以应有的地位和名分。人类绝大多数基础概念及通过这些概念做出的推理活动都有深切的身体体验，活生生的身体体验激发并掌控着我们对其他经验感知与表达的方式。王寅（2005：94）指出：“人类语言离不开互动性的体验感知，人类对于世界的经验方式和内容在很大程度上制约着语言的结构与意义，人类语言的形成是基于经验感知和主客互动，因此研究语言结构和意义应该从人类的经验和认知角度入手。”绪可望和杨忠（2012：12）主张：“人类的思维世界和语言世界是基于人类的体验和经验的，它们与现实世界之间始终存在着一定的差异。人类对外部世界的认识既然是通过思维和语言来实现的，那么人类就永远无法达到对客观外界的绝对的真理性的认识。在他们看来，人类对外部世界的一切认识都烙上了人的印记，永远都是隔着镜子在看事物。”

人类祖先的思维具有“体认”特征，常把基于其上获得的经验作为衡量世界的标准，即“人是万物的尺度”。人类最初是通过身体展开与世界的对话的，李重（2011：156）指出：“显而易见，在费尔巴哈的感性哲学中属于核心地位的是‘人’。但费尔巴哈也清楚地认识到，仅仅把人提到哲学的中心地位，还不足以和思辨哲学的唯心主义抗衡。因为思辨哲学也是以人为对象的，并大力弘扬人的主体精神，但思辨哲学的致命缺点是把人理解为理性的人。”梅洛-庞蒂（2001：1）表明，身体是我们能拥有世界的总的媒介，“现象学也是一种将本质重新放回存在，不认为人们仅根据‘人为性’就能理解人和世界的哲学。它是一种先验的哲学，它悬置自然态度的肯定，以便能理解它们：在它看来，在进行反省之前，世界作为一种不可剥夺的呈现始终‘已经存在’，所有的反省努力都在于重新找回这种与世界自然的联系，以便最后给予世界一个哲学地位”。人类通过其身体来构想世界，拿现实世界与己身类比，将其拟构为一个巨大的身体，绘成“人体式大地”的图轴。

中国古典哲学秉承的“人体式大地”世界观最集中地体现在天人合一、天地人同构的哲学思想中。如方英敏（2010：60）所言：“原始神秘的‘天人合一’的世界观按照‘天道远，人道迩’的法则分离，人道系统逐步独立。正是这种却天、神而立人的文化转折和人文觉醒，为身体的凸显提供了历史契机。因为无论对人的发现还是对人道、天道的探索，都难以绕开主体所依托的感性的物质性载体，即人的身体。”王瑞（2009：145-146）指出：“在易学传统中，身体即被认作观察过程中的联结契机，‘近取诸身，远取诸物’，身体既是被观察、取法的对象，也暗含了身体参与认识过程的意蕴。身体参与认识，并非是指身体的感官功能将对象产生的知觉原封不动的［地］呈现给精神，身体对意义的形成也起到了构造性的作用。”我们认识世界的唯一途径是通过身体及其体验来了解世界中的客观事物及其间关系。

人类鼻祖在最初认识世界时，不可避免地将身体各个部位投射于客观世界，或曰人类是以认识自身身体的方式去认识客观物质世界的。承张再林（2008：8）所论：“在中国哲学中，其‘身’以一种身体即本体的形式，已无所不在地泛化和体现在世界的一切领域之中，从中不仅为我们生发出了中国古人根身的宇宙论，还有根身的伦理学和根身的宗教观。在这种根身的宇宙论里，身体已不再局限于人的七尺之躯，而是以一种‘动与万物共见’的方式向无穷无尽的大千世界开放，以至于‘人身虽小，暗合宇宙’，整个宇宙都身物合一地被视为身体践形的形迹和身体生命的体现，此即唐力权所揭示的以《周易》学说为其代表的中国古代的‘依形躯起念’之宇宙论。”“人体式宇宙”是人类对世界的最初命名，是辨识宇宙万象和其潜在结构的一套密码符号，也是中国古典思想中最基本的隐喻。原始的宗教符号“八卦”便蕴藏这一基本隐喻。卦之三画即象征着天地人三才，而象征着天地山泽雷风水火之八大卦象中的“乾为首、坤为腹、震为足、巽为股、坎为耳、离为目、艮为手、兑为口”构成了一个以身体为坐标的、与万物相应相合的人体式世界。生命躯体上的任何部位均可投射至宇宙空间，生理解剖学与宇宙学之间构成了一种对等呼应的同根关系。

语言是在人对现实世界体验的基础上形成的，人体及其经验在语言塑形的全过程中至关重要。语言萌芽于人类通过身体与外界事物的相互作用，是主客观互动的结果。双关隐喻的孪生同体同样具有深刻的身体经验理据。身体是离我们最近的事物，表示人体部位的词语极易通过隐喻映射到其他语义域中而成为本体，如生手、山脚、山腰、树头、树腰、笔头、桌腿、泉眼、耳房、路口等。无论哪个民族，人类在创造第一批语汇时往往最先想到的都是具体事物的名称，然后当人们逐渐产生抽象思维后，便会自动自觉地借助具体事物的概念来传递抽象概念，双关隐喻思维便应运而生。人类的认知活动根植于日常身体经验，不同民族的身体经验具有相似性，所以汉英语言双关隐喻也有相当趋近之处。

汉英双关隐喻的突出共享特点就是利用语言中的同音或多义现象。汉语共有

23 个声母、24 个韵母，累计可出现 402 种搭配，标注声调后可形成 1300 余个读音；然而常用汉字的数目仅为 6000 字左右，一个时代的基本汉字数目也仅为 10 000 字左右，多音字的出现概率很大。英语虽是拼音文字，词汇成分复杂，词库庞大，尤其绝大多数单词都由三个或以上字母组成，但单词间产生同音的概率也不小，譬如 air 和 heir、weak 和 week、new 和 knew、see 和 sea。同音丰富了语言的信息，扩张了想象空间，为语音双关的产生提供了可能。汉语中谐音双关在民俗中已达成共识。例如：年夜饭有“鱼”，表年年有“余”；不小心打“碎”碗盆，则说“岁岁”平安；春字、福字故意贴“倒”，表春、福“到”了；吃“韭”菜，表“久久”长长；吃年“糕”，表步步“高”升；送“菜豆”，表好“彩头”；送“王梨”（凤梨），表旺来；婚礼送“枣子”“桂圆”，表“早”生“贵”子。相反，易引起不详联想的字词则竭力避免。乔迁新居时，避免送“钟”，以免有“送终”之嫌；情侣间忌讳送“伞”，唯恐一拍两“散”。英语语音双关隐喻多现于文学作品、幽默故事、广告等。如例 22）中的 budget 与 budge 发音相近，外形相仿，但词义大相径庭，首尾对照十分醒目。

22）A *Budget* That Will Barely *Budge* (*Time*)

体验哲学为汉英双关隐喻的汇通之处觅到了哲学理据。人类具有大体相同的生理特质，因此不同民族凭借身体结构认知客观世界所获的经验必然是相近的，汉英语言中双关隐喻也有很大相仿之处。

第六节 汉英双关隐喻歧异性的文化模型理据

魏志成（2010：10）鲜明地指出：“语言研究中如果忽视共性研究，那就很难找到普遍规律，也不可能在语言理论上有大的建树，也有碍于对语言本质的认识。所以，为了深化对语言本质的全面认识，科学的方法应该是对语言的共性与个性同时加强全面、系统的研究，把研究的角度提升到普通语言学的理论层面上来。”辜正坤（2007：1）为“广义文化”下了定义：“人和环境互动而产生的精神、物质成果的总和。这个总和中可以包括生活方式、价值观、知识、技术成果，以及一切经过人的改造和理解而别具人文特色的物质对象。”Ding（2009：54）批评：“在过去 20 多年中，隐喻的认知理论一直以挖掘不同语言中隐喻表达式之上的概念隐喻为己任，而在很大程度上忽视了隐喻概念化过程中的非普适性。”Kövecses（2003：312）言明：“隐喻的认知观一方面需要厘清表层的隐喻语言表达式与深层的概念隐喻之间的关系，另一方面则要高度重视文化在隐喻使用中的不菲价值。”

隐喻和文化之间是相互诠释、互动共生、互为依赖、相辅相成的关系。隐喻是文化的重要组成部分，是文化的集中体现。隐喻的使用饱含着文化色彩，其运用受一定的文化制约，不能脱离文化环境而自发形成。文化的特质和需求影响着隐喻从胚胎到消亡的全过程。隐喻的产生是人类心智开化的最初表现，人类正是凭借这种心智力量才具备了创制文化的心理条件，才逐步着手构筑文化体系。隐喻是文化积淀的映现，折射着文化的自然属性并共存于不同的文化体系之中，成为人们本能的思维方式，同时也是保存、交流和传承文化不可缺少的组件。文化内容通过隐喻这种特殊的形式世代相传，从而对人们的思维方式和认知取向施加影响。Quinn 和 Holland（1987：4）指出，文化模型是“预设的、理所当然的世界模型，为社会成员普遍分享，在他们对世界的理解和他们在世界中的行为过程中发挥巨大作用”。隐喻归根到底是一种文化行为，不考虑文化模型的影响，便无法解释两个不同事物如何在人的观念之中联系起来，也无法解释人们对隐喻理解的深层机制，所以文化模型是隐喻中连接两个所指的纽带。潜在的隐喻能否成为最终选项在很大程度上取决于生活在特定文化中的成员所共享的文化模型。隐喻正是在对一些具有特殊意义的文化模型的使用、联想的基础上得以创造的，而交际者也唯有在文化模型的坐标中才能迅速锁定特定隐喻的实际意旨。换言之，各种文化模型都会影响隐喻的使用，在隐喻的选择过程中充当过滤器的作用。

双关隐喻的浮现与泛化，绝不是一种单纯的语言现象，更是一种文化现象。文化是双关隐喻核心的推动力和加速器。双关隐喻研究可以揭示语言与文化之间的关系，透视文化，加强对文化的把握。英语双关隐喻一般是以词语本身固有的多义性或多音性为前提的。如例 23）中的 hang 一词在句中两次用到，前与 together 搭配，意为“紧紧团结在一起”，后与 separately 组合，意为“一个个被绞死”。西方文化注重自我，突出个性，思想开放，性格直接，思维方式呈直线状。英美人士在双关隐喻的应用上同样注重人与人面对面的直接沟通，目的是以机智幽默的方式让对方更好地洞悉己见。与此相反，汉语中的双关隐喻不是借助汉语词语本身固有的多义性，而是凭词语固有义做进一步的引申。如例 24）中的“露出了他们的马脚”，表面是指包马蹄的麻袋片腐蚀了，露出了马蹄，实指匪徒露了破绽，这归因于中国人思想内敛，性格含蓄，思维方式呈螺旋型。

（23）We must all *hang* together, or most assuredly, we shall all *hang* separately.

（24）可是匪徒们走上这几十里的大山背，他没想到包马蹄的破麻袋片全踏烂掉在路上，*露出了他们的马脚*。

汉英语言是距离遥远的非亲属语言，分属印欧语系和汉藏语系。英语有大量的外来词，法语、拉丁语、希腊语、德语是英语外来语汇的主要流源。当其他语源注入英语后，词汇意义或多或少会发生变化，因此可借词汇的原始义及其嬗变义来创造双关隐喻。例如，例25）中双关隐喻的幽默之处在于 focus 在拉丁语源有“灶台，壁炉”之义。英语作为屈折语，可用黏着语素，如曲折语素、派生语素等来创造双关隐喻。例26）中 A 所说的 exposition 为“注释、说明”之意，而 B 仿照 ex-president、ex-husband 等词，将其分解为前缀 ex 加 position，exposition 就有了“前任工作”之意。此外，特有的音位系统使英文字母能形成双关隐喻，首字母缩略是其中的典型方式。如 AIDS 代表的是 acquired immune deficiency syndrome（获得性免疫缺陷综合征），有人提出与同性恋有关，同性恋群体反唇相讥说持这种观点者患有 acute intelligence deficiency syndrome（急性智力缺陷综合征）。

（25）Nero made Rome the *focus* of his artistic attention.

（26）A: In his exposition, he took a very firm stand on spending cuts.

B: How can you stand in an *ex-position*?

汉语独有的歇后语的后部表面是对前部的解释，而实际另有所指。歇后语充分利用了汉语中丰富的同音字，使句式同时拥有表面义和隐含义，言在此而意在彼。追溯古往，谏臣海瑞在奏折中直言民间戏称皇帝年号“嘉靖”为“家净”，劝其减税；讽刺叛臣洪承畴、汉奸汪精卫的对联“青史留名，虽未成功终可法（史可法）；洪恩浩荡，不思报国反成仇”和“昔具盖世（该死）之德；今有罕见（汉奸）之才”。

汉英两种语言分别属于不同文化体系，这促成了汉英语中盖有各自文化模型烙印的特有双关隐喻。人们总是选择适当的双关隐喻来适应事先存在的文化模型，东西方歧异性由此开枝散叶。

第七节 结　　语

传统的双关辞格与认知隐喻具有同位素关系，可将二者用同一理论框架统筹分析。双关隐喻不仅是一种语言表达，不光是一种装点话语的修辞现象，更是一种思维方式，一种了悟和传递抽象概念的认知手段。双关隐喻通过形象具体、结构清晰可辨的概念驾驭晦涩抽象、缺乏内部结构的概念。汉英双关隐喻是普适性与特异性有机融合的"结晶体"。普适性源自人类共有的身体组织及其日常经验，不同民族的身体经验具有相似性导致汉英双关隐喻必然存在汇通之处。与此同时，汉英民族分属东西方两种截然不同的文化，而作为文化载体之一的双关隐喻必然受制于各自的文化模型而绽放出万紫千红的特异性。

第七章 反复隐喻

第一节 引 言

反复是一种既古老又新鲜、充满活力的修辞现象。而修辞学给反复下的一般定义是：反复，又叫“重复”“重言”“复沓”，就是根据表达的需要有意地多次重复某一词语或句子，以强调某一意思、突出某种思想感情的修辞手法。换句话而言，用同一的语句一再表现强烈的情思的，名叫反复辟（陈望道，1997：199）。梁旭（2011：406-408）研究了汉语中反复这一语用现象，考察了在语言使用和语言解释中语言本身、语言和文化以及心理动机因素对语言的影响。赵宇航（2011：167-169）认为反复修辞格是指同一词语的反复使用，或用不同语言表达同一含义，其目的是使语势得到强化，语气得到加强，进而抒发强烈的情感，揭示深刻的道理，给听众以深刻的印象。这种修辞广泛应用于诗歌、散文、小说、演讲词等各种文体中，在日常口语中也屡见不鲜。在英语语言中，反复（repetition）也同样是一种重要的常用修辞。《韦伯斯特英语字典》（*Merriam-Webster's Dictionary*）对其所下的定义是：In rhetoric, the iteration or repeating of the same words, or of the meaning in different words, for the purpose of making a deeper impression on the audience.意思是指，反复修辞格就是反复使用相同词语或相同意义的词，使所说话语的语气加强，来给观众留下更深刻的印象。在此，对反复修辞格的解答是其表现形式多种多样，既包括词法、句法方面的重复，也包括音韵方面的重复。反复作为一种修辞手段，新颖独特，幽默诙谐，一直为文人墨客所青睐。其修辞效果引起了语言学者的侧目与关注，不同学术派别对其从不同角度展开了攻势。

彭增安和吴云（2003：27）指明：“隐喻在传统修辞学中只是被看作修辞格的一种，但自 Lakoff 和 Johnson 以来，隐喻则从一种狭义的修辞格被提升为一种广义的认知世界的思维方式，成为认知语言学研究的一个重要课题。在这种隐喻研究的背景下，传统修辞学中的修辞格归类问题也被重新提了出来。在常见的一些辞格中，有许多都是喻类辞格，与隐喻都有着密切的关联，比喻（包括明喻、暗喻、借喻等）、比拟、借代、移就、拈连、夸张等，再加上象征和通感等辞格，都可归为喻格，上述修辞格（可以被非正式地称作认知性辞格）所涉及的语言现象与其他辞格有明显的差异，都是隐喻在不同方面的表现。把这些修辞格纳入隐喻的框架内来重新归类并进行统一的解释，能进一步提高对隐喻价值的认识，能使人们更加深刻地理解和更好地运用这些修辞方式，也会对修辞学范式的建立提供有益的帮助。”

姜亚军和张辉（2003：5）指出：“现代隐喻研究是语言学领域一个崭新的课题。近年来隐喻研究可谓趋之者若鹜。对隐喻性语言和语言隐喻性的研究有望对人类的概念系统提出新的见解，应该说是语言学、心理学乃至哲学界一个跨学科的新课题。”本章致力于对汉英语言中俯拾皆是的反复修辞格系统梳理和深入考察，并以此为契机将其纳入认知隐喻的大框架中统筹观察深层运作规律，最终为跨语言异同提供具有说服力的阐释方案。

第二节　反复表象下蕴含的隐喻深意

隐喻的研究历史源远流长，最早可追溯至两千多年前的古希腊哲学家Aristotle。Aristotle认定隐喻是一种修辞手段，主要用于文学作品之中，在诗歌中的作用尤为重大。Aristotle在其《诗学》和《修辞学》里对隐喻现象予以了深入探讨，开创了“比照论”的学术先河。曰其比照，是因为隐喻所涉及的两个概念之间总存在某种相似性。比照论认为，隐喻的运作机制即是要找出本体与喻体之间所共享的范畴或特征，挖掘其生成的根基。享誉世界的哲学家、符号学家、历史学家、文学批评家和小说家Eco（1994：85-86）指出：“倘若天才，并由此的学习，依存于将辽远的概念联系起来并在不相仿的事物中找寻相似性，那么作为所有辞格中最强烈和独特者，是唯一能够产生奇迹、孳乳愉悦的机制。隐喻，插着从一个种类向另一个种类飞越的翅膀，令我们以一个词而非一个物体来知觉一切。”陈建初（1998：105）指出：“隐喻作为一种思维方式，与原始人类思维的心理特点是相吻合的，隐喻的基础就是象似性，隐喻产生在两类不同认知域之间，它的前提就是两类认知域具有相似特征，有可类比性。隐喻思维的模式就是，一个陌生的、往往是较抽象的、难以定义的认知域，而用另一个熟悉的、较具体形象的、容易把握的认知域去理解，去表达。”随着人类认知能力的不断提升，人类的认知也不再局限于对单个事物的孤立认识，而是要从众多事物中发现共同点，这就要求人类具备创造性和联想性。隐喻思维能力其实就是一种创造性思维能力，它是随着人类认知的发展而产生的。从认知的角度而言，隐喻既可以帮助人们重新构建对已知世界的了解，又能够帮助人们利用已知的世界洞悉未知的世界。Fainsilber 和 Ortony（1987：240-241）指出："理论上而言，隐喻至少具备三重交际功能。首先，隐喻允许人们表述原本由字面性语言难以名状或根本无法企及的内容。其次，隐喻代表着一种特别紧致的交际方式。隐喻将大量信息紧缩、压制到相对狭小的隐喻指称单位内部。最后，隐喻有助于鲜明、生动地传递信息模块，有助于更加丰富、精细地刻画人类的主观体验。"

当代隐喻学在近些年的发展速度很快，其思想成果也是颇为丰厚，因此从当代隐喻学角度出发解析英汉反复修辞格异同也具有了与众不同的特色和必要性。廖巧云和徐盛桓（2012：47）指出："传统的修辞学研究受限于它的学科任务，并囿于它的发生和发展的时代相关学科发展的局限，只是停留在对语言运用的研究，而没有扩展到对思维的考察。当我们比较传统修辞学和认知语言学对隐喻的说明，我们发现，后者对隐喻的揭示比前者要深刻得多；认知语言学把隐喻从语言的运用扩展到对思维的说明，特别揭示了隐喻作为人们认知的深层机理，认为隐喻思维是语言运用的一种常态，这同当代认知科学对认知和大脑的研究相互呼应，具有深刻的理论价值和使用价值。"根据生成语义学，隐喻是异常的，含有隐喻的句式因为违反了句法和语义构成规则，断不能按照字面意思去理解。如若按照字面意义去理解，或多或少是会有缺陷的。在阐述的过程中，句式的字面意义被隐喻化解释所替代，违反的规则得以矫正。斯坦哈特（2019：188）指出："从句法角度来看，隐喻性意义就是分类冲突。因此，类比迁移算子检查始源谓词到目标论元的运用是否衍推了分类冲突。如果没有分类冲突，那么谓词的运用在分类上是一致的，因此，命题就用下标'LIT'被标记为字面意义。如果存在分类冲突，命题就是比喻性的。"当代隐喻学认为，一个语言结构的形式和意义不能从其构成成分或单元的特征中得到完全的预测。反复是一种特殊的语言现象，反映人类的一种思维方法，且其意义不是由单一词汇意义的叠加得出的，而是其结构意义和各组成构件意义整合的产物。人们在表达时由于思维的惯性及表达简洁性的作用，就会产生这种简洁、不符逻辑但又能让人接受的新奇表达。反复巧妙利用结构上的省略从而使句子简洁流畅，有一气呵成之感。反复不仅是一种修辞手法，更是人们认识外部世界的一种方式，其生成机制符合人们认识事物的规律，即从具体到抽象，以具体的概念来认知抽象概念。徐盛桓（2008a：7）指出："隐喻研究是语言学研究的一块沃土。它一头联系着语言运用，一头联系着思维现象，而语言运用和思维都是社会人所不可以或缺的；隐喻研究有着久远的历史，蕴藏了丰富的学术沉淀，但又有着‘新兴学科’的优势，成为认知语言学的显学；它联系着许多大家的名字，从亚里士多德、昆体良、理查德到雷可夫、约翰逊、佛坎里亚以及他们背后的有着广泛影响的重要理论和重大进展，而他们的研究所获得的重大进展也同时启发我们进行更为深刻的思考。彪炳于隐喻研究史上的替代伦、比较论、互动论、投射论、合成论，对揭示隐喻是什么和隐喻如何可能这些问题作出了在那个时代的开拓性的贡献，成为隐喻研究的可贵的学术资源。”郭建恩等（240：620）归结：“从最初的语言修饰工具到人类思维机制和概念系统的角色变化，从一种语言的艺术表达手法到工业设计和人机界面设计的视界拓展，从古希腊哲学辩论手段到现代企业管理的理念转换，隐喻越来越成为社会生活的重要组成部分。对于隐喻的诠释和理解也更为深入和具体化。隐喻理论发展日趋系统、完善。隐喻在各个实践领域的应用也不断延伸。”

1980 年 Lakoff 和 Johnson 两人合著的《我们赖以生存的隐喻》一书被看作隐喻认知研究新纪元的开始。在 Lakoff 和 Johnson 看来，隐喻不仅仅是一种语言修辞手段，更重要的是一种思维方式，它是一种以抽象的意象图式为基础的映射，从一个人们比较熟悉的、具体的、易于理解的源域，映射到一个人们不太熟悉的、抽象的、较难理解的目标域。通过映射，人们在源域与目标域两概念领域间创立关联，以达到认知的目的。说得通俗一点，就是在日常生活中，人们往往参照熟悉的、具体的事物去认识、理解、描述另一种陌生的、抽象的事物，通过直接经验去理解、描述间接经验。人们之所以“可以用有形的、具体的事物去理解、描述另一种无形的、抽象的事物，用直接经验去描述间接经验”是因为某一具体的事物或直接经验与和它相对应的抽象事物或间接经验之间存在着某一方面的相似性。人的隐喻性思维认知过程在语言中留下了清晰的痕迹，即语言中的隐喻化现象。一个隐喻概念可能引发若干与之相关的语言表达，形成彼此关联的语言和概念系统（蓝纯，2003：31）。由 Lakoff 和 Johnson 所创始的“体验哲学”吸收了客观主义的合理成分，如概念结构会受到客观现实的制约、会受到我们所具有的功能之限制。但在核心的观念认识上，两人对其进行了毫不留情的尖锐批评和揭露，认定这套传统理论本质上是错误的。客观主义未能考虑到人的身体经验、生理构造、认知方式、联想能力在获取知识中所起到的重要作用，忽略了人在范畴与概念的形成过程中所发挥的能动作用。人的思维、心智、概念都是直接基于现实世界、感知体验、身体运动而存在的，具有体验性，不可能与生理、神经无关。

反复修辞的使用，正是出于从源域（话语）出发，通过对某个词、短语或句子的重复，强调语气或加强话语色彩，来实现向靶域（发话者目的）映射的情况。例如：

1）天无太平，日月不明；地无太平，花草不生；国无太平，山水不清；家无太平，鸡犬不宁。太平是百姓的命，太平是岁月的魂，太平是乾坤的本，太平是江山的根。（电视剧《太平天国》片尾曲》）

为了突出说明“太平”的极端重要性，歌词通过间隔反复，从八个方面强调了“太平”的价值、功能和意义。八个“太平”从八个角度表达了从源域到靶域的平行映射。

2）We shall fight on the beaches, we shall fight on the landing grounds, we shall fight in the fields and in the streets, we shall fight in the hills, we shall never surrender. (Winston Churchill: *Speech on Hitler's Invasion of the U. S. S. R*)

为了表达对希特勒的纳粹政权及其轴心国暴行的愤慨，Churchill 连用四个 We shall fight ...的反复来表达抗击到底的决心。

Steen（2002：21）指出：“概念隐喻可以出现在语言隐喻、明喻、类比、延伸的非字面比较和寓言等具有最明显的可能性表达中。”反复的修辞格是话语发出者通过将情感赋予文字或话语转述给听话者，而听话者或读者通过思考等心理活动将这些放置在文字或话语中的内容拆分并提取出来，因而形成自己的理解。章宜华（2009：46）指出：“一个语言社团的文化生活，以及特定的地理和生活环境形成了特定的语言认知环境和认知方式，而不同的认知方式决定了语言的构造特点。各语言社团所创造的语言符号和他们赋予符号的意义，体现了这个社会的生活特点和认知特点。这些特有的语言符号或意义往往会在另一种文化中形成空缺，如果不注意这一点就会导致交际困难。”

第三节 汉英双语中反复修辞的使用及其分类

在汉语中，反复的使用大致分为两类：连续反复和间隔反复。

一、连续反复

连续反复（immediate repetition）是指相同的词语或语句接连出现，中间没有其他语言单位间隔。例如：

3）这时，总理的司机走下车来，站在我身旁问我：“同志，碰着没有？”我赶忙回答：“没事儿！没事儿！”（刘宗明《一件珍贵的衬衫》）

4）盼望着，盼望着，东风来了，春天的脚步近了。（朱自清《春》）

5）红酥手，黄縢酒，满城春色宫墙柳。东风恶，欢情薄，一怀愁绪，几年离索。错，错，错！

春如旧，人空瘦，泪痕红浥鲛绡透。桃花落，闲池阁，山盟虽在，锦书难托。莫，莫，莫！（陆游《钗头凤》）

以上三例反复的词句分别是“没事儿”“盼望着”“错”“莫”，各自反复使用，中间没有被其他语言成分隔断，属于连续反复。例 3）作者使用两次“没事儿”，表达了对遇见总理的欢喜和尊敬之情；例 4）作者连用两个“盼望着”，表达了对春天的殷切期盼，并为下文作者感情的进一步抒发做了很好的铺垫；例 5）中“错”和“莫”都连续出现了三次，深切表达了诗人的悔恨和痛苦之情。

同汉语一样，英语当中的紧接反复也是指相同的单词、短语或句子紧接着出现，中间不被其他词语或句子隔开。这种样式的反复感情色彩浓厚，如排炮连发、气势长虹，具有极强的抒情和强调的效果。例如：

6）Alone, alone, all, all, alone,
Alone on a wide, wide sea. (S. T. Coleridge: *The Rime of the Ancient Mariner*)

7）Dear Motherland, be thou my bed,
Thy earth a Pillow for my head;
And under the star-streaming sky,
While the sea sings me a lullaby,
I'll sleep like a sleeping child.
I'll sleep like a sleeping child. (Stephen S. N. Liu: *Dream Journeys to China*)

8）Happy, happy pair.
None but the brave,
None but the brave,

None but the brave deserves the fair. (J. Dryden: *Alexander's Feast*)

以上三例，既有词的反复也有句子的反复。例 6）中，通过诗句对 all 和 alone 的连续反复，表达了老水手一人漂浮在浩瀚的海上时所感受到的强烈的孤独与寂寞；例 7）中，诗人把“I'll sleep like a sleeping child.”这个完整的句子进行连续反复，抒发了诗人对祖国的眷恋之情；同例 7）一样，例 8）也是采用重复完整句子的方法，连续使用 none but the brave 来表达作者对英雄的崇敬和赞叹之情。

二、间隔反复

同一个词语或句子不连续出现，有其他词语或句子间隔在中间的，称为间隔反复（intermittent repetition）。例如：

9）汽车走了一百五十华里，才到达目的地。一百五十里全是草原。再走一百五十里，也还是草原。（老舍《内蒙风光》）

10）月残星疏的清晨，挎着一个空荡荡的篮子，顺着田埂上的小路走去捡麦穗的时候，她想的是什么呢？

在那夜雾腾起的黄昏，趟着沾着露水的青草，挎着装满麦穗的篮子，走回破旧的窑洞的时候，她想的是什么呢？（张洁《捡麦穗》）

11）忘掉她，像一朵忘掉的花，——/那朝霞在花瓣上，/那花心的一缕香——/忘掉她，像一朵忘掉的花！//忘掉她，像一朵忘掉的花，——像春风里一出梦，/像梦里的一声钟，/忘掉她，像一朵忘掉的花！（闻一多《忘掉她》）

以上三例，重复的分别是“一百五十里”“草原”“她想的是什么呢”“忘掉她，像一朵忘掉的花”，各自重复时，中间都插入了其他的语言成分，属于间隔反复。例 9）中连用三个“一百五十里”和两个“草原”，展现大草原连绵广阔的壮丽景观；例 10）中对“她想的是什么呢”的两次重复使用，表达了读者对主人公心理活动的关切和主人公本身心理活动的动向；例 11）将“忘掉她，像一朵忘掉的花”这一整句作为反复的对象，表达了作者对失去至亲的哀痛和自我安慰的复杂情绪。

英语的 intermittent repetition 和汉语的“间隔反复”，都是指同一单词短语或句子反复使用，但不连接，而是间隔出现。这种反复同样具有很强的表现力，但它给人的感染却是逐步加深的。例如：

12）Many happy hours she had spent planning for something nice for him. Something fine and rare—something worthy of the honor of being owned by Jim. (O. Henry: *The Gift of Magi*)

13）If there be one single word in all the wealth of English Language which best describes the predominating trait of General Grant's character, that word is "loyalty". Loyal to every great cause and work he was engaged in; Loyal to his friends, Loyal to his country, Loyal to his God. (Horace Porter: *Elegy of Ulysses S. Grant*)

14）Now is the time to make real the promises of democracy. Now is the time to rise from the dark and desolate valley of segregation to the sunlit path of racial justice. Now is the time to open the doors of opportunity to all of God's children. Now is the time to lift our nation from the quicksands of racial injustice to the solid rock of brotherhood. Now is the time to make justice a reality for all of God's children. (Martin Luther King: *I Have a Dream*)

以上三例都是使用间隔反复的典型例子。例 12）中一再重复的 something（东西），使文章语势得到加强，深刻而细腻地表现了德拉的心情；例 13）中短语 Loyal to 重复了 4 次，语音流畅，形意贯通，气势豪放，从不同方面赞美了将军的高尚品格；而例 14）截取了美国黑人运动著名领袖 Martin Luther King 在《我有一个梦想》的伟大演讲中的一段话，反复修辞隐喻的多次使用，加上隐喻，使得演说更加生动形象、深刻有力地表达了黑人对自由的渴望和企盼。

第四节　汉英反复修辞共性的体验哲学理据

体验哲学的核心观点是：人类的范畴、概念、推理和心智并不是外部现实的客观的、镜像的反映，而是基于身体经验形成的，其最基本形式主要依赖于对身体部位、空间关系、力量运动等的感知而逐步形成。不同的身体感知体验方式将导致不同的关于世界的概念和范畴。人不是通过灵魂、理性来认识世界的，恰恰相反，人是通过活生生的、感性存在的身体来认识现实世界的，身体是人类认识现实世界的第一媒介。这就彻底批判了 Descartes 和 Chomsky 的“心理与身体分离”的“二元论”，说明“主体—客体”的二分法不能成立。体验认知的理论前提是：认知是一种生物学现象，与身体的其他系统共同演进，源于人类与环境的互渗作用。有机体的生物特性，包括大脑和身体的其他部位，以及有机体所在的物理和社会环境，对认知具有决定性意义。人们对自己身体运动的主观感受构成了思维的子部分，认知是身体与自然、文化环境相互作用的产物，必须根据人与环境的动态交互来研究；认知不应被视作纯粹内在的、符号的、计算的和非体验的，认知归根结底是基于身体经验的，人类认知根本上是由体验来塑形的。反复修辞格正是以人类的感知为基础，通过对人体感知系统的刺激，以达到增强话语语气和气势的目的。承张炼强（2012：94-95）所言：“认知心理学认为，尽管人类存在着个体差异，不同的人所接触的物质世界也不是毫无不同，但总体上说，人类具有相同的身体构造和感知器官，面对的是相同的物质世界，具备相同的感知、认知能力，所以可以获得相同的或者相似的概念结构。这样的概念结构，是人类趋同的认知心理活动与人类共同面对的现实结构互动而形成的，它作为修辞的认知基础，促成古今中外的修辞现象，都有趋同的一面。这已为许多修辞事实所验证。”

从体验哲学角度来看，英汉反复隐喻同样存在诸多相似之处。体验性哲学认为人的身体的、认知的和社会的体验是形成概念系统以及语言系统的基础，反映在语言中的现实结构是人类心智的产物，而人类心智又是身体经验的产物。王寅和李弘（2004：2）指明：“从体验哲学角度来说，范畴、概念主要是人类基于体验之上，经过主客体之间的互动形成的；意义也是这样，主要也是体验的结果。它们深深扎根于人类对物质世界、社会世界、文化世界和心智世界的体验之中的。范畴化是概念与词语形成的基础，具有体验性特征，因此，概念与词语也是基于体验的。由于我们在不断地观察这个世界，并在其中起着积极的作用，所以我们深知世界实体的构成，这一感知和体验就反映在语言的本质之中。强调体验性，并不等于否定人的创造性。主客体之间的‘互动’则体现了人可以在认识世界的过程中发挥主观能动作用，这就解释了不同人和民族之间为什么会存在认知上的差异、语言表达的不同。人具有想象力和创造力，不可能像镜子一样来反映客观外界，其中含有主观加工成分。”梅洛-庞蒂（2001：194-195）直言：“身体的体验使我们认识到一种意义的强加——不是一个有普遍构成能力的意识的强加，一种依附于某些内容的意义。我的身体就是像一种普遍功能那样运作，并且存在着和容易受到疾病侵袭的这个意义核心。在这个意义核心中，我们学习认识我们通常将在知觉中重新发现的、我们需要对它作更全面描述的这个本质和存在的纽结。”吴念阳（2009：83）言明：“人与外部世界交互作用的过程中，不但认识人与事物的基本关系，也同时产生相应的主观经验，如对重要性、相似性、难度和道德的主观判断，对渴望、情感、亲密和成就的体验。无论这样的经验多丰富，人类对其进行概念化的方式主要来源于感知运动领域。我们的范畴、概念、推理和心智并不是外部现实客观的、镜像的反映，而是由我们的身体经验所形成的，特别是由我们的感觉运动系统所形成的，我们大部分推理的最基本形式依赖于空间关系概念、身体、大脑与环境的互动，它们为我们提供了日常推理的认知基础。”王寅（2006a：22）指出：“我们知道，从古希腊以来2500年间的西方哲学一直贯穿着感性与理性，经验主义与唯理主义的争论，两者的理论观点相互对立，但有一共同点，都承认在外部世界存在一个客观真理，它等待着我们去发现。但不同学派对于如何获得这种客观真理的途径有不同解释：经验论者认为，感觉经验是人的一切知识或观念的唯一来源；唯理论者认为，只有先天具有的推理能力能给我们提供关于真实世界的知识。”Lakoff（1987：267）说明：“体验哲学以体验，即以我们的集合生物能力及我们作为在环境中执行功能的物理与涉身经验来规约意义。”Gibbs（2003：2-3）直言：“人们在行为中身体的主观、感觉体验是语言和思维的基础性组件。认知的发生伴随着身体穿行于物理、文化世界之间，因此必须以人们与环境的动态交互来研究。人类语言和思维涌现自制约在线智力行为的涉身性活动之递归范式之中。我们绝不能想当然地认为认知是纯粹内部、象征、计算和祛身的，而应觅见语言和思维由涉身行为网就的总体及精细的方式。”

Lakoff 的隐喻观是经验主义的，当代隐喻学也称其为“体验哲学”。它反对建立在客观主义理论基础上的隐喻语义理论。因为语义观将隐喻视为隐含意义（implicature）的延伸，当作间接含义（indirect meaning）的特殊现象。它把隐喻局限于语言内部，无法完整清楚地阐释人们的认知途径。Lakoff 也批判了主体主义（subjectivism）的观点。主体主义理论认为，人的认知能力是脱离周围客观环境而存在的，它不依赖于我们的理性知识，仅依赖于个人过去的经验、文化价值观感情和下意识意念。经验现实主义则认为，认识理解事物不仅需要以上各方面的因素，而且人作为整个环境的一部分必须与周围环境和人互相作用，在相互作用中促进相互改变。隐喻正是在人与自然相互作用中起着重要作用。它用我们习惯的、已有的经验去理解新的经验，创造新的概念。它不仅是人们认识世界的基本方式之一，而且是人们创造新概念、新范畴、新现实的基本机制之一。就此看来，英汉反复隐喻的相同点有以下几点：第一，两者的反复辞格出发点都是心智对现实社会的体验；第二，两者的思维隐喻性是类似的。例如：

15）When he came upstairs, she was aware of a long time of his feet approaching. Coming up, up, up bringing bones for her dog.

up 的重复激发了我们的听觉——我们“听”到了他吧哒吧哒上楼的脚步声，而且随着 up 的重复，这种声音似乎越来越清晰。一个不起眼单词的重复产生了如此美妙的修辞效果。

16）呵，雷锋！
你白天的
每一个思念，
你夜晚的
每一个梦境，
都是——
人民……
人民……
人民……
你的每一声脚步，你的每一次呼吸，
都是——
革命……
革命……
革命……（贺敬之《雷锋之歌》）

“人民”“革命”的反复出现不仅产生了视觉美，还产生了音韵美。在反复“吟唱”中强调了雷锋一心一意为人民、一生为革命的共产主义精神。

17）她嫁了，女婿是个清秀的人，我喜欢。她生儿子了，是个聪明活泼的孩子，我喜欢。他们俩高高兴兴地当教员，和和爱爱互相对待，我更喜欢，因为这样才像人样儿。（叶圣陶《夜》）

18）我们曾度过那样的日子/大树落叶的日子/青草枯黄的日子/山风哭嚎的日子/河水淌泪的日子/景颇刀生锈的日子/播下包米的种籽/收获灾难的日子。（邵燕祥《自由——为景颇族山民而歌》）

19）The land did not move, but moved. The sea was not still, yet was still. (R. Bradbury: *The Vacation*)

20）Never marry a fool … no fool ladies at all, no kind of fool, whether a mad fool or a sober fool, a wise fool or a silly fool; take any thing but a fool; Nay, be anything, be even an old maid, the worst of fortune's curses, rather than take up with, a fool. (Daniel Defoe: *The Fortunate Mistress*)

例 18）中对喜欢的重复是作者对和平生活的向往；例 18）对日子的重复表述了景颇族山民的苦难生活；例 19）中结尾的重复是作者对大自然的赞叹；而例 20）中作者反复运用 fool 这个词，表达了对蠢货的厌恶和不信任的态度（表 7.1）。

表 7.1　英汉反复隐喻相同点

反复隐喻	源域	靶域
Coming up, up, up	Up, up, up	The sound of footsteps
人民，人民，人民……革命，革命，革命	人民和革命	一心一意为人民，一生为革命的共产主义精神
喜欢……喜欢……喜欢	喜欢	对美好生活的喜欢和欣赏
日子……日子……日子……	日子	景颇族过去遭受的苦难日子
Move, move … still, still	Move and still	Admiration for the nature
Fool, fool, fool…	Fool	Dislike and distrust to fools

第一，作为读者，我们可从反复的运作过程中窥探出作者或说话者的心理认知轨迹。按照当代隐喻学的观点，语言同认知一样，是人们在对客观世界的认识基础上产生的，语言是以认知为前提的。最新研究表明，就同一事物而言，认知先于语言产生，也即存在语言阶段的认知，否认了思维必须借助于语言外壳的说法（赵艳芳，2001：40-41）。因此，作者或说话者在言语表达时必须基于对客观事物的认知之上，一旦所表达的对事物的认知和内心所感受、体验的有出入或冲突，人便会做出话语矫正或补正，使之更准确、更达意、更彻底、更切合实际、更淋漓尽致。上升至认知高度，经验现实主义合理地提出：由于人类面对的客观世界是基本相同的，人类来感知客观世界的身体器官是基本相同的，人类所具备的认知能力也是相差无几的。所以人类的认知心理过程以及由此而形成的认知模式也是大致相同的，这也就使得各民族的反复现象有趋同的一面。

第二，连续反复和间隔反复是在使用反复的修辞手法中英汉两种语言的相似之处，两种语言都是在基于词语、短语和句子的情况下，使用反复来加强语气，以达到行文或演说的感情色彩。同英语类似，汉语的修辞格反复也是作者为了强调某个意思，突出某种强烈的思想感情，而有意识地使某些词语、短语、句子甚至段落一再反复出现，以使语式加重，使要强调的东西更加突出。

第三，英汉反复修辞的表现都存在一个共性，即源域与靶域的表达形式同时显性地出现在同一表达句式或语篇中。

第五节 汉英反复隐喻差异性的文化模型理据

Katan（1999：17）指出："'文化'一词起源于拉丁语的 cultus（培育）和 colere（耕种）。将其做隐喻性拓展，种子不停地以土地式生态系统中吸收养分以保证其生长。相似的，人们也不间断地无意识地从人类系统中的即时环境中汲取营养，促进其发展。"语言是文化的载体，文化是语言的内容，人作为文化的动物，不能离开传播而独存，文化是一种共在，传播是文化的本质属性。人类为了生存与发展，必须以语言方式与非语言方式进行各种形式的交际与沟通。在当今全球化的语境中，跨文化的传播已是日常生活所必需。而语言差别是不同文化间最主要的区别之一，是同文化交流与跨文化交流相区别的显著标志之一，也是跨文化交流中最大的障碍之一。Strauss 和 Quinn（1997：256）提出了"文化"的认知综合观："是时候面对我们所继承的表义的、象征的、指示的、概念的文化之概念的矛盾，将其统筹看待而不是单独去剖解；是时候质疑文化是人类创造、商榷并竞争的意念，这缺乏创造性和改造性努力背后的意图和理据；是时候关注'文化既是公众的也是私有的、既在世界中也在人们的大脑中'的观点。将知觉性主体重新置于社会过程中我们能更好地阐释我们对文化的已有了解，才可以对未曾观察到的现象有更深刻的理解。"Hiraga（2008：72）指出："对隐喻概念化的比照和对比考察在审视及跨文化交互过程中显映出来的行为差异是一条行之有效的方法。"吕叔湘（1980：5）："……中英习惯不同，不比较不知道。一种语言有一种语言的习惯，整理出来就是这种语言的语言学，简称'某语学'。比较各种语言的习惯，指出相同之点和相异之点，形成一些理论，就是所谓'普通语言学'或'一般语言学'了。"

一个国家的语言研究总是重点放在本国语上，但是也要了解外国的语言研究情况。目的有二：①知道人家研究些什么问题，用些什么方法，有些什么理论，可以供自己参考；②知道别的语言的研究有些什么成果，可以拿来跟本国语的研究成果比较。总之，在学术上也有个知己知彼的问题，不知彼很难真正知己。沈家煊（2012：3）指出："个别语言的特点和人类语言的共性是'一个铜板的两面'，共性寓于个性之中，个性是共性的具体表现。如果只讲汉语的特点而不讲这种特点怎么体现语言的共性，那也缺乏说服力。语言类型学就是在语言共性的观照下来研究语言的类型差异：不同的类型表现语言的个性，而类型变异的范围或所受的限制就是语言的共性。”归根结底，“文化”一词最早的用法是一个过程名词，指庄稼、牲口等的种植和饲养，通常还伴随有一个表示所养物种本性的摹状语（Goddard，2005：53）。马清华（2000：3）指出：“语义跟文化是相互关联和作用但不等同的两样东西，一方面，相同语言可为不同文化集团所使用，共享一个基本核心相同的语义体系，另一方面，相同文化，可能属于不同的语言集团，具有不同的语义特色。因适应地域环境的需要或文化发展本身的可选择性，操同一语言的集团在生活地域长期隔离后，往往发生文化变异，它们根据各自需要，在不同程度上调节着语义的内容与结构。”语言是文化的载体，又是文化的重要组成部分。Bauman（1996：9）开宗明义地指出：“没有哪个概念像‘文化’一样对社会生活的人类学理解那样重要。同时，也没有哪个人类学术语在过去 20 年间如此频繁地现身于公众和政治话语当中。”Ryan（2010：xi）言道：“用一则现代类比，文化即我们生活的软件。它是我们赖以生存的程序，是决定我们如何思维和行动的规则，也是我们生活和产出创意作品时所说所做的可重写脚本。文化是人类创造性的别名，比‘艺术’一词含蓄性强，囊括所有无框架或未经官方机构公布的日常艺术或普通创造。”正如美国语言学家 Sapir（1921：221）所说：“语言不能脱离文化而存在，不能脱离社会继承下来的各种做法和信念，这些做法和信念决定了我们生活的习惯。”

文化是一种社会现象，是人类社会的产物；文化是一种历史现象，是人类历史文化的沉淀。雷春仪（2007：51）指出：“文化背景知识是隐喻的语言环境，是隐喻概念形成的源泉。隐喻概念，帮助我们从纷繁的隐喻中找到中西不同的思维模式，揭示隐喻差异的文化背景。”Kövecses（2005：252）将隐喻置于文化维度内进行多向考察，在比较不同文化的隐喻时，发现了优先概念化现象。所谓“优先概念化”是指在特定隐喻系统内部，优先选择某些源域概念对特定的靶域概念进行概念化。优先概念化体现了民族文化原型观念，显示出概念隐喻的民族性，并最终通过具体的隐喻表达式显现出来。余玉萍和龚芳（2006：139）言明：“首先，隐喻具有文化性，即隐喻本身是文化的构成成分，能够在很大程度上反映文化的内容，如信念、态度、行为方式等。但要真正了解隐喻与文化之间的构成关系，还得讨论隐喻与思维的关系。”Boers（2003：234-236）指出：“对于外语学习者而言，特定修辞性表达的文化特异性可能成为一只‘拦路虎’。倘若将这些修辞性表达式归入某一概念隐喻提供理据的更大之集合将大有裨益。概念隐喻中跨文化变体的第一种类型是，两种语言展现出相同的源域—靶域映射，但各自的生成性或规约性却有着显著差别。考察此类变体类型的方法即是借助对比语料库的手段，计数隐喻出现的频次及其表达式的差异度。”李香玲（2010：122-123）提出：“文化在概念隐喻的形成过程中起着重要的作用。文化的许多内容通过隐喻这种特殊的语言形式世代相传，从而对人的思维方式和行为方式产生影响，隐喻随社会文化变化产生、发展和消亡。隐喻的发展历程就是不同时代的文化符号在不断运用、更新，并逐渐得到丰富的一个过程。”

承陈勇（2005：4-5）所言：“隐喻的产生和使用过程透射出其固有的认知本质和文化根源，具有重要的文化认知价值，是认知语言学和文化语言学协同研究的一个关键问题。在正确把握隐喻的特征的基础上对隐喻生成和理解中的文化认知过程进行考察，对于揭示出隐喻这一文化认知现象的真正本质，对于深刻认识隐喻这一现象的核心内容，无疑具有比较重要的意义。”周玉亮（2001：36-37）指出：“英汉两种语言存在着本质区别，英汉声韵特征迥异。英语句子多以动词作为核心部分，句式主次结构分明，声韵特征融在一种关系协调、形式严谨、语义明确的语言结构之中。汉语句子脉络结构相对灵活，一般通过时间和事情的发展来串联，通过对称、排列、错落以及语句的扬抑等方式达到意境的表现，在声韵的表现上更具灵活性。”汉语一般追求的结构是绝对工整，使得英语的声韵在缓慢的演变过程中形成了非结构型的声韵特点。这一特点在汉英反复隐喻中体现得尤为凸显。文化对语言的影响巨大而深远，文化在很大程度上决定了语言本身，语言反过来又对人们的感知产生影响。任何语言均由语音、词汇、语法等系统构成，这是语言共性论；但由于不同文化的制约，语言又凸显出鲜明的个性表征。Ryan（2010：ix）指出：“文化作为生活方式倾向于产生出思维与行为的共核以及与支配性标准、常量、规则的趋同性。文化通过给予的共同的可知道并可辨意义之符号使我们得以居住在同一社区中。我们通过衣着、言语、行为和相貌来认识我们文化中的其他成员。从该意义上而言，文化意味着不假思索而共同遵守的内置规约。这些规约随着人的成长而得以习得。居民互相约定，共同遵守，时刻呼吸着文化的气蕴。”马清华（2000：271）指出：“由文化习俗、社会心理、语义分配、言语技巧和原则等形成的取象差异性、选择性和约定性常使取象的生成关系偏离规则或受到约束，从而对概念隐喻理论构成制约。所以分析感情意念的取象时，既要从物理、生理、心理的角度入手，又要从社会、文化、语言等角度入手，以生成规则为经，约定变则为纬，这样才能全面透彻地揭示出它的本质。事实上，即使做生理分析，若不考虑反射特征外生理背景的作用，也不能把取象解释清楚。人种生理差别有时可反映到取象差异中来。”赵维森（2007：22-23）指出：“人类文化最初呈现出浑整一体化的特质，就是建立在隐喻思维的基础上的。人类文化的重新整合，和谐文化、和谐社会、和谐世界的构建，同样离不开隐喻思维方式的弘扬。只有在隐喻思维的视野下，人类才能亲身体验人与自然、主体与客体、灵魂与肉体、情感与理性的和谐统一，才能真切感悟天文、地文、人文乃至不同民族文化的异质同构性。至于学科的融合，更是直接依赖于隐喻式的类比、模拟的心理机制和心灵智慧。”

就文化差异性而言，汉英反复隐喻的不同点还包括：一方面，英语与汉语对现实社会的真实体验是不尽相同的，英语更加强调理性，汉语更加注重感性；另一方面，两者思维隐喻性内容也不完全吻合。英语的隐喻更为浅显，读者易辨别，而汉语隐喻往往深奥非常。

21）Hold fast to dreams,
For if dreams die,
Life is a broken winged bird,
That cannot fly.

Hold fast to dreams,
For when dreams go,
Life is a barren field,
Frozen with snow. (Langston Hughs: *Hold Fast to Dreams*)

22）嫩绿的芽儿
和青年说：
“发展你自己！”
淡白的花儿
和青年说：
“贡献你自己！”
深红的果儿
和青年说：
“牺牲你自己！”（冰心《繁星》）

23）正是看花天气，为春一醉。醉来不带花归，悄不解花意。试问此花明媚，将花谁比？只应花好似年年，花不似人憔悴。（舒亶《一落索》）

例 21）派生自西方对梦想的矢志不渝，以个体为中心的唯我主义彰显；例 22）强调为国家和民族做出最大程度的牺牲和奉献，个人理应无条件服从集体利益；例 23）通过花开盛衰有时来抒发人生青春易逝的感慨与愁绪。汉英语言正是受到不同宗教哲学文化背景的影响而彰显出差异性。

源于古代的宗教和哲学思想文化传统对语言差异的形成和发展具有根本性的影响。中国的儒家思想和西方的基督教文化分别衍生出不同的人际关系观念和价值观念，而这些不同的文化和观念又在不同的语言内涵当中得以体现。英汉两种语言正是受到了两种不同文化背景的影响，才出现差异性。

综上所述，英汉两种语言中反复修辞格的区别可列为三点。第一，由于英汉两种语言在语音系统和造词法上的区别，英语中反复的部分可以是音、词、短语甚至是句子，而汉语中最小的语言单位是词，因此它可以用作反复的内容只能是词、短语和句子；第二，英语反复辞格的变异形式，虽然其中不少可以在汉语中找到对应的修辞现象，但多数不归入汉语反复格，而是另立辞格，正如上面所提到的同义反复和交叉反复，在汉语中就被认为是回文或顶真辞格；第三，英汉语言由于形态与结构方面的巨大差异，各自都有一些特有的反复形式，这也是造成分类上差异的一个重要因素。英汉反复修辞格的细微区别就在于，同义词的反复在汉语里不能算是反复辞格，而英语里，同义词的反复，尤其是可以划等号的同义词的反复属于反复辞格（马松梅，2011：221）。就文化差异性而言，两者的不同点也有以下几点：第一，英语与汉语对现实社会的真实体验是不尽相同的，英语更加强调理性，汉语则是感性要多；第二，两者思维隐喻性内容也不完全一样。

这意味着两种语言对反复的使用并不完全一致。正如本章在引言中所提到的，英语词典对反复一词所下的定义，英语中的反复是指重复。汉语的最小反复单位是词，而英语最小的反复单位是音节。一般来讲，英语中字母、音节、相同声音在音、形、义等不同层次的反复都属于反复修辞格。但传统上，某些音或音节的反复属于音韵修辞，某些属于反复。绝大多数学者把英语中头韵（alliteration）、谐元韵（assonance）、谐辅韵（consonance）等音的反复归于音韵修辞（表 7.2）。例如：

24）鼓动吧，风！咆哮吧，雷！闪耀吧，电！把一切沉睡在黑暗怀里的东西，毁灭，毁灭，毁灭呀！（郭沫若《屈原》）

25）她是有

丁香一样的颜色，
丁香一样的芬芳，
丁香一样的忧愁，
在雨中哀怨，
哀怨又彷徨……（戴望舒《雨巷》）

26）好个"友邦人士"！日本帝国主义的兵队强占了辽吉，炮轰机关，他们不惊诧；阻断铁路，追炸客车，捕禁官吏，枪毙人民，他们不惊诧。中国国民党统治下的连年内战，空前水灾，卖儿救穷，砍头示众，秘密杀戮，电刑逼供，他们也不惊诧。在学生的请愿中，有一点纷扰，他们就惊诧了！（鲁迅《"友邦惊诧"论》）

27）We will never parley; we will never negotiate with Hitler or any of his gang. (Winston Churchill: *Speech on Hitler's Invasion of the U. S. S. R*)

28）I'll tell you, Governor, if you'll only let me get a word in. I'm willing to tell you. I'm waiting to tell you. I'm waiting to tell you. (George Bernard Shaw: *Pygmalion*)

29）There is nothing so bad or so good that you will not find Englishman in the wrong. He does everything on principle. He fights you on patriotic principles; he robs you on business principles; he enslaves you on imperial principles. (George Bernard Shaw: *The Man of Destiny*)

表 7.2　英汉反复隐喻差异

反复隐喻	源域	靶域
把一切沉睡在黑暗怀里的东西，毁灭，毁灭，毁灭呀！	毁灭，毁灭，毁灭呀	对屈原遭受命运不公发出的呐喊
她是有丁香一样的颜色，丁香一样的芬芳，丁香一样的忧愁	丁香一样……丁香一样……丁香一样……	诗人将这位"姑娘"当做心中朦胧的理想和追求，代表了诗人陷入人生苦闷时，对未来渺茫的憧憬
日本帝国主义的兵队强占了辽吉，炮轰机关，他们不惊诧；阻断铁路，追炸客车，捕禁官吏，枪毙人民，他们不惊诧。中国国民党统治下的连年内战，空前水灾，卖儿救穷，砍头示众，秘密杀戮，电刑逼供，他们也不惊诧。在学生的请愿中，有一点纷扰，他们就惊诧了！	惊诧……惊诧……惊诧……惊诧……	作者对那些标榜自己为"友邦人士"的不屑、轻蔑和鄙视
We will never parley; we will never negotiate with	Parley and negotiate	Stick to destroy Hitler and the Nazi regime

续表

反复隐喻	源域	靶域
I'm willing to tell you. I'm waiting to tell you. I'm waiting to tell you.	Willing, waiting, and waiting	The eager to say something to the Governor
He fights you on patriotic principles; he robs you on business principles; he enslaves you on imperial principles.	Fight, rob, and enslave patriotic principles, business principles, and imperial principles	Quibble for the Englishman's bullying on other races

第六节 结　　语

反复是隐喻的，共同之处在于体验，而文化则造成两种语言的差异。人类对修辞和认知隐喻的学习和研究在不断地深化。语言本质上是隐喻性的。人的认知能力影响到对隐喻的理解和对隐喻的创造使用。反之，隐喻的创造使用打破了人的认知能力的局限性。将反复和认知隐喻结合起来进行分析，不难看出，对认知隐喻的学习可以帮助理解反复，而反复的升华也可以很好地同认知隐喻相融合。

第八章 对偶隐喻

第一节 引　　言

英语 antithesis 一词源自古希腊语的 anti 和 tithenai。anti 可理解为 against，即“对应、对比”；tithenai 意为 placement，表示“布局、配置”。另外，antithesis 亦可拆解为 anti（相反）和 thesis（论点）两部分（Hartwell，1982：246）。英文权威工具书《牛津高阶英汉双解词典》（*Oxford Advanced Learner's English-Chinese Dictionary*）对 antithesis 的定义较为详细：①the opposite of something（某事物的对立面）（Love is the antithesis of selfishness.）；②a contrast between two things（两者间的对比、对照）（There is an antithesis between the needs of the state and the needs of the people）（霍恩比和王玉章，2009：75）。关于中国历史上对偶辞格的系统研究，一般认为最早见于南北朝时期文学理论家刘勰的《文心雕龙·丽辞》。“丽”意指骈俪，“丽辞”即骈俪之辞。作者开篇便提出偶成语言：“造化赋形，支体必双，神理为用，事不孤立。夫心生文辞，运裁百虑，高下相须，自然成对。”可见，自然赋予万物的皆为成双成对的肢体和外形，鲜见单边、孤立和偏离的事物。基于这样的具身体验，人们在文学创作中秉承“行文高低、上下相互对应”的理念，于是出现了对偶的雏形。李国南（1997）、史小静等（2014）尝试对比了英语 antithesis 与汉语对偶辞格，剖析了两种修辞格在不同语言环境中的异同及各自表现。刘茹斐和 Carpenter（2016）分别借用孔子《论语》和肯尼迪就职演说辞为汉英语料进行阐释。承上，传统研究都只是流于语言现象表层，裹足于传统修辞格的视角进行探究，尚未触及对偶和 antithesis 的深层认知理据，尤其还未系统论述其隐喻性内涵，缺乏从认知隐喻的高度对其做全息性、本质性的考量。

我国认知语言学领军人物之一王寅（2006b：171，2007：11-26）曾将狭义的认知语言学（cognitive linguistics）权宜性地定义为：一门坚持体验哲学观，以身体经验和认知为出发点，以概念结构和意义研究为中心，着力寻求语言事实背后的认知方式，并通过认知方式和知识结构等对语言作出统一解释的、新兴的、跨领域的学科。当代隐喻学所倡导的立足于互动体验（体）和认知加工（认）的语言观，为我们理解和感知周围事物，并对其概念化、范畴化以及进行心智表征开辟了一条全新的路径。同样，当代隐喻学流派的理论研究与方法论对我们阐释对偶这一普遍的语言现象具有积极而重要的指导意义。本章试图在充足的理论铺垫之基础上揭示传统对偶辞格与认知隐喻之间的同质对等关系，同时借助汉英语料展开足额均衡对比，阐释对偶辞格异同浮现背后深刻的发生理据。

第二节 对偶的认知隐喻本质透视

中外历史上关于隐喻的研究可谓汗牛充栋、浩如烟海。最早关于隐喻的表述出现于古希腊先哲 Aristotle 的《诗学》和《修辞学》中。当代隐喻学家 Lakoff 和 Johnson 于其合著《我们赖以生存的隐喻》中首次明确提出了概念隐喻理论。作者开宗明义："隐喻渗透于我们的日常生活，不仅存乎语言中，也体现在人们的思想和行为中。人类赖以思维和活动的普通概念体系在本质上是隐喻性的。"（Lakoff & Johnson，1980a：3）概念隐喻理论的跃生标志着隐喻已脱离了传统修辞格的窠臼，上升为人类的一种普遍的认知规律与思维方式。

隐喻无处不在，在本质上是认知而系统的。当代隐喻学强调隐喻作为人类的一种有效认知工具，在我们的日常语言和概念系统中扮演着举足轻重的角色。隐喻不只是单纯的修辞格，更是一种通过语言表达人类思维的方式。隐喻植根于人类对社会的体验或对世界的经验。这种体验或经验将两个不同概念域联系起来，即源域和靶域。隐喻通过概念映射（conceptual mapping）将人们较为熟悉的源域图式结构选择性地映射至不甚熟悉的靶域上，其中人们凭借对源域的理解来建构和认识靶域，这便是概念隐喻映射的认知机制。隐喻映射已经成为人们概念系统的一部分（Lakoff，1993：211）。人类的认知总是借助于熟悉事物和陌生事物之间搭建的"桥梁"，即概念映射（孙毅和陈叶，2018：6）。孙毅和杜亚妮（2013：36）言明，隐喻的产生是人类心智开化的最初表现。隐喻建构人类的思维和感觉，且人们对概念域的选择也要受其制约（Casasanto and Gijssels，2015：327）。隐喻存现具有两大基本准则：首先，隐喻映射所涉及的两个概念应隶属于不同的认知域；其次，隐喻映射的过程只关乎每个认知域内部分特征的运作。由此可见，两个不同属性的认知域来自不同的语义场。说话者在语言表达中通常借用一个认知域来激活和识别另一个认知域。例如：

1）青青河畔草，绵绵思远道。（汉乐府《饮马长城窟行》）

2）Money is a good servant and a bad master. (proverb)

例 1）中“河畔草”语域的典型图式包括“草原”“满眼青绿”“勃勃生机”等；“绵远道”认知域中的典型图式有“古道”“曲折蜿蜒”“一望无际”等。两个截然不同的语域能够搭建联系的基础是认知语义要素间的对应。施喻者用眼前熟悉的如茵绿草作源域，由远方未知的漫漫征途当靶域，借助对偶隐喻实现两个语义场的跨域映射，即以繁茂的青草与未卜的前途形成对偶，传达诗人对自身前途命运的忧虑之情。此外，本例中对偶隐喻的实现还在于源域“河畔草”的部分语义属性映射到靶域“绵远道”中。例 2）中的 money 对应的典型图式有 price、commodity、value 等；而 a good servant and a bad master 对应的典型图式则是 life、service、social status 等。money 和 a good servant and a bad master 分属两个不同的认知域。源域 a good servant and a bad master 只激活靶域 money 的部分属性，这便是施喻者基于不同认知对象间的相似性涌现而主观识解的结果（图 8.1）。

(a)“青青河畔草”与“绵绵思远道”　(b) money与servant、master

图 8.1　“青青河畔草”与“绵绵思远道”以及 money 与 servant、master 的对偶隐喻识解图

Croft 和 Cruse（2004：75，92-104）在《认知语言学》中提出动态识解观：动态的概念被视为是在使用过程中创造出来的，概念范畴的所有层次都受制于人的识解。这一观点可以帮助我们洞悉隐喻的识解过程。作者认为，语言识解者可以依照开始、发展和终结将隐喻识解划归为三个阶段：隐喻解码衔接、局部语域激活和隐喻全局贯通。识解伊始，解喻者解码语言表达式，并判定其隐喻本质。如例 1）中“青青河畔草”寓意于“大自然无限好风光”概念域，而“绵绵思远道”蕴藏于“出场人物”（或曰诗人自身）概念域。自然风景与出场人物无直接的逻辑语义关系，但是借助对偶隐喻，可以实现两者间的概念映射。由此得知，隐喻在初级阶段的解码衔接中发挥作用。同理，在例 2）中，说话人对 money 赋予了 a good servant 和 a bad master 两个对立的语义角色，这一点显

然有悖常理，此处暗示隐喻的存现。其次在“局部语域激活”阶段，隐喻识解者激活惯常的语义搭配，并据此建构相关事件语义框架，促成两个概念域的隐喻性关联。如例 1）中“河畔草”的常规语义域为“自然景色”，而“青青河畔草”表达了浓浓的春意。后半句“绵绵思远道”对应的语义域是“长路漫漫”和“形单影只”等。这些细节属性是经过激活作用的源域和靶域语义对比之结果。例 2）中 money 的常规搭配是 price、commodity、value 等标识商品买卖属性的语义框架；而 a good servant 和 a bad master 则表达了社会分工与等级地位不同的社会人群属性。最后阶段的“隐喻全局贯通”可理解为源域和靶域在对偶隐喻的作用下，实现部分语义属性的跨域映射（孙毅和张俊龙，2017：33）。识解者依据自身的表达意图和具体语境做出最终的补充与调整：例 1）中“河畔草”满眼的春意映射至靶域，“绵绵思远道”在对偶隐喻的作用下反衬出“遥远”和“孤寂”等语义属性。整句诗可被主观识解为“漫漫征途在生机勃勃的青草的对比下，更显前路艰险、生活不易”。例 2）的 a good servant 和 a bad master 成功激活 money 靶域，极言 money 在人们的生活中扮演着既重要又多元的角色。

综上，在概念隐喻的统摄下，传统意义的对偶辞格可以理解为借一种事物来表达另一事物的认知路径，是人类共通的一种认知策略与思维方式。从本质上讲，对偶是隐喻性的（Antithesis is metaphoric in nature.），其识解过程涉及意象图式、跨域映射、主观识解、相似性涌现等认知程序。自此，对偶已不能被单纯地理解为实现语言结构整齐划一的韵律之美而流于语言表层的一种修辞现象。传统视界中的对偶辞格完全可以与当代隐喻学的概念隐喻理论并置整合，进而升华为人类基于互动体验（体）与认知加工（认）对现实世界进行感知的复杂认知过程。

第三节 对偶隐喻的分类学演绎

一、对偶隐喻之汉英语音维度阐释

汉语对偶与英语 antithesis 在语音形式上差异较大。汉语是单音节语言，古汉语中的单音字多为一字一义、逐字逐音，如“千山鸟飞绝，万径人踪灭”（柳宗元《江雪》）在音、形、义上均能够一一对仗，实现单字间的完全对应。独立的字音、字形和字义易于形成整齐划一的诗韵效果，为汉语对偶开拓出广阔的施展空间。同时，汉字的四声（阴平、阳平、上声和去声）富于变化，给声调带来了长短、高低和升降等不同的音韵形式。形—义独立、声调丰富的特点使汉语言十分易于充分组合，自由排列，为对偶辞格奠定了坚实的语法根基。此外，古汉语中部分对偶还讲究语音平仄对照，如“无边落木萧萧下（平平仄仄平平仄），不尽长江滚滚来（仄仄平平仄仄平）”（杜甫《登高》）。平仄是汉语对偶在声调上的独特要求（王文军，1997：31；李国南，1997：13）。反观之，英语中不存在四声音调和平仄变化，唯有音的长短和轻重之分。因此，英语 antithesis 远不及汉语对偶的音韵美。结合下例可知，英语 antithesis 的语音对偶主要有两种表现形式：一种为押头韵，即两个词共用一个起首辅音声，见例 3）和例 4）的 strong man and storms 和 sense and sensibility，又如英语习语“No cross, no crown.”和“Practice makes perfect.”等。押头韵在英语诗歌、散文、小说等文学体裁乃至文学作品的题目中都屡见不鲜。如英国诗人 W. Blake（1757—1857）的 *The Marriage of Heaven and Hell: A Facsimile in Full Color* 的作品名中的 Heaven 和 Hell 便是一则典型的押头韵语音对偶。英国小说家 J. Austen（1775—1817）两部小说的书名都巧妙地运用了押头韵：*Pride and Prejudice* 以及 *Sense and Sensibility*。另一种为押尾韵，即两个词的首重读音之后的全部音节或部分音节相同，如例 5）和例 6）中的 wealth and health、height and light 和 earthward and downward，又如习语“A good beginning makes a good ending.”和“No pains, no gains.”等。

3）A strong man will struggle with the storms of fate. (T. Addison)

4）Torn between sense and sensibility. (J. Austin)

5）The first wealth is health. (R. W. Emerson)

6）The more he seeks to rise into the height and light, the more vigorously do his roots, struggle earthward, downward, into the dark, the deep-into evil. (F. W. Nietzsche)

7）寻寻觅觅，冷冷清清，凄凄惨惨戚戚。（李清照《声声慢》）

8）大弦嘈嘈如急雨，小弦切切如私语。嘈嘈切切错杂弹，大珠小珠落玉盘。（白居易《琵琶行》）

例 7）的平仄安排为“平平仄仄，仄仄平平，平平仄仄平平”。平仄递用，前后严格对仗，一连使用七组叠音词，表意畅达，宛若天成，带来回味无穷的诵读体验。寥寥数字，将词人空虚惆怅、孤单凄怆的境况刻画得入木三分，生动传神。正如刘勰在《文心雕龙·丽辞》中所述，对偶巧用可实现“理圆事密，联璧其章，迭用奇偶，节以杂佩，乃其贵耳。类此而思，理斯见也”。如万物生长自然成对的客观规律一样，文辞运用理应追求对偶。例 8）通过“嘈嘈”和“切切”两个对偶拟声词的并置，生动描绘了“拨转大弦极速弹奏，密集的声音好似急雨一般轰隆作响；撩拨小弦低音浅唱，柔软的音调如同私语一般细微绵长”的场景，绘声绘色，引人入胜。可见，对偶语音的巧妙迭用，能达到无与伦比的诗韵美感。

二、对偶隐喻之汉英语义维度考量

汉语对偶与英语 antithesis 在语义上的典型区别特征是：汉语对偶成分之间语义的差异性可通过多种关系加以阐析；英语 antithesis 局限于平行结构或从属结构间语义的对立，即 the opposite of something。就汉语对偶辞格而言，“对”既可以是“正对”，也可以为“反对”，亦存在语义相承的“串对”。

（一）汉语正对、反对和串对

承上文所述，汉语对偶的语义关系包含对偶结构语义相近或相补的“正对”、语义相对或相反的“反对”以及语义相承的“串对”三个次类，且“串对”又可细分为顺承语义串对和转折语义串对等下位范畴。例如：

9）壮志饥餐胡虏肉，笑谈渴饮匈奴血。（岳飞《满江红·怒发冲冠》）

10）战士军前半死生，美人帐下犹歌舞。（高适《燕歌行》）

11）山中一夜雨，树杪百重泉。（王维《送梓州李使君》）

12）身无彩凤双飞翼，心有灵犀一点通。（李商隐《无题》）

例 9）前半句和后半句通过“壮志”与“笑谈”和“饥餐胡虏肉”与“渴饮匈奴血”形成语义互补的对偶结构，即“正对”。通过解码原诗句，发现源域“餐胡虏肉”和“饮匈奴血”可激活共享的靶域“汹涌澎湃的报国热情”。在隐喻贯通阶段，解喻者借助源域向靶域的跨域映射，体会施喻者壮志凌云、笑谈生死，对朝廷赤心一片、为国杀敌立功的坚定信念。例 10）以“战士死生”和“美人歌舞”作源域，分别激活“前线拼命厮杀”和“军帐纵情歌舞”两个靶域的局部语义属性，将征战的士兵与享乐的将帅形成鲜明对比，从而构成“反对”。对偶隐喻借跨域映射和局部语义激活可得到“军中统帅玩忽职守、尸位素餐”的涌现义，同时表达了对前线战士命运的牵挂及其奋勇征战的赞美之情。施喻者借助表反向语义的反对，增强了语言的感染力与说服力。

例 11）和例 12）分别为顺承对偶隐喻和转折对偶隐喻。例 11）解码得到的对子为“山中”与“树杪”和“一夜雨”与“百重泉”。此对偶句的顺承语义关系体现在：正是深邃的高山明晦无常、晴雨参半，才成就了激流犹如从树梢倾泻而下的错觉。再急、再猛的山雨也不可能真正形成“树杪百重泉”这一匪夷所思的自然景观。“树丛梢头百泉流淌”显然超出了人的常规认知预期，此处揭示了概念隐喻的存现机制。源域的意象图式“一夜雨”借助“树杪”和“百重泉”的范畴误配，实现了两个概念域的隐喻性关联，顺利激活靶域“树杪百重泉”这一非现实感官体验。例 12）借助“身无飞翼”与“心有灵犀”构成转折语义对偶句。对爱人思心之切，只恨自己没有五彩凤凰的双翼。庆幸的是，与爱人相知之深，彼此的心意却像灵异的犀牛角一般息息相通。具体的意象，即源域“彩凤双飞翼”和“灵犀”映射到抽象概念“意中人彼此牵挂、心意相通”。源域和靶域在对偶隐喻的作用下，借助语义的隐喻性关联凸显其中的涌现义，最终实现隐喻全局贯通。

（二）英语 antithesis

上文已提及，英语 antithesis 的定义为：①the opposite of something；②a contrast between two things。由此得出，对 antithesis 语义维度的考量主要就其组成要素 the opposite 或 a contrast 而言。例如：

13）If a free society cannot help the many who are poor, it cannot save the few who are rich. (J. F. Kennedy)

14）Prosperity is not without many fears and distastes; and adversity is not without comforts and hopes. (F. Bacon)

15）One prospers in worries and hardships, while perishes in ease and comfort. (proverb)

16）One hundred years later, the Negro lives on a lonely island of poverty in the midst of a vast ocean of material prosperity. (M. L. King)

例 13）society 与 help 和 save 搭配，看似有违常规，实则可从中判定对偶隐喻的本质。识解者激活 help 和 save 的惯常语义搭配，即 human beings，据此创建的语义框架，即 human beings help and save somebody，促成了 society 和 human beings 两个概念域的隐喻性关联。再通过隐喻全局贯通，在源域 human beings 和靶域 society 的对偶隐喻作用下，实现部分语义属性的跨域激活。此外，the many 和 the few 以及 poor 和 rich 构成两组对偶次项，不仅实现了形式上整齐一致，同时语义对立侧显新创义，加深了人的理解与感悟。通过解码例 14）发现，无论 prosperity 还是 adversity，都与 fears、distastes、comforts 和 hopes 无逻辑语义关系，prosperity 和 adversity 也不可能具备以上主观感受，识解者可据此判定隐喻的本质。对偶隐喻借助隐喻化的人体体验，以 prosperity 与 adversity 以及 fears and distastes 与 comforts and hopes 构成两组语义对立项，基于各自的意象图式，促成不同语义域间的隐喻性关联，最终实现局部语义激活和隐喻全局贯通，表达“在顺境中要常怀忧患意识，在逆境中更要努力找寻转机”。

例 15）中 prospers 与 perishes 和 worries and hardships 与 ease and comfort 的意义各自相互冲突、对立，构成两组反对。由局部语域激活阶段可得：源域 prospers in worries and hardships 暗指靶域 a prosperous development; perishes in ease and comfort 作源域，激活靶域 a perishable situation。不同源域和靶域在对偶隐喻的作用下，促成概念域间的隐喻性关联。对偶隐喻把两个源域与各自对应的靶域相勾连，通过部分语义属性的跨域激活，搭建起连接源域与靶域的桥梁，最终成就隐喻全局贯通。例 16）是美国民权主义者 Martin Luther King 在《我有一个梦想》中的一句演讲词。Martin Luther King 的演讲抒发了对美国种族平等的愿景，鼓舞了数以百万的美国大众。该演说之所以能取得巨大成功，引起社会的强烈反响，演讲词中诸多 antithesis 表达功不可没。例 16）整体层面上的 a lonely island of poverty 和 a vast ocean of material prosperity 反对可解码为 lonely 与 vast、island 与 ocean 以及 poverty 与 prosperity 三组反对次项。源域 a lonely island 和 a vast ocean 分别激活各自靶域 poverty 和 material prosperity 的部分语义属性。抽象概念“贫穷”和“富足”借助于相似性凸显，由具象的“孤岛”和“海洋”予以阐释，实现最终阶段的对偶隐喻全局贯通：以“黑人蜗居在贫穷的孤岛”和“富人活跃在丰裕的物质海洋”形成对照，巧用对偶，强化语力，宣泄对社会贫富悬殊的不满，抒发对实现种族平等的企盼。

三、对偶隐喻之汉英句法维度探察

一般而言，汉语对偶词组或句子，前后两部分多呈并列关系。即便如上文谈到的顺承串对和转折串对，从句法角度观之，两者仍是并列的。就连接方式来讲，汉语对偶句多用标点隔开，如逗号、分号或句号，而无任何连接成分，如“山光悦鸟性，潭影空人心”（常建《题破山寺后禅院》）和“泪添九曲黄河溢，恨压三峰华岳低”（王实甫《长亭送别》）。然而，诚如 Carpenter（1999：126）所言，antithesis 由结构平行的词语、从句或句子排列而成，在语义上相互对立或对照。所以，antithesis 的两个语言单位的句法关系既可以彼此并列，平行而立；亦可一主一辅，呈从属关系。英语 antithesis 的句法关系复杂多样，一般可视为并列性对偶和从属性对偶（Nash，1989：135-138）。本章将 antithesis 的显性区分度视作对偶活性因子，基于活性因子在英语对偶隐喻中的变现形式，antithesis 并列性对偶可细分为体词性、谓词性、副词性和平行句等次类；在从属性对偶句中，antithesis 可分为时间从句性、条件从句性、定语从句性等。

体词并列性对偶（生成规则：nominal and nominal）

17）We must accept finite disappointment, but we must never lose infinite hope. (M. L. King)

18）Our destiny offers not the cup of despair, but the chalice of opportunity. (R. M. Nixon)

谓词并列性对偶（生成规则：predicate and predicate）

19）Better to rein in hell, than serve in heaven. (J. Milton)

20）We shall support any friend, oppose any foe. (J. F. Kennedy)

副词并列性对偶（生成规则：Adverbial and adverbial）

21）Love look not with the eyes, but with the mind. (W. Shakespeare)

22）Great works are performed not by strength, but by perseverance. (S. Johnson)

平行句性对偶（生成规则：parallel sentence and parallel sentence）

23）Virtue is bold, and goodness never fearful. (W. Shakespeare)

24）It was the spring of hope, and it was the winter of despair. (C. Dickens)

从属性对偶（生成规则：main clause and subordinate clause）

25）If winter comes, can spring be far behind? (P. B. Shelley)

26）Victory won't come to me unless I go to it. (M. Moore)

以上列举的体词并列性对偶、谓词并列性对偶、副词并列性对偶和平行句性对偶均隶属于英语的平行结构对偶隐喻。它们在句子中的对应表达依次为：finite disappointment and infinite hope 和 the cup of despair and the chalice of opportunity（nominal and nominal）；to rein and serve 和 support any friend and oppose any foe（predicate and predicate）；with the eyes and with the mind 和 by strength and by perseverance（adverbial and adverbial）；"Virtue is bold, and goodness never fearful." 和 "It was the spring of hope, and it was the winter of despair."（parallel sentence and parallel sentence）。相对于并列性对偶，例 25）为含有 if 条件句的从属性对偶，其对偶结构为"If winter comes, can spring be far behind?"（subordinate clause and main clause）。例 26）与例 25）一致，同样为含有条件状语的从属性对偶结构，对偶成分为"Victory won't come to me unless I go to it."（main clause and subordinate clause）。

统言之，汉英对偶隐喻可从语音、语义和句法三个维度进行对比分析。汉语对偶颇具音调和平仄变化，而英语 antithesis 唯有音的长短和轻重之分；汉英对偶的语义共通之处为对偶结构的意义反向或对立。此外，汉语对偶的语义关系还包含"正对"和"串对"两个次类。就句法维度讲，汉语对偶成分多为并列关系，而英语 antithesis 可细分为并列性对偶和从属性对偶两大类。以上我们从微观视角分析了汉语对偶和英语 antithesis，下文拟从宏观层次探究汉英对偶隐喻的哲学理据共性和文化因素个性。

第四节 汉英对偶隐喻趋同的体验哲学理据考辨

Lakoff 和 Johnson 在其《肉身中的哲学——体验心智及其对西方思想的挑

战》一书中，首次擎起了体验哲学的旗帜，创建了概念隐喻的哲学理论平台。Lakoff 和 Johnson 将体验哲学视为一种非客观主义，又名“经验现实主义”。英国学者 Rakova（2002：215-216）曾谈到经验现实主义的两个区别性特征：第一，经验现实主义可用于回答人的经验如何与概念和概念结构相关联；第二，经验现实主义强调人的身体在概念形成中所发挥的作用。经验现实主义把关于意义的论题一分为二：第一，意义从何而来？第二，意义的结构从何而来？经验现实主义认为，意义来源于人类特有的生物机能，依赖于生存的外部环境，并从中获得各种感知体验。意义的结构则源自先于概念的结构（蓝纯，2005：56-57）。一言以蔽之，意义的结构脱胎于从身体结构中获得的身体体验和物理经验（bodily and physical experience）。传统哲学观中的客观主义和主观主义均未认识到人在认识世界过程中的主观能动性与互动体验性。据此，Lakoff 和 Johnson 发展了 Dewey、Merleau-Ponty、Smith、Putnam 的心智体验观，在批判客观主义哲学观的同时，提出了与之针锋相对的经验现实主义，其包含了三个基本原则：①心智的体验性，即个体及由诸多个体组成的社团在社会活动中所形成的范畴、概念、推理等不是对外部世界的镜像的反映，而是基于身体体验的；②认知的无意识性，即认知藏身于人所能够感知到的层面之下，人的意识无法企及；③思维的隐喻性，隐喻不再是语言修辞层面的考虑，而是一种有效的人类认知手段（Lakoff & Johnson，1999：3；孙毅和张俊龙，2017：36）。Lakoff（1987：267）对“体验性”的理解是“人类共有的生物机能以及在社会环境中活动而得到的身体和社会体验”。Gibbs（2003：3）述，人自身的身体体验为语言和思维的形成提供了生存的土壤。人类的一切认知活动植根于身体与客观世界的交互作用。人类的语言和思维活动源自体验性活动，时刻把握着人的即时心智活动。Gibbs（2006：442）进一步指出，许多隐喻性思维都是具身性的，它们源自人们在话语过程中的身体体验。Falck 和 Gibbs（2012：251）谈及，身体体验在概念隐喻的创生以及人们以各种方式理解抽象事物和经验的过程中发挥着重大作用。隐喻的体验性意义可以理解为人们基于体验认知所形成的概念和思维都是由感知—运动虚拟系统决定的（Casasanto & Gijssels，2015：327）。Körner 等（2015：1-2）关于体验性的定义为：“体验性是人类的身体构造及形态、心理表征或感知运动状态在意义形成中所发挥的工具性作用。”Jamrozik 等（2016：1080）对体验认知的解释为：“人类的概念植根于感知和运动系统。”基于 Frege 的“对象”、“含义”与“语符”语义三角关系，王寅（2014：65-66）将认知语言学中语义三角的顶点下拉至底线，使得“对象”与

“语符”之间的直接联系被彻底阻断，即在“现实”与“语言”之间加入人的主观认知因素。据此，认知语言学形成了全新的“现实—认知—语言”核心原则（图 8.2）。

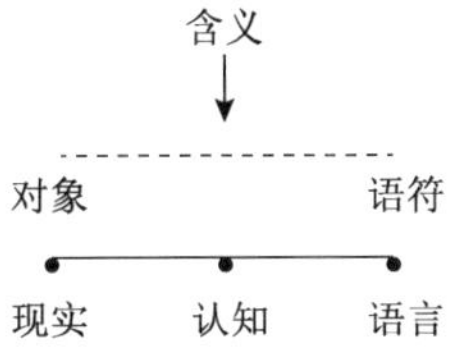

图 8.2 认知语言学“现实—认知—语言”三核心原则与语义三角对应关系图

当代隐喻学坚持“互动体验”与“认知加工”的语言观。由于人存在主观感知体验性，所以“现实”和“语言”不是直接的镜像性关联，两者间必然经过人的认知加工，人在其中的认知作用不容忽视。王寅（2013：20-21）提出，可以从两个方向对图 8.2 进行解读。从左往右视之，现实决定认知，认知决定语言，语言基于人对客观世界的互动体验与认知加工而形成；从右往左看，语言影响认知，认知影响现实，人类的语言和认知活动对社会具有一定的反作用。当代隐喻学和体验哲学一方面认为人的语言与认知具有体验性；另一方面强调主、客观互动，语言和认知具有一定的主观性。王寅（2015：9-10）认为，人类的心智、范畴、概念和推理等都是基于身体体验的，有赖于身体活动和感知运动，概念和语言都遵循着“现实—认知—语言”的基本原则。

对偶概念的隐喻性建构可诉诸各式各样的人类身体体验。人们以身体构造或具身体验为源域，借此理解抽象概念，从而形成一个个基于肉身体验的对偶隐喻。Holmes 等（2018：3079）研究得出，人类身体的生物结构为我们谈论各式各样的概念提供了内容丰富的源域，如简单概念“河口”（mouths of rivers）和“桌腿”（legs of tables）等，以及“一吐为快”（get something off your chest）和“明察秋毫”（have a nose for mystery）等结构较复杂的习语表述五花八门。西晋作家张华《杂诗》中“游雁比翼翔，归鸿知接翮”便是通过对自然事物的观察，基于生物有机体对称性的体悟催生了对偶表达：“天边的大雁和鸿雁连翅而起，比翼双飞。”从审美角度观之，人类总是把自然界中完整、对称的事物视作美好事物。自然界中成双成对的存在也符合人类的审美意趣。可见，语言不可避免地带有人的主观体验与感知的烙印。英语 antithesis 表达亦如此。两度出任英国首相的丘吉尔曾言：“I have nothing to offer but blood, boil, tears and sweat.”这里的 blood、boil、tears 和 sweat 均为人体的组成要素。施喻者借助以上四个具体的源域概念，建立不同概念域间的隐喻性关联，最终促成隐喻概念全局贯通，即“丘吉尔为了祖国和人民，能够做到‘鞠躬尽瘁，死而后已’”。可见，汉英民族的语言表达都植根于身体构造或具身体验。生活在同一世界上的不同民族者均可借助相仿的涉身体验与经历来表达抽象、无形的概念范畴。生于斯、长于斯的地球人不会因为语言符号的不同而无法交流和沟通。人体构建的趋同必然促使人们在创设语言时流露出种种一致、合拍的情形。表 8.1 中的四则实例同样为基于人类体验或身体结构而创生的汉英对偶表达，其中的源域概念依次关涉人的精神面貌、情感态度和生理构造。“行宫见月伤心色，夜雨闻铃肠断声”（白居易《长恨歌》）以思念过甚而造成肝肠寸断的身心体验为源域，看似描述行宫残月和鸣铃给人带来凄苦、孤寂等主观感受，实则表达主人公对爱人极度思念的迫切心情。“感时花溅泪，恨别鸟惊心”（杜甫《春望》）以诗人伤心、愤懑的内在情感来刻画家国破败、满目疮痍的社会境况。通过相关事件框架的建构，促成源域“痛哭流涕”和“心惊胆寒”的精神体验与靶域“花”和“鸟”等自然景物的隐喻性关联。“Give everyone thy ear, bur few thy voice. (W. Shakespeare)”以人的耳朵 ear 和嗓音 voice 来喻指“静心倾听”和“发表见解”。“To the lazy, time leaves only grey hair and empty hands. (M. Gorky)”借 hair 和 hands 两个重要的身体结构激活 an old beggar 抽象概念域，使得本无逻辑语义关系的源域和靶域实现部分语义属性的跨域激活。

表 8.1 基于身体体验的汉英对偶隐喻表达

身体对偶表达	源域	靶域
行宫见月伤心色，夜雨闻铃肠断声。（白居易《长恨歌》）	思念之苦、断肠之痛	月、铃
感时花溅泪，恨别鸟惊心。（杜甫《春望》）	痛哭流涕、心惊胆寒	花、鸟
Give everyone thy *ear*, bur few thy *voice*. (W. Shakespeare)	Ear/voice	Hearing/talking
To the lazy, time leaves only *grey hair* and *empty hands*. (M. Gorky)	Grey hair/empty hands	An old age/a needy person

语言学研究表明，人们以概念性隐喻思维来思考问题。质言之，人类的思维是体验性的（Casasanto & Gijssels，2015：334）。结合上述各例可知，汉语和英语的对偶表达之共性在于两种语言形式均基于人类的具身体验，皆为人类认识世界、对世界进行概念化的产物。客观事物多成对而生，这种“天然去雕饰”之美在语言上的表征便是对偶表达，即对应了“自然成对”的语言观。体验哲学强调人的主观认知以及与客观世界的互动体验，“体”（互动体验）和“认”（认

知加工）为人类语言和思维提供了基本条件（王寅，2018：134-135）。一言以蔽之，体验哲学为汉英对偶隐喻提供哲学依据。当代隐喻学的哲学基础，即体验哲学，可对汉英对偶结构的相通共融之处予以通盘考虑、集合处理。

第五节 汉英对偶隐喻跨语言差异性的文化模型理据疏论

隐喻是一种文化现象，是人类的一种基本认知和思维方式（Lakoff & Johnson，1980a：84）。在理解隐喻的过程中，文化因素的作用非同小可。文化模型是长期存在的、置身于每位社会群体成员潜意识中的、关涉世界的各种理解和假设之集合，是语言社团中的文化特质按照一定的内部关系所构成的协调一致的体系，为全体社会成员接受并引领其在各个领域中的行为总汇（孙毅和张俊龙，2017：38）。可见，文化模型不是个体属性，而是在一定地域范围内的一个社会团体所共享的、规约化的、具有传承性特征的文化程序或序列。不同民族间具有各异的文化模型，且不同语言映照和体现不同的文化模型内核。因此，汉语对偶和英语 antithesis 作为东西方不同语系家族中的具体语言表征，同样能够折射出汉英民族不同的文化模型，如宗教信仰、思维模式、社会观念和文学沿革等特异文化因素。

道家学派创始人老子认为世间事物皆以对偶形式而生，“有无相生，难易相成，长短相形，高下相倾，音声相和，前后相随”。在中国古代哲学家眼中，世间万物都可以分为阴阳两级，并以此来解释自然界和人类社会中一切相互对立、此消彼长的物质潜势。《易经》中的“一阴一阳之谓道”和“刚柔相推而生变化”等观点都体现了阴阳相对、正反相成的道理。清代诗人姚鼐的传世经典之一《惜抱轩全集》中提出：“吾尝以谓文章之原，本乎天地。天地之道，阴阳刚柔而已，苟有得乎阴阳刚柔之精，皆可以为文章之美。阴阳刚柔并行而不容偏废。”在此作者强调文章创作应顺乎天地之道，遵循“一阴一阳”的思想观。此外，佛教是汉民族主要的宗教传统，其思想渗透在汉语习语、典故、神话传说等各种语言形式中。而基督教在西方英语国家占据举足轻重的地位。英语民族多信奉堪称“世界第一大宗教”的基督教，相信创造世间万物的上帝的力量。所以上帝 God 一词在英语谚语中随处可见，如“Worship God everyday; not just in times of adversity.”、“God never shuts one door but he opens another.”和“God helps those who help themselves.”等，不一而足。

中国传统的辩证哲学思维催生了汉语对偶这一魅力四射的语言修辞形式。王文军（1997：31）言，哲学是人类对整个世界的基本观点和基本看法，文化形式与其依赖的哲学思维息息相关。中国传统哲学的一个显著特点是在早期就确立了辩证思维。从语言差异性角度观之，汉语的对偶体现了万物“有无相生、相形相成”的哲学思维，这也是中华文化特有的思维模式。著名的边塞诗句“少妇城南欲断肠，征人蓟北空回首”（高适《燕歌行》）巧用对偶修辞，语义呼应，形成意义上的“绝对”，表达“妻子在城南愁肠寸断，丈夫在蓟北徒然回望”。整句诗表达了诗人对沙场战士视死如归的精神的赞美以及连年战事给平民百姓带来的无尽苦痛。对偶借万物相互依赖、一分为二的属性来传情达意的特征可见一斑。汉英语言分属两大不同的语系，语言的差异性可视为民族文化差别的具体体现。结合上文可知，英语的对偶隐喻为了追求语义对立，通常极尽所能，搜肠刮肚般找寻表相对或相反意义的单词、词组等语言单位，从而形成语义对立的浅显式隐喻，如“Let life be beautiful like summer flowers and death like autumn leaves. (R. Tagore)”。与英语相比，“惜字”和“炼字”恰是汉语的典型特色。故汉语对偶隐喻往往晦涩难懂，言有尽而意无穷。

社会观念和民族心理同样影响着汉语对偶修辞的创生。《礼记》有云：“父子笃，兄弟睦，夫妇和，家之肥也。”儒家文化是中国传统文化的瑰宝，其主要体现了和谐、统一的社会理想。家庭和睦、民族和谐的家国观念在每个中国人心中根深蒂固。在这样的价值观导向下，人们形成的语言自然讲求结构对称、协调一致，在语言演变过程中逐渐就诞生了对偶表达，如“初景革绪风，新阳改故阴”（谢灵运《登池上楼》）和“一水护田将绿绕，两山排闼送青来”（王安石《书湖阴先生壁》）等。对偶辞格匀称、均衡之美充分体现了汉民族和谐一致、整齐协调的心理。而英语 antithesis，如“The fox changes his skin but not his habits. (Suetonius)”则更关注语义的对立，在一定程度上牺牲了句式或结构的对称美。

文学意象与传统也对汉英对偶隐喻产生深远影响。中国传统文学作品中的意象，如“菩提树”［“身是菩提树，心如明镜台”（神秀《神秀偈》）］、“衣冠冢”［“一去紫台连朔漠，独留青冢向黄昏”（杜甫《咏怀古迹》）］和“黄泉路”［“已知泉路近，欲别故乡难”（夏完淳《别云间》）］等都带有典型的民族和文学色彩，这些在汉语对偶隐喻中均得到充分的体现。与之相对，英语国家文学作品中刻画的人物形象同样成就了颇具民族特色的对偶隐喻，如莎剧人物 Hamlet（A play of Hamlet without the prince of Denmark）、魔鬼撒旦 Devil

（Be caught between the devil and the deep blue sea）、平庸之辈 Jack（Jack of all trades and master of none）等，不胜枚举。可以说，文学沿革对语言的形成与发展具有根本性的影响（表 8.2）。

表 8.2 汉英不同文化模型因素映照下的对偶隐喻习语表达

文化模型因素	汉语对偶习语	英语对偶习语	活性区别因子
宗教信仰	谋事在人，成事在天。	Man proposes, God disposes.	天/God
思维模式	一阴一阳，天地之道。	Each coin has two sides.	阴、阳/Coin
社会观念	能容小人，方成君子。	Pardoning the bad is injuring the good.	容小人/Not pardon the bad
文学沿革	三个臭皮匠，顶个诸葛亮。	Two heads are better than one.	臭皮匠、诸葛亮/Two heads

通过考查汉语对偶和英语 antithesis 的内部结构与运作机制，可揭示对偶隐喻的内在本质，窥见人类语言与认知的深层关系。人类共通的身体结构、生理功能和感知体验等决定了不同民族者在对偶隐喻表达上的跨语言趋同性；同时，不同的宗教信仰、思维模式、社会观念、文学沿革等因素也导致汉语和英语对偶隐喻同异并存的语言现象。综上，作为人类感知客观世界的重要方式之一，对偶辞格同样具有隐喻性，对偶隐喻是有理可依、有据可循的，可借助体验哲学和文化模型性的相关原理，对其语言符号异同对比背后的认知机制作出彻底而到位的解读和阐释。

第六节 结 语

对偶是人类通过对自然界中对称事物的观察，将其投射在语言层面所滋生的普通语言表征。汉英对偶隐喻同中有异、同异并存。共同点主要表现为：汉英对偶隐喻均可表对立或反向的语义关系；两种语言共享并列性或平行性句法结构。汉英语中对偶隐喻的差异性体现在：汉语对偶的语音形式多样，富于变化，英语 antithesis 语音形式较单一；汉语的对偶并非仅局限于“反对”，亦存在“正对”和“串对”，而这是英语中罕见的语言表征；英语 antithesis 除了并列性对偶，包含多种句法关系的从属性对偶这一独特之处不容忽视。同时，基于体验哲学的跨民族共享性哲学理据，汉英民族都将对自然界中匀称美和均衡美的主观识解作为衡量语言的标尺与准绳。因此，共通的身体体验促成两种对偶隐喻表达的协同性；考虑到宗教、思维、观念、文学等差异性因子，文化模型的异质性对汉语对偶和英语 antithesis 不同形式与意义的塑造影响极为深远。体验哲学共性与文化模型差异理据一道，能够充分而令人信服地阐发汉英对偶隐喻异同的认知机制。

第九章　禁忌语隐喻

第一节　引　　言

禁忌语简言之是指在人类交际过程中涉及他人的隐私或不雅的主题和内容。taboo 一词肇始于 18 世纪英国航海家 J. Cook（1728—1779）首先发现了太平洋群岛汤加当地土著居民的习俗并炮制的新词，意为“神圣的”和“不可侵犯的”。我国《说文解字》有简明扼要的解释：“忌，憎恶也。”“禁忌”一词最早可追溯到汉朝的史料典籍中。东汉班固《汉书·艺文志·阴阳家》：“及拘者为之，则牵于禁忌，泥于小数，舍人事而任鬼神。”

傅杰（2008：90）对禁忌语的手段进行了分析和分类，并分为修辞、语法和语用三种手段。盖飞虹（2009：76）将禁忌语从语音、修辞、形式、语法、语用五个角度进行了分类，而其中从修辞角度又可分为比喻法、模糊词法、反面着笔法、借代法、同义词替代法、典故法、迂回法等。张爱荣（2011：67）从范畴理论分析了禁忌语，认为世界上的任意事物不只属于一个范畴，而是可以同时属于多个不同的范畴，只是在不同的范畴中会属于不同的等级而已。人们在认知过程中极易将事物在大脑中形成的形象和其所属范畴的性质等同起来，即是说人们会将所禁忌的事物与禁忌语同等齐观。舒江（2011：140）指出，在禁忌语所属的语义范畴中，禁忌语可算是该范畴中最具家族相似性的典型成员，它不仅具有该范畴的原型义项，也包含该范畴内的所有原型功能。

国内外学者对禁忌语的研究已取得了很多成就，但大多仅限于如何更好地实现跨文化交际和语义学方面，大多基于修辞层面，而罕从当代隐喻学的高度来研究禁忌语的理据性，浮于表皮，未见深入。当代隐喻学认为，隐喻不仅是语言的一种修辞手段，也是一种独特的、人类所共有的、通过彼事情来描述此事物的思维方式。隐喻是人们用一个认知域内词语来了解其他认知域内词语的过程。我们拟用当代隐喻学理论，结合具体实例，在仔细划分禁忌语界域的基础上剖解现象背后的隐喻—转喻双重认知理据。

第二节　禁忌语的当代隐喻学促发本源

王艾录和司富珍（2002：31）曾述：理据是一个与语言的内部形式密切相关却又不尽相同的术语，理据是语言符号产生变化的根本原因，理据的变化也是语言内部形式发生变化的直接动因。

禁忌语从语言的形式上来看，显得随意和随机，但其中的概念仍然要受到认知规律的约束，有理有据可循。禁忌语之所以会引起人们不同的心理反应，得到不同的交际效果，是因为禁忌语是与人的认知心理密切相关的。从当代隐喻学的角度看，禁忌语的内在含义和根本动因，无法直接套用传统的语言学理论来诠释。从当代隐喻学的角度对语言理据性的研究，有助于我们把握禁忌语的意义构建，把语言研究从封闭的语言结构引向动态、开放的知识结构。当代隐喻学理论可为探讨禁忌语的发生理据提供可资借鉴的视角。禁忌语不仅是语言的重要表达形式，更是人们认识和表达抽象概念的强有力工具。

当代隐喻学是新一代认知科学和语言学结合起来的一门新兴交叉学科。当代隐喻学与传统的语言学理论不同，它提出了具有挑战性的新角度来审视语言学问题。当代隐喻学观强调了人类的经验和认知能力在语言中的作用。独立于人类认知客观真理之外的意义是不存在的，不存在独立于外部的人类认知之外的意义。

在当代隐喻学的框架里，语言被视为一种认知活动，是基于人类对世界的感知和概念化的方法来学习语言的科学。它强调使用和理解语言的过程是与人的认知能力和经验难舍难分的，语言不是一个封闭的、自给自足的系统，而是一般认知能力的有机组成部分，是一个客观的现实，综合融汇了社会、文化、生理基础、认知能力等诸多因素。

基于当代隐喻学，语言与认知都是在对客观世界的经验的基础上产生的。认知的前提是语言，语言是认知的结果。感知和表象思维是不需要语言介入的，人只是大脑中的图像。语言的使用可以促进思维的发展，能够记载和传递思想，也就是说语言是不能脱离思维而独立存在的，但语言不是思维的唯一表现形式，脱离语言的思维是可以独立存在的（赵艳芳，2001：39-41）。

在 20 世纪 80 年代崛起的当代隐喻学颠覆了传统语言学观点里的隐喻和转喻，指出了语言和认知之间的密切关系，而隐喻和转喻是人类最基本的认知机制。通过隐喻和转喻表达的语言深刻反映了认知的组织方式。隐喻和转喻是人类认知并驾齐驱的两大重要机制，也是人们概念化的基础（Evans & Green，2006：303）。隐喻和转喻是人类的生存方式，是首要的和基本的思维方式，而不仅仅是语言浅层的词语表达形式。

隐喻是表达概念的词语从一个源域向靶域的投射。靶域是一个已具备意义但尚无词语表达形式的空域，所以要向源域去借用词语来表达，于是就发生了认知域的投射现象。

通过认知的媒体的类比（analogy）和映射，两个属于不同性质和范围的事物或概念，一个认知域会与另一个认知域之间产生投射，在这个互动的过程中就整合出一个新的感知或认知。映射的结果是一个概念域向另一个概念域的映射，隐喻的意义是将源域事物的一些特征映射到靶域上。隐喻通过映射，将源域的经验映射到靶域上，从而也就达到了重新认识靶域的目的。

思维的基本运作方式是隐喻的，通过隐喻式的思维我们可将已知域映射到未知域中，继而来了解这个未知域。已知域就是源域，未知域就是靶域。

隐喻在我们的日常生活中无处不在，普遍存在于语言、思维和哲学中，没有隐喻的思考寸步难行。隐喻是人类认知世界最基本的方式，是人类思维的共同特点，普遍存在于世界所有文化之中，是绝大部分语言的基础。隐喻不仅仅是一种修辞手段，还可创造出新的意义，为看待事物开辟新的视角。隐喻是人类基本的认知手段，也是一种思维方式，是人类的基本认知工具。隐喻是用一个概念来表达另一个概念，这两个概念之间是相互关联的，而这种关系是客观事物在人类认知领域内的联想。

所以，隐喻在本质上是一种思维方式和认知风格。隐喻作为一种人类最普遍的认知方式，对人类的生存至关重要。在认识世界的过程中，人们倾向于使用熟悉的、具体的、有形的实体，以表达奇异的、抽象的、无形的思想和感情。人们的意念是隐喻的，它是通过比较产生的，这就是语言中隐喻的来源。隐喻在我们日常生活中随处可见。它不仅体现在语言上，而且体现在我们的思想和行为上。从根本上说，人类的思维过程也是隐喻性的，隐喻是人们在认识世界的过程中不可缺少的思维方式，是我们赖以生存的认知方式。当代隐喻学认为，语言的功能之一是帮助人类认识客观世界，认知主体对外部世界和内部世界的认识是体验性的。认知隐喻观用源域与靶域之间的映射关系以及意象图式来解释语言中的隐喻现象。隐喻建立在概念结构的基础上，隐喻表达是一个预先长期存在在人们记忆域两个概念域之间的映射结果。认知隐喻观认为，隐喻的本质是用对一种事物的理解和体验去了解另一种事物。从一个比较熟悉的、易于理解的源域向一个不熟悉的、难于理解的靶域产生映射，是人们通过对一个事物的认知、理解、体验来表达另一事物的过程。这个过程是概念性的，心理基础也是抽象性的。隐喻的意义是将源域事物特征向靶域事物特征的映射，通过将源域的经验、概念映射到靶域中，达到重新认识靶域的目的。

系统性的概念隐喻可助我们了解另一个概念域的概念，但这种认识是不完整的。隐喻中源域的“部分”是指对知识的理解是一个方面，而不是突出所有方面。此外，突出方面和源域是密切相关的，同时靶域的其他方面会得到隐藏或削弱。

禁忌语通常会突出一些重要方面的特征，隐藏源域的一些特征，来投射到靶域上。因为投射的系统性可以突出那些令人愉快的部分，而将那些给人带来不快的、令人尴尬的、羞愧的方面隐藏起来。

例如，不论在东方还是西方的社会中，“死亡”都是一个讳莫如深的话题。这是因为人类面对的是相同的客观世界，我们认识客观世界，是来自我们对自己的身体和日常生活经验的体验，人们的思想观念和认知经验显示出诸多共同的特点。因此，中文和英文中均不会说“他死了”或 he died，相反会不约而同地用一些委婉的间接表达。

例如，“Life is a journey, death is the end of the journey but the start of another journey”，即“人生是一场旅行”，在该隐喻中“死亡”是这个旅行的终点，同时也是另一个旅行的起点。英语出现了相应的俗语：depart this life、depart out of this world、depart from the world forever、leave the land of the living、go to/reach a better world、go out、go to heaven 等。汉语也有走了、过去了、离了、永别了、回老家、去另一个世界等。

在两种语言中，人们都将“死亡”看作是一个旅程的结束，但同时，人们寄予美好的希望：“死亡”是另一场旅程的开始。生命源域映射到靶域之上，使得人们更容易理解生命全过程，在人脑中产生更形象的概念。在该隐喻中，出生是人生旅途的开始，人生的各个年龄段对应于旅途的各个阶段，而旅途的终点即是人生的完结——死亡。

第三节　禁忌语的疆域切割

我们根据禁忌语所反映的不同内容，拟将其分为以下几个方面。

一、宗教禁忌

宗教禁忌是禁忌语的一个重要领域。宗教被认为是不可侵犯的，相关语言也被看作是神圣的。根据《旧约・出埃及记》，上帝规定人们必须遵守“十诫”，其中第三诫是 thou shalt not speak my name in vain，所以上帝的名号也成为一大忌，万万不可随便提及，否则即是亵渎神灵，犯下了不可饶恕的滔天大罪。

中国是一个崇拜多神的国家，从原始的自然崇拜、图腾崇拜到宗教崇拜，形式多样。出于种种崇拜，对崇拜的对象也产生了许多禁忌，尤其忌提崇拜对象的名字。例如，在东北长白山地区，人们将东北虎视为山神，忌提虎名，改称其为“大虫”。

华夏民族认为，神灵会保佑家庭和睦，每个家庭有许多保护神，如财神、灶神、门神等。很多人在庆祝新年时，粘贴新的神像。对于神像，不能直言“买”，而要婉曰“请”或“送”。

二、死亡禁忌

无论是中国还是西方，人们都力避用“死”字。中文的“死”和英文的 die 都很少直接出现，人们善用花样繁多的“逝世”、“驾鹤西去”、pass away、to see the God 等间接表达。

基督教认为“人天生是有原罪的”，赎清原罪才能上天堂。中国人主奉佛教和道教。佛教用“涅槃”“圆寂”等表死亡，道教用“仙逝”“羽化”“蝉蜕”“骑鹤”“物化”等表死亡。

三、疾病禁忌

人们向往健康，世界各地普遍忌讳谈论疾病。英文用 the Big C 代 cancer，中国人用“不太舒服”来代生病。“她是精神病”，英语说 she is not all there 或 she is a little confused。汉语也用“欠安”“不适”“小恙”“微恙”“头疼脑热”“不治之症”等来表疾病。

四、数字禁忌

中国人忌讳数字 4，因其发音在普通话里和“死”字相同。而 6 和 8 因谐音“顺”“发”而被人倚重。在月份中 5 是禁忌数，5 月被认为是“恶月”，5 月 5 日更是“恶月恶日”。在年龄里忌说数字 9，古谚有言：“明九，暗九，非死即病。”“明九不可怕，暗九大过天。”所谓“明九”是指带 9 的数字，如 9、19、29 等；“暗 9”指 9 的倍数，如 18、27、36 等。相较之下，西方人认定 13 是个颇不吉利的数字，避之唯恐不及。

五、称谓禁忌

中国自古即是礼仪之邦，注重尊卑等级制度。称谓禁忌深深植根于社会生活之中。受儒家思想“三纲五常”“君君臣臣”“父父子子”的深刻影响，对于帝王、圣人、长辈、官员绝不可直呼其名，须“避讳”。

中国人不能直呼祖先名号，取名时要力避祖先已用过的字或同音字、谐音字。年轻人称呼长辈，要称呼其辈分，如“爷爷”“奶奶”“父亲”“母亲”，甚至朋友间也不可直呼其名。中国惯用头衔加“姓”以表敬意，如称老师为“李老师”“王教授”。西方社会崇尚“人人生而平等”（all men are created equal），所以在称呼方面没有中国人如此多禁忌。只有少数职务可用于称呼，如 Doctor（某某医生或博士）、President（某某总统）、Judge（某某法官）、Professor（某某教授）等。欧美牧师更喜欢学生直称其名，如 Peter、Laura 等，让人感觉师生像朋友般亲密无间。

六、话题禁忌

西方重视个人隐私，打听陌生人或不熟悉人的年龄、收入、婚姻状况、宗教信仰、政治倾向是失礼的。中国人对隐私的界定一般不包括年龄、收入、财产、房租、婚姻状况、健康状况等，关于这些都可询问。

七、性禁忌

西方虽提倡性解放，但在日常生活，尤其在正式场合中，关于性行为和性器官的话题都闭口不谈。19 世纪的欧洲不能谈 breast 和 leg，甚至鸡的相关部位都不可提，仅能用 white meat 和 dark meat。如中国电影“金鸡奖”开始译为 Golden Cock Prize，但在英语中，cock 除了有“公鸡”之意外，还有“男性生殖器”的意思，是英语禁忌语，后改译为 Golden Rooster Prize。中国人对关于性的内容讳莫如深，用“房事”“云雨之事”等来代指。

八、排泄禁忌

关于人体排泄，除流泪、流汗外的内容都会令人不悦或尴尬，成了禁忌语。

“去厕所”在东西方都被涉认污秽。英语中用 answer the nature call、make/go/do number one 等，而汉语中则称为“去一号”“去方便一下”等。

九、动物禁忌

中国人普遍认为猫头鹰是一枚预示坏运气的符号。在中国，夜猫子进宅厄运将至。但在欧美，猫头鹰被认作一种智慧的象征。

同样，由于蝙蝠的“蝠”与祝福的“福”谐音，所以人们认定蝙蝠是健康、幸福的象征，有“五蝠拜寿”的吉祥话。西方人却对蝙蝠并无偏爱，蝙蝠是“两面派”“见风使舵”的代名词。英语还有 as blind as a bat 的说法，表眼力不济。

同时，在西方社会，海燕常指导致“灾难、纠纷、暴力行动”出现的人或幸灾乐祸者。

在现代社会里，因为“鸡”与“妓”同音，于是汉语以“鸡”喻人，也成了禁忌语。

汉语有“狗急跳墙”“狼心狗肺”“狗仗人势”“狗血喷人”等贬斥说法。在西方，狗被认为是人类最忠实的朋友和伙伴。“狗”在英文中多为褒义如 you are a lucky dog、he works like a dog、every dog has its day 等。

十、色彩禁忌

美国是多种族聚居社会，各种文化汇聚，也就不可避免地会发生冲突和碰撞，于是一些色彩词语会染上种族歧视。在美国，black 一词特别敏感，它与“邪恶”“罪孽”等滋生了联系，比如 blackguard、blackmark 等。

汉语许多贬义词都有“黑”，如“黑心”“黑帮”“黑话”等。同样，“白”字亦可构成贬义词，如京剧中奸佞之徒都涂“白脸”，反动派制造“白色恐怖”等。

十一、性别禁忌

性别禁忌，根本原因是性别歧视的存在。“妇人之仁”“头发长见识短”等俗语都体现了轻蔑、鄙视女性的偏见。

中国古代认为妇女是无知的、社会地位低下的。在封建社会妇女大都没有自己的名，只有娘家的姓而已，结婚后前面再附上丈夫的姓，如“××氏”。丈夫称妻子为“家里的”“做饭的”“贱内”“糟糠”。汉语还惯用“狐狸精”来述狡猾、行为不轨的女性。

英语中性别歧视同样俯拾皆是，如很多英文单词都由 man 构成，尤其对一些行业命名时，如 policeman、fireman、chairman、congressman、mailman、salesman 等，强化男士性别优势的同时，也否认了女性在社会中的价值和贡献。

十二、种族禁忌

少数裔美国人在历史上曾饱受歧视。如非洲裔 nigger、意大利裔 dago、犹太裔 kike、波兰裔 Polack、华裔 Chink、日裔 Jap 等均属禁忌语。

中国作为一个汉族为主的多民族国家，历史上存在对少数民族的歧视和排斥，如“蛮夷”指落后的民族。

十三、体貌禁忌

在描述或评价人的外貌长相时，汉英语言中都会避免使用贬义的词语。中国人等习惯以“心灵美”“看起来很舒服”来形容外貌一般的人，英语中往往用 plain、ordinary 等。

在描绘人的体型时，常用“丰满”“富态”等来代不太标准的身材。英语常用 plump、chubby 等来表肥胖。此外，出于对残疾人的尊重，人们往往避免使用“瘸子”、“瞎子”、“聋子”、cripple、lame 等字眼，取而代之的是“腿脚不方便”“弱势群体”等表达。

由图 9.1 可见，禁忌语是语言使用中协调人际关系的一个重要手段，是人类语言中的一个普遍现象，是各个民族、不同时代都采用的表达手段。

图 9.1　禁忌语类型学疆域

第四节　禁忌语隐喻趋同性的体验哲学理据

体验哲学认为，我们的范畴、概念、推理和心智并非外部现实客观的、镜像的反映，而是由我们的身体及涉身经验塑成的。人类推理的最基本形式依赖于身体与环境的互动，提供了日常推理的认知基础。刘放桐（2000：53）认为，“人们的任何概念、判断、表象都是出于人们的需要、激情、本能、倾向，是非理性的主体加工改造的结果……任何认识不可能是纯粹的，而总是与人的某种利益和需要相关，服从人的目的”。我们的祖先从认识自己开始了解世界，因此身体部位是我们形成若干抽象概念的主要基础，成为人类原始思维的出发点，也是人类最重要的隐喻源。因此祖先的思维具有“体认”特征，常把人的身体和经验作为衡量周围世界的标准。古希腊哲人 Protagoras 指出，“人是万物的尺度”，初民是通过以己变物创造想象的概念来认识世界的，他们把自身或经历过的事物的特征映射到其他事物，以非逻辑的体验方式隐喻地表达了“想象性真实”，同时又通过隐喻把体验来的认知图式提升为概念、范畴等理性思维形式，从而产生了逻辑。当他们面临全新的事物时，又以这种先前来源于隐喻的逻辑，根据类比的思路来理解它，因此，从已知（自身式体验之物）到未知，再从已知（想象性真实）到未知，这样螺旋式的认知上升始终以隐喻为驱动力，也就是说，隐喻具有建立概念、逻辑甚至现实的认知功能，它帮助人不断拓展认知的领域和纬度（张沛，2004：214）。

在对汉英禁忌语进行对比时，不难发现在禁忌语整体相似的“外观”下，其实却根植不同的“内涵”，可通过汉英禁忌语的比较，发掘中西文化语言间的共性。从相似的外表入手，可以挖掘出汉英民族深刻的文化差异。

英美国家的文化长期以来都认为避免禁忌语是社会文明的象征，但事实上，无论是从概念还是从起源上来看，禁忌语是西方国家和中国都有的文化现象，具有相似的文化内涵，只是禁忌语的形式和内容略有不同。虽然国家和种族存有差异，但趋吉避凶、相互尊重是人类的共同心理。人们也就不约而同地避免使用那些与自己日常生活、工作有关的不希望发生的事情有关的词语。近年来，随着东西方交往的日益频繁，禁忌习俗也在争相互动，类似的禁忌语也越来越多。禁忌语在中文和英文的文化内涵上表现出显著相似性。

西方人虽热烈开放，但是对于“性”还是严肃的，涉及与体位和性的语言很少直言。因此，日常交流中很少使用 making love、having sex 等语词。20 世纪

70年代，美国虽然兴起了性解放运动，但还是会委婉使用making love、having sex、homosexual 等词语。将同性恋者称为 friends、roommates，不提 prostitute 而说 woman of streets 等。在汉语中，人们用很模糊的“小弟弟”“下身”“那东西”来指代男性性器官。

第五节 禁忌语隐喻分野性的文化模型理据

束定芳（2000：2）指出：“中国学者对隐喻研究的真正贡献恐怕应该是通过对汉语隐喻特征的研究和考察，通过对汉语隐喻与其他语言中隐喻的对比研究，为建立隐喻的一般理论提供更为有力的、甚至是独特的依据。”世界语言的应用存在着“求同”和“存异”两个趋势：一方面，人们尽量采用国际性或地区性的共同语，以利于本民族或本国文化和经济发展，即“求同”；另一方面，各族人民又愿意使用和发展自己的语言，有利于有效地提高和发扬本民族文化，即“存异”。龚光明（2012：135）提出：“民族语言是民族文化中最基础最核心的部分，民族文化的成就通过本族语来积累，民族的文化创新也主要由本族语来完成。异民族异文化之间的交往主要通过语言之间的转译来进行，语言转换必须凭借修辞（修辞理解与修辞表达），而修辞手段的运用与修辞方法的采纳则又受修辞心理的驱策，双语修辞因而突出地表现出民族心理的异同。”

在隐喻铸成过程中，不同的文化背景会起制约导向的功用。概念的投射有客观的输入，也受到主观的影响，类似的隐喻同时又染有自己独特的文化色彩。文化背景和思想观念上的差异促使人们用不同的源域去描述和解释同一个陌生、复杂或抽象的事物，折射出观察事物不同的角度，反映出各自的看法和观点。耿占春（2007：4-5）指出：“在语言和文化的衍变中，隐喻永远不变地驾驭着这个基本的真理：人与自然的统一。隐喻在人类的精神存在中，牢牢地保留着人与自然的原始关联。隐喻以此种方式包藏着诗，美与真理。诗是以隐喻为基础的，那么诗也就是以最古老的真理为基础的。在人类对自身和世界的探索中，诗仅仅呼唤这个最基本的真理。人和自然的原始同一性或统一体，是神话、宗教、哲学和科学所追索的基本真理。这个‘同一性’和‘统一体’，作为一种体验，作为情感方式，作为信仰，作为理论的范畴，存在于文化的各种形式中。隐喻和隐喻思维是人类古老生活——宗教、仪式、巫术、习俗、信仰的基础。”

禁忌语作为一种文化现象，它是依托在一个民族背后深厚的文化蕴涵中的。

汉英禁忌语的相异之处的流源在于其文化的分野。民族性也称为特异性。一种语言是一个民族独特文化的反映，文化的不同也是通过语言的差异体现出来的。禁忌语就是一个鲜明例证。禁忌语中包含了一个民族所特有的传统文化，而不同民族的文化则会保留自己的特点。

东方和西方的传统习俗、社会风尚、价值观和生活方式，以及历史背景不同，因此产生了不同的禁忌语。这些禁忌语的差异有内容上的也有形式上的。

英语国家和中国相较，在宗教、暴力和妇女解放方面的禁忌语要多些，他们在日常生活中关于个人隐私问题的禁忌语也相对要多一些。而在中国，人们往往将禁忌语的重点放在称谓上。另外，中国人特别敏感的主题，例如“性”方面的内容，禁忌语也较多。

自汉代“罢黜百家，独尊儒术”以来，受到儒家思想和绵延几千年的封建君主制统治的影响，中国社会形成了一个完善的、封建程度极高的森严的等级制度。封建统治者使用儒家封建礼教来维护等级制度和封建的人伦关系，汉语里也就保存了大量表尊卑贵贱之分的禁忌语。

同中国漫长的封建统治相比，西方社会的启蒙较早。《圣经》中就有人人生而平等的记载，自 1688 年《人权宣言》发表以降，这一观点更是深入人心。西方社会崇尚个人价值的平等，公认每个人享有同等的权利，孩子和长辈之间、上下级之间并没有等级之分；追求个人的自由和民主，强调个人的价值和作用。每个人都有权利维护自己的合法权利，同时也反对侵犯别人的权利，人与人之间的关系是理性而平等的。因此，在英语中，也就没有那么多关于称谓的禁忌语，更多是以名字相称，也更加注重保护隐私，反对他人侵犯自己的家庭。

第六节 结　　语

本章在简要回顾和介绍东西方语言中禁忌语这一普遍现象并对其进行详尽分类的基础上，着重笔墨在使用当代隐喻学中的隐喻与转喻理论剖析汉英禁忌语，并以此为契机充分阐发了汉英禁忌语的异同及其诱因。

第十章　通感隐喻

第一节　引　　言

英语中的“通感”（synaesthesia）一词源自希腊语的 syn-和-aesthesia，分别意为“一起”“与”“融合”和“感觉”，合意为 together perception（共同感觉）。西方应用和研究通感的历史十分悠久，早在公元前 300 年古希腊哲学家 Aristotle 在其《心灵论》（*De Anima*）中即曾提到声音有 sharp（尖锐）和 heavy（钝重）之分，而这一两分是“通过类比由触觉得来的”（used by analogy from the sense of touch）。《牛津英语词典》（*Oxford English Dictionary*）把通感定义为：“Synaesthesia is terms relating to one kind of sense-impression that are used to describe sense-impression of other kinds.”（通感指运用有关某一感官印象的词项来描述其他感官印象）

西方有关 synaesthesia 内涵的这种界定与汉语中通感的提法有惊人的相似之处。尽管“通感”作为一个修辞学术语直到 1962 年才由钱钟书在《通感》一文中从西方引进，但其实汉语中通感的使用由来已久。汉语中的“通感”也叫“移觉”、“联觉”或“感觉挪移”，就是让人的听觉、视觉、嗅觉和触觉相通……让某个器官的感觉移到一个或几个器官上，凭借相通的感觉相互映照，达到刺激审美想象，渲染意境的目的（刘英凯，1990：499）。《礼记·乐记》载：“凡音者，生人心者也。情动于中，故形于声，声成文，谓之音。”即是说情发于声，声音是人们内在情感表现于外的结果。佛家曾讲究“六根互用”，即听觉、视觉、嗅觉、味觉、触觉、意觉互相作用。《列子·黄帝篇》所云“眼如耳，耳如鼻，鼻如口，无不同也，心凝形释”讲的正是这几种感觉相通的道理。《辞海·中册》将通感定义为：“人们日常生活中视觉、听觉、触觉、嗅觉、味觉等各种感觉往往可以有彼此交错相通的心理经验，于是，在写说上当表现属于甲感觉范围的事物印象时，就超越它的范围而描写成领会到的乙感觉范围的印象，以造成新奇、精警的表达效果。”

第二节 认知隐喻视野中的通感研究

传统修辞学对通感的研究始终徘徊在语言形式表面，囿于语言系统内部，主要侧重于对通感概念、类型、语言运用特点、修辞功能、艺术效果、与其他辞格异同及兼用情况等方面的探讨。随着现代心理学尤其是认知心理学的诞生，学者开始从更广阔的视角探索通感的运作机制，通感研究从而迈入了崭新的认知时代。

人类的认知总是遵循以自我为中心、由近及远、由浅入深、由具体到抽象、由已知到未知、由自我到非我的发展规律，而认知的深化和发展在相当大程度上是依赖于隐喻机制的。认知语义学者 Lakoff 和 Johnson 在其 1980 年的巨著《我们赖以生存的隐喻》中首次构建起“概念隐喻理论”的框架，从而引发了学界对隐喻机制热烈而富有成果的讨论。作为人类感知、认识客观世界的一种重要手段，通感也是一种隐喻，包含着隐喻性的认知和思维过程。通感是用属于乙感官的概念去表达属于甲感官的概念，从某一感官范畴的认知域通向另一感官范畴的认知域，以具体的形象来抒发情感、阐明道理。

人们对某些有关联的事物经过反复感知后，大脑中就会形成一种对此类事物的抽象认知模式，Lakoff 称这种构建于事物之间基本关系基础上的认知结构为动觉意象图式（kinesthetic image schema）或简称为意象图式。通感形成的心理基础在于不同的感官对客观事物进行感知时内心产生的相同经验或感觉，而这些经验和感觉的表达又依赖于感官意象图式。人们将某个感官域的感官意象图式映射到另一个感官域，通感便应运而生了。

通感隐喻看似新奇，捉摸不定，但绝非仅凭想象将几种感觉随意切换就能创造多感观的意象，其中的概念结构仍然要受认知规律的制约。Ullmann（1964）对 19 世纪的文学作品中的通感进行了调查和分析，结果发现 2000 个通感例子中有 80%呈自下而上的等级分布（hierarchical distribution）。换言之，在通感隐喻意义建构与阐释的过程中，感觉的移动方向主要是由低级向高级，由简单向复杂，从强可及性（accessibility）向弱可及性逐级过渡。Ullmann 依据调查结果将六种感觉依次排列为温觉、触觉、味觉、嗅觉、听觉、视觉（图 10.1）。

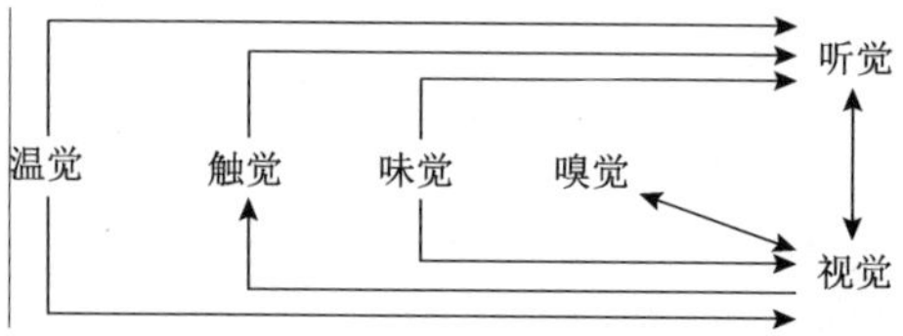

图 10.1　通感隐喻中感官特征挪移的等级分布

资料来源：转引自 Lass（1999：445）

在通感中人们往往运用较低级感官中的概念去表达较高级感官中的概念。低级感知器官是人类接触自然界最具体、最根本的器官，与自然界接触更为频繁和密切，因而更容易激活大脑内的相关经验。触觉在人类感觉系统中属于最低级的感官，更富于质感，也更为具体形象，因而经常用于描述视、听、嗅、味诸感官的感受。例如，汉语说“刺骨”，但也说“刺眼”“刺耳”；英语说 a piercing chill，也说 a piercing look/voice 等。

第三节　汉英跨语言对比视域下的通感研究

迄今为止，通感的当代隐喻学研究一方面仅限于英语语言的通感概念探究，较为系统的跨语言研究尚不多见，另一方面尚未出现一套广为接受、令人信服的阐释通感隐喻的认知模式。为了弥补这些显著的缺陷与不足，有必要在搜集和归纳大量通感隐喻表述的基础上，对汉英通感语言系统的异同进行梳理和分析，并对其植根的体验哲学与文化特异性的深层次原因进行延伸性探索。首当其冲的是要从汉英对比的跨语言视角就 Ullmann 所考察过的温觉、触觉、味觉、嗅觉、听觉、视觉等几种主要的通感类型逐一予以考察。

一、温觉

从触觉衍生出来的“温觉”与视觉、听觉之间存在着一种天然的联系。一方面，人们可以采用皮肤的温觉去类比眼睛的视觉。汉语有“冷色”和“暖色”；英语有 cool/cold colors 和 warm/hot colors。李贺《蝴蝶飞》中的“杨花扑帐春云热”，由“春云”这一视觉形象引起了“热”的温觉感受。另一方面，人们在温度的冷暖和声响的强弱交织中能够体验到某种特质，用温觉的感受来衍推听觉的感受。汉语有“冷寂”“冷静”，英语有 a hot debate、warm congratulations。刘长卿《秋日登吴公台上寺远眺》中的“寒磬满空林”即是以温觉上的“寒”来描写听觉上清远的磬声，人们通过听闻声音即可对磬的“寒意”产生相应的联想。此外温觉又跟味觉相连，于是汉语有“冷淡”和“热辣辣”的说法；英语 hot 则由“热的”直接转为“辣的”，如“Thai curry tastes hot.（泰国的咖喱菜很辣。）”中温觉映射到味觉。

二、触觉

触觉和听觉能够相互挪移，摸的感觉可以听到，听的声音可以摸到，触觉与听觉从而形成了某种“对应”。朱自清的《桨声灯影里的秦淮河》里写道“但是远远的，远远的歌声仿佛隔着重衣搔痒似的，越搔越搔不着痒处”，其中“搔痒”与“歌声”之间便是一种触觉向听觉的迁移。“A crow's long scratch of sound/ begins this valley's day... (J. Ciardi)”中，听觉向触觉挪移，乌鸦凄厉的叫声回荡在空旷的山谷中，使人的心头掠过一丝异样的不祥之感。

视觉通于触觉是把视觉感受与触觉感受相沟通，视觉转触觉，使看的东西摸出来。碧野在《天山景物记》中叙：“山色逐渐变得柔嫩，山形也逐渐变得柔和，很有一伸手就可以触摸到嫩脂似的感觉。”光洁而白润的山峰给人以抚摸凝脂般的触感。诗句“... And into the Ram, when weeks of cloud/ Have wrapt the sky in a clammy shroud. (Thomas Hardy: *The Year's Awakening*)”中，遮天蔽日的浓云如同湿冷的尸衣，形象奇特而诡异。

三、味觉

味觉与听觉之间的通感即是把适合刻画味觉的词语用来描写听觉，听觉和味觉“联通彼此”。茅盾在《子夜》中写道：“杜学诗这话可更辣了，他那猫脸上的一对圆眼睛拎起了，很叫人害怕。”听觉意象“话”转换成味觉意象“辣”，增强了作品的感染力。在《威尼斯商人》“With sweetest touches pierce your mistress ear, and draw her home with music.”中，sweet 为味觉形容词，用来描绘听觉的名词 touch，使听觉和味觉相通，把女主人依依不舍的情形淋漓尽致地勾勒出来。

味觉与视觉相通，是把属于味觉的词语移用到视觉上，或把隶属视觉的词语移用到味觉上。穆仁在《调皮的笑》中写道：“一个顽皮的笑，可真耐人咀嚼，许多天过去了，我还未解清味道，让它像颗冰糖，慢慢融化在心上，如同甜丝丝的泉水，悄悄在岩层下流淌。”视觉上无味的“笑”摇身一变为甜美的“冰糖”

和“泉水”。J. Keats 在《安狄米恩》（*Endymaison*）中吟：“The same bright face I tasted in my sleep,/ Smiling in the clear well./ My heart did leap through the cool depth ...”句中描写情人那张动人的脸，似乎可以 taste（品尝），以味觉替代视觉。

四、嗅觉

由于口鼻相通，嗅觉与味觉的感受难解难分，经常“串通一气”。汉语中“味”和英语中 flavour 均囊括了嗅觉和味觉；汉语中“香甜”和英语中 sweet 也兼容了嗅觉和味觉。“香艳甜蜜，无限浪漫”是一则香水广告，以味觉“香甜”来烘托气息的浓郁。济慈诗歌《夜莺颂》（*Ode to a Nightingale*）中有：“I cannot see what flowers are at my feet,/ Nor what soft incense hangs upon the boughs,/ But, in embalmed darkness, guess each sweet ...”（我无法看清是哪些花在我的脚旁，/何种软香悬于高枝，/但在温馨的暗处，猜测每一种甜蜜……）弥漫在夜色中甜甜的花香吸引诗人到了一种不知名的花前，读者仿佛也一道嗅到了芬芳的香气。

此外，嗅觉又常与听觉相通，这种通感是使听觉感受和嗅觉感受相互挪移，使嗅觉串连到听觉中，听觉串连到嗅觉中。陆机《拟西北有高楼》曰：“佳人抚琴瑟，纤手清且闲。芳气随风结，哀响馥若兰。”诗人用兰花的幽香来形容哀怨的琴声，嗅觉迁移到听觉。O. Wilde 的独幕剧《莎乐美》（*Salome*）“His voice was a censer that scattered strange perfumes.（他的嗓子是香炉，散发着奇特的芳香。）”中嗅觉映射到听觉，声音 voice 与嗅觉感知的 perfume（香水）相通，使人听其声如闻其香。

五、听觉与视觉

视觉与听觉互相沟通，视觉获得了听觉的感受，视觉领略到听觉的印象。韩愈在《听颖师弹琴》中把琴声描写为“浮云柳絮无根蒂，天地阔远随风扬”，将琴声转化为可睹可辨、随风飞扬的“浮云”和“柳絮”，使人从视觉里获得听觉的享受。英国著名诗人 A. Meynell 笔下的“Brief, on a flying night,/ From the shaken tower,/ A flock of bells take flight;/ And go with the hour. // Like birds from the cote to the gales,/ Abrupt-Ohark!/ A fleet of bells set sails,/ And go to the dark.// Sudden the cold airs swing,/ Alone, aloud,/ A verse of bells takes wing/ And flies with the cloud.”中，听觉意象转换为视觉意象，钟声的声声不绝，如鸟群首尾相随，如船队艘艘相接，连贯有序，向杳渺的天际飘弋而去。

六、多种感官联通

需要指出的是，除了单一感官之间的相互转化外，也常常出现多种感官杂糅在一起的多重复合映射。西汉戴圣编的《礼记·乐记·疏》是这样来描写歌声的：“故歌者，上如抗，下如队（坠），曲如折，止如槁木；倨中矩，勾中钩，累累乎端如贯珠。”这里起伏婉转的歌声“高举、落下、槁木、合于规矩、一串串珠子”，令视觉、触觉、动觉、听觉等形象沟通联络起来，给人以强烈的立体感。英国诗人 A. Symons 笔下的“Soft music like a perfume and sweet light/ Golden with audible odours exquisite/ Swathe me with cerements for eternity（柔软的音乐声飘逸着芳香幻化成甜美的光，金光闪闪让人听来品味出极精美的味道，包裹着我让我沉寂在永恒之中）”中，触觉（soft）、听觉（music）、嗅觉（perfume）、味觉（sweet）与视觉（light）紧紧缠绕在一起，绝佳地表达了听罢肖邦乐曲后的奇妙感受。

第四节 通感隐喻跨语言普遍性的体验哲学理据

Lakoff 和 Johnson（1999：10）以“新经验主义”为界标，把认知科学划分为两个时代。第一代认知科学起源于 20 世纪 50 年代，继承了传统的英美分析哲学的大部分观点，以理性主义为哲学基础，严格坚守客观主义和“二元论”阵地，把人的推理能力与感知动能割裂开来，认为推理具有自制能力和非隐喻性。这种哲学观剔除了思维中的隐喻性，严重低估了体验和隐喻对思维的作用，注定是贫瘠的。1980 年出版的《我们赖以生存的隐喻》不仅向读者展示了一个“隐喻无所不在”的世界，还反思了隐喻与思维的关系，为后续研究铺平了道路。在 1987 年出版的《女人、火和危险事物》（*Women, Fire and Dangerous Things*）中，Lakoff 列述了西方客观主义传统哲学的若干弊病，提出了非客观主义哲学理论，论述了当代隐喻学的哲学基础，对新经验主义做了较为详细的论述。Lakoff 的观点非常明确：身体是一切精神之基础，因此“人类概念系统是人类经验的产品，而这些经验来自身体”（Lakoff 1987：267）。1999 年 Lakoff 和 Johnson 再度联袂，在《肉身中的哲学——体验性心智及其对西方思想的挑战》中，尖锐地批判了统治西方哲学界几十年之久的、基于客观主义的第一代认知科学，全面阐述了新经验主义的基本原则和重要观点并正式提出 embodied philosophy 的理念，王寅（2001：45）将其译为“体验哲学”。Lakoff 和 Johnson（1999：4）认为：理性并非如传统哲学认为的那样是非体验的，而是源自我们的大脑和身体经验的本性。这本集十多年研究之大成的著作动摇了统治西方哲学界两千多年的理性思维观，把认知科学引领入一个崭新的时代。

体验哲学强调心智的体验性。人类的心智和认知始于范畴化，概念系统是根据范畴组织起来的，范畴化是范畴和概念形成的基础，范畴和概念是范畴化的结果。然而范畴、概念并非外部现实客观、镜像的反映，而是体验感知化的、带有主观色彩的。1999 年 9 月 3 日，Lakoff 在回答《锋锐》（*Edge*）杂志记者 J. Brockman 的提问时说“基本范畴（basic-level category）的结构源于完形感觉（gestalt perception）、心理意象（mental imagery）、动觉图式（motor schema），因此身体与动觉系统（sensor-motor system）决定了我们的认知体系”，即概念结构源于感知动觉经验和引发感知动觉经验的神经结构。人类日常体验形成高度程式化的关系（如意象图式），在此基础上，通过隐喻等认知策略构建其他范畴和概念（包括抽象概念），形成包罗万象的范畴系统和概念系统。Ungerer 和 Schmid（2001：278）指出：“语言中词语所表达的意义及其使用，取决于人们对周围真实世界的感知和范畴化。”通过词汇化，范畴和概念被固定于语言中，因此语言也继承了范畴和概念系统中的体验性、隐喻性基因。

体验哲学还强调思维的隐喻性。在“近取诸身，远取诸物”的认知方式牵引下，诸多概念隐喻均未能逃逸出人体体验范式。人类感知动觉系统建构了丰富多彩的体验格式塔和意象图式，这些带有“体认”特征的介质存储于人脑工作记忆或长时记忆中。人类认知能力具有局限性，认识抽象事物可能遭遇指称瓶颈（representational bottleneck），同时人类认知能力也具创造潜能，依据抽象事物引起的联想，人类能够调用工作记忆或唤醒长时记忆中的体验格式塔和意象图式，并将其嫁接，或称超级压制（superimposition）于抽象事物认知域。鉴于此，体验格式塔和意象图式成为日常感知动觉体验与瞬间概念思维间的连接介质。这个以感知动觉体验了解抽象概念的过程涉及复杂的认知运作和神经加工，属于认知的后台操作，是无法被意识到的。此认知过程表现在语言表层就是隐喻表述。完形感觉、动觉图式、心理意象通过跨域投射直接生成了抽象概念。隐喻把日常体验和抽象概念桥接起来，沟通了主体“自我”和客体“抽象概念”。隐喻思维以人体作为缓冲媒介，降低了抽象事物对人脑造成的认知冲击，卸载了人脑的认知负荷，卓有成效地促推了人类对抽象事物的认知，是一种经济有效的认知方式。

西方体验哲学观与中国先贤的观点有相通之处。中国的八卦折射出人类以体验为中心的隐喻思维。王寅（2006b：171-177）系统梳理了《易经》所体现的语言观后指出，《易经》明白无误地指出了语言的体验观，与当代基于体验哲学的认知语言学的思想十分相似，具有很强的说服力；再如，荀子（约前 31—前 238）提出“凡以知，人之性也；可以知，物之理也”（《荀子·解蔽》），即人有认识世界的能力，而事物有被认识的属性。从“名”形成的过程来看，荀子还提出“心有征知。征知，则缘耳而知声可也，缘目而知形可也，然而征知必将待天官之当簿其类然后可也”（《荀子·正名》），即认识事物要经过“五官薄之”和“心征之”两个阶段。荀子认为，人借助“天官”即“耳、目、鼻、口、形”获得对事物的感性认识，然后再通过“天君”即“心”来纠正“天官意物”之蔽，通过“心”对感觉材料进行分析，辨别和验证可以正确辨别事物的异同，共同约定事物的名称。同时，荀子强调“五官薄之”和“心征之”两个步骤是相互依赖的。

综上所述，体验哲学认为一切抽象概念均可由具体概念构建，人体本身是抽象事物概念化的素材资源库。体验哲学主张隐喻认知观，认为隐喻是形成概念系统的必然方式。Lakoff 和 Johnson 提出人类体验（包括身理体验和文化体验）孕育了所有类型的概念隐喻。以人体感知动觉体验为源域，通过隐喻映射建构抽象概念，是人类认识抽象事物的普遍方式。

通感隐喻不仅局限于语言的范畴之中，而且尤其对深入探讨人类如何看待世界的意识形态及研究思维性质的哲学探讨具有重大而深远的意义。传统哲学路径中的客观主义和主观主义均忽略了人们通过与外部世界的交互来理解认识周围事物和自身的事实。Lakoff 和 Johnson 大力批判作为西方传统哲学根基的客观主义，强调以身体经验和认知加工为出发点来研究范畴、概念、推理、语言等的形成过程，引起西方学术界的巨大轰动（王寅，2006a：23）。Lakoff 和 Johnson 开宗明义地列出了当今认知科学从根本上动摇了两千多年来关于理性思维的三大根本发现：①心智原本就是基于身体的；②思维大都是无意识的；③抽象概念大部分是隐喻性的。人类的范畴、概念、推理和心智并不是外部现实客观、镜像的反映，而是由人们的身体经验特别是感觉运动系统形成的。人类的祖先从认识自己开始认识世界，常把人的身体和经验作为衡量周围世界的标准，具有“体认”特征（王寅，2006a：22-27）。体验哲学主张隐喻认知观，隐喻是形成概念系统的需要，大部分抽象概念是通过隐喻来建构的，“抽象的概念来自较为直接的基于身体概念（感知概念和肌肉运动概念）的隐喻性映射”（Lakoff & Johnson，1999：497）。隐喻是身体、经验、大脑和心智共同的产物，只能通过体验来获取。基本隐喻具有以下三个方面的体验性：①源域来自身体的感知运动系统；②靶域与源域之间的对应或关联（correlation）源于人在现实世界中的生活经历；③对应关联通过神经联系在体内形成。通感作为一种特殊的隐喻，是人体体验中最为核心和普遍的方面之一。

通感现象具有神经生理学和神经心理学基础。由于视觉、听觉、嗅觉、味觉、触觉五官相通，人类对任意两类感官感知的经验是相似的，这决定了从相同生理机制中抽象出来的感官意象图式也是相似的。同时，对一种感觉器官的刺激造成了与另一种感觉器官有联系的心理效果，某一感官所受到的刺激会给另一感官带来类似的感受，这种感觉挪移在人类世界中也具有共通性。如 sweet voice 与“甜嗓子”中的味觉和听觉相联、icy look 与“冷漠的眼神”中的触觉和视觉贯通、sharp cry 与“尖叫”中的触觉和听觉挪借、sour remark 与“酸溜溜的发言”中的味觉和听觉移位、oily-tongued 与“油嘴滑舌的”中的触觉和味觉交互等等，不一而足。再以表声音的语汇为例，不同民族、不同语言的人通过听觉感受器所感受到的声音的音色和音量并没有本质的差异。loud 和“闹”均可指“喧嚷的”“嘈杂的”，英语中的 a loud necktie（花哨的领结）、loud shirt（抢眼的衬衫）和汉语中“轻风忽近扬花闹”的诗句均是由听觉映射到视觉，赋予无声的事物以声音的波动，共同抽象出“繁盛、炫目”的意象图式。又如英语中的 soft 与汉语中的“柔”相对应，由表“温和细腻”的触觉感受所抽象出来的感官意象图式也是极其相似的，将此触觉感观映射到听觉感官则生成了英语中的 soft voice 和汉语中的“柔声细语”，映射到视觉器官则产生了英语中的 soft colors 和汉语中的“柔色以温之”（《礼记·内则》）。再如英语中的 sharp 有 a sharp pin、sharp ears、sharp voice、sharp smell 之说，与此对应的汉语中的“尖”字亦含“尖刀”“尖顶”“眼尖”“手尖”“鼻子尖”“耳朵尖”“舌头尖”“尖声尖气”等语汇，有异曲同工之妙。“体验”是通感隐喻的基本特征，无论人对客观事物持什么态度，人自身都能直接体验到，离开了体验就根本谈不上通感隐喻。通感隐喻表达式普遍性的理据即在于其体验性基础。

第五节 通感隐喻跨语言个体性的文化模型动因

Croft 和 Cruse（2004：329）指出，当代隐喻学研究长期以来把注意力集中于心理表征和认知过程，近年来才开始从话语和功能的角度研究语言。回顾当代隐喻学几十年来的发展历程，虽然社会文化因素并非研究主线，但是也不乏璀璨星光，诸多学者强调运用多种方法收集并深度分析语言数据，提倡把文化契合到当代隐喻学研究中，以揭示文化模型的本质，探索语言的跨文化差异：Lakoff 和 Johnson（1980a：22）提出“一种文化中最基本的价值观和这一文化中的最基本概念与隐喻结构相一致”，“我们的价值观并非独立的，必须形成与我们赖以生存的隐喻概念系统相一致的体系”。Lakoff 和 Kövecses（1987：195-221）以英语 anger 为例，探索了认知模型背后的文化理据。Quinn（1991：56-93）阐释了隐喻中的文化根基（the cultural basis of metaphor）。1996 年 Lakoff 出版专著《道德政治：保守派所知而自由派所不知》（*Moral Politics：What Conservatives Know That Liberals Don't*），全书试图客观地研究社会、政治因素促生的概念隐喻，运用隐喻模型分析各种相左甚至完全相悖的世界观。Lakoff（1996：54-55）尤其以两个常见隐喻 work reward 和 work exchange 为例分析劳动者与雇佣者间的矛盾对立，阐释了隐喻生成的社会基础。Palmer（1996）的专著《文化语言学理论探索》（*Toward a Theory of Cultural Linguistics*）将当代隐喻学和人类学进行整合，力求探索一种新的文化语言学理论，以解决人类学研究的传统问题。Palmer（1996：66）指出，词汇与图式（schema）紧密相关，词语的使用反映了图式结构，而图式结构直接指向文化现实（cultural practice）、制度（institution）、信仰（belief）和价值观（value）。Kövecses（2005：283-292）在对隐喻变异的文化和认知动因进行深入剖析的基础上提出身体体验、认知、社会文化是构建隐喻的三大动力体系，三者相互促进、彼此牵制。我国语言学研究秉承了与文化联姻的传统，如戴昭铭（1996：21）指出，“语言中充满了民族的文化精神和文化心理，是一个民族世界观的体现”，“分析和研究语言，就是要……分析和研究语言中所体现的特定民族的文化哲学、文化思维、文化风俗、文化心理和文化史实”。又如苏新春（2006：57）认为，“在人文的生态环境下，语言不可能是一种纯净物、超然物，它必须也是一种文化环境影响下的产物。语言的形式与内容，生存样态与演变规律，也都需要在文化的背景下作出思考”。

将文化纳入当代隐喻学研究顺应了当代隐喻学的发展潮流，有利于认知科学的纵深发展。哥本哈根大学的 Peter Harder 在“语言、交际与认知”大会（2008 年 8 月 4—7 日）上举起“当代隐喻学的社会转向”的大旗。第 34 届国际 LAUD 研讨会（34th International LAUD Symposium）（2010 年 3 月 15—18 日）以“认知社会语言学：语言变异的结构、概念和文化维度”为主题，再次把“社会转向”作为当代隐喻学研究的焦点。中国认知语言学研究会会长束定芳（2000：17）一直重视认知语言学研究的社会维度，强调隐喻可以提供看待事物的新视角，呼吁加强跨文化隐喻研究。可以说，在当代隐喻学界，已有越来越多的研究者把兴趣转向了语言的社会维度，关注语言变异。文化是人类社会历史实践过程中所创造的物质财富和精神财富的总和，包括价值观念、思维模式、审美心理、风俗习惯、社会制度、宗教信仰、物质产品等诸多因素。社会文化是文化的子范畴，倡导当代隐喻学的社会转向亦即倡导当代隐喻学的文化转向。

19 世纪英国杰出的人类学家 Sir E. B. Tylor（1832—1917）在《原始文化：神话、哲学、宗教、语言、艺术和习俗发展之研究》（*Primitive Culture: Researches into the Development of Mythology, Philosophy, Religion, Language, Art, and Custom*）中把文化看成一个包括从人的知识信仰到能力、习性在内的复合整体。20 世纪 30 年代，美国著名文化人类学家 R. Benedict（1887—1948）在《文化模型》（*Patterns of Culture*）中提出特定的民族、社会心理与思维方式酿造特定的文化模型。文化模型不是文化物质、现象的机械组合，而是综合有机的整体。一言以蔽之，文化模型可概括为某一人群共有的组织体系，这一体系包括社会历史传统、风俗习惯、宗教信仰、生活习惯、神话传说、价值观念和自然地理环境。

体验与文化的双维视域恰好与隐喻的体验—文化双重特质相吻合。Kövecses（2005：293）明确提出隐喻具有概念的（conceptual）、语言的（linguistic）、体验思维的（neural-bodily）和社会文化的（social-cultural）多重属性。概念隐喻是人类身体体验和文化体验双重孕育的产物，具有体验—文化双重特性，隐喻不可能独立于文化。相似的身体体验可以复制出相似的汉英移就表述，但是隐喻终究不能摆脱文化的掣肘和再塑造，跨文化模型的两种隐喻不可能完全叠合。体验性与文化性的耦合要求研究者建立双维坐标，全面考察体验基础与文化模型对隐喻的双重统辖。范畴化、概念化基于身体体验，同时也受文化模型制约。身体体验与文化模型复合共生、协同作用，形成合力，共同建构千姿百态的隐喻表述簇群。大的文化背景可能引起文化势能跃迁，文化模型成为塑造隐喻的强势方法，构建于相似体验之上的概念隐喻衍生出极具文化蕴含的隐喻表述。

隐喻在我们的生活中无处不在，它植根于文化的土壤中，与文化密不可分。由于隐喻认知与文化模型密切相关，通感隐喻不可避免地带有显著的文化烙印并呈现出五彩斑斓、百花齐放的民族特点和趋向。在汉语独特的中医文化背景下，味觉词“苦”，产生了“苦言相劝”、“苦言切句，良亦勤矣”（钟嵘《诗品》）、“良药苦口利于病，忠言逆耳利于行”之类表“逆耳却中肯”且折射汉民族文化底蕴的习语。而英语的 bitter word（苦言）却是“怨恨之语”。显然，汉语的“苦”和英语的 bitter 的文化内涵不同。再如“月凉梦破鸡声白，枫霁烟醒鸟语红”（李世熊《剑浦陆发次林守一》）一句运用视觉的感受来形容声音的体验，鸡鸣和鸟语似乎染了色彩。“白”颜色产生的是“响亮、洪亮”的感官意象图式，“红”颜色产生的是“热闹、旺盛”的感官意象图式。而在英语中 white 和 red 都无法产生这样的感官意象图式。英语 hot pepper（辣胡椒）中的 hot 由温觉映射到味觉；而汉语中的“热”字却不能表达“辛辣”的含义。“酸”在汉语中味觉可通触觉，用以描述“痛感”和“悲痛”，故有“酸疼”“酸痛”“悲酸”“心酸”之说。另外，“酸”在汉语中还有其他十分个性化的通感联想。例如句式“听到被表扬的不是自己，她心里有些酸溜溜的”中的“酸”可表“嫉妒”。再如“他就喜欢卖弄，酸溜溜地来两句之乎者也”中的“酸”可表“言谈迂腐”。英语对应的 sour 可表“凶狠”或“敌意”，如 to have a sour look（狠狠地瞪了一眼）或 acid look（讥讽的神色）；可表“刺耳”的 a sour note（刺耳的音符）；可表“湿冷”的 a sour winter（湿冷的冬季）等。虽然人类各个感受器对同一外来刺激的生理和心理反应有相似性，但由于各民族在地域环境、社会背景、人文历史、思维习惯以及词汇形态等方面的差距，由这些感官经验所引发的心理联想可能会有差异，即贮存在人类大脑中的感官意象图式会不尽相同，由此通感在不同语言语汇的表征也会千差万别。

第六节 结 语

英国修辞学家 Richards（1936：98）曾经指出，我们日常会话中几乎每三句话就可能出现一个隐喻。与隐喻性质相仿，通感远不只是一种单纯的修辞手段。通感已超越了词汇、句子层面的装饰功能，成为人类认识客观世界和表达思想的一种强有力的工具，在重塑人类经验、重构社会现实过程中发挥着重要的功能。通过对汉英语言中大量通感隐喻的比较分析不难看出，隐喻是表征和理解通感概念的各个侧面的核心机制，两种语言的通感隐喻存在很多共同之处，具有极强的体验哲学基础。同时，隐喻植根于语言、思维和文化之中，社会环境、历史背景、宗教信仰、风俗习惯等方面的不同必然使得各种语言、文化中通感隐喻的生成和理解存在差异。

第十一章　低调陈述隐喻

第一节　引　　言

低调陈述是一种十分常见的语言现象。Harris（1997：32）给低调陈述下的定义是“expressing an idea with less emphasis or in a lesser degree than is the actual case”。Leech（1983：15）定义低调陈述为：“发话人意欲尽量避免把信念强加给听话人。”Hubler（1983：192）将低调陈述描述为用来修饰命题内容、降低陈述断言力度的一种修辞。他认为低调陈述是一种间接言语行为，是维护对方社会面子的交际策略。汉语辞格中的含蓄渲染低调陈述（understatement）是指，在日常交际中说话者采用重事轻说、故意轻描淡写、欲显示故克制的修辞手法，其目的是强调，为了加深人们对某人、某事物的印象。总之，低调陈述可用于表达说话人的愿望、想法和见解，引起较肯定的情感，力避敌意和威胁，体现谅解，较少蔑视。因此，低调陈述也就成为语言使用过程中表达发话者情感并引导受话者顺应其交际意图的重要手段，广泛应用于文学作品和日常生活中。

低调陈述用于表达与表面现象或期待相反或对立的一种现实，受话者需要根据话语的字面意义在逻辑上或与语境形成的语用冲突及其性质来判断。Grice 早在 1975 年就从语用学的角度对低调陈述这一现象进行了分析，他认为低调陈述是会话含义的一种特例，即把话说得不足一些，“言之不足”是违反了量准则。Leggitt 和 Gibbs（2000：5）指出，低调陈述充满着谅解感情，旨在减少人类交际潜在的交际冲突和对抗，从而使人际交往成为更便捷的人际关系系统的一部分。低调陈述因其极尽淡化掩饰之能事使得它常常有意无意地被借助为曲折阐明真正含义、协调人际关系的一个重要手段和工具，它可以变相地指责、嘲弄、讽刺、幽默和戏谑等等，具有调节气氛、减少摩擦、缓解冲突之功效（鞠红，2012：22）。胡丹（2011：211）指出：“我们可以通过与其他修辞格比较，更清楚地了解低调陈述。比如，与夸张修辞格相反，它显然是降低语话评说程度或强度。与反讽相比，它更加和风细雨。与委婉语相比，两者相似之处，都是用婉言替代负面直接表述，不同之处是，低调陈述以婉言对人、事物、事件的不足和问题进行降格评述，或形式上的弱化批评或赞美。”低调陈述是一种独到的语言现象，从逻辑关系分析是不合情理的，但在具体语言环境中却恰到好处，而且还有很强的艺术魅力。低调陈述运用得当，能使表达新奇独特、形象生动、简洁凝练，也可使幽默和讽刺更具深度和力量。Holmes（1982）认为低调陈述不仅是一种语言修辞手段，是建立在淡化、模糊基础上的词语（或短语）表达式，更是人类最本质的一种模糊思维认知方式。也就是说，低调陈述不单是一种语言现象（因为语言知识是人类认知活动的一部分，绘画、音乐、雕塑、建筑等都是人们认知活动的产物），它更重要的是一种人类认知现象。鞠红（2004a：183）从认知心理学角度出发，认为低调陈述意义的理解过程，实际上是说话人的目的和意图被听话人辨别和理解的过程，是听话人通过认知将接收话语建立的新假设进行关联、激活、选择、推理、确定并最终获取低调陈述含义的心理认知过程。本章以低调陈述为切入点和试验场，探讨当代隐喻学与传统修辞学间的契合之处，可为其他修辞格的深层认知机制的探讨提供借鉴、搭建平台、启人深思，也为修辞学的可持续深入发展注入不竭动源。

第二节　隐喻机制说略

长期以来，隐喻被视为一种语言现象，一种修辞手段。古希腊先哲Aristotle率先将隐喻定义为将属于某一事物的名称用于指称另一事物，把隐喻归为修辞学的范畴，认为隐喻是一个词代替另一个词来表达相同意义的语言手段，两者属于一种对照关系，其主要功能是附加的装饰美化作用。Aristotle对隐喻定义和功能的探讨影响了其后两千多年西方修辞学对该语言现象的阐释。Quintilianus同样认为，隐喻实际上即是用一个词去替代另一个词的修辞现象，就其结构和形式来看是语言规则的一种偏离。钱钟书（2001：73-74）指出：“《坤》六四有‘括囊’之喻，《周易姚氏学》卷一谓《荀子》《汉书》以为‘讥词’，霍性上疏以为‘褒词’，亦堪参酌。同此事物，援为比喻，或以褒，或以贬，或示喜，或示恶，词气迥异；修辞之学，亟宜拈示。斯多噶派哲人尝曰：‘万物各有二柄’（Everything has two handles），人手当择所执。刺取其意，合采慎到、韩非‘二柄’之称，聊明吾旨，命之‘比喻之两柄’可也。”

当代隐喻学把隐喻当作一种认知方式，隐喻思维的本质是在概念系统中跨概念领域的映射过程。在认知语言学视角下，隐喻是一种以抽象的意象图式为基础的两个认知域之间的映射，从一个比较熟悉的、具象的、易于理解的源域（即喻体），映射到一个不甚熟悉的、抽象的、较难把握的靶域（即本体）。源域是指用于构建其他概念的概念，通常是形象的、易于被人类理解和掌控的，而靶域是意欲构建的概念，通常是抽象的、不易被人类理解和捕捉的。体现在语言表达中，就是借用某一更为熟悉或直接的经验领域的感觉来更精确、形象地表达另一个经验领域的感觉。隐喻是通过一个认知域来了解另一个认知域的认知机制，是源域向靶域的映射。源域和靶域之所以能进行映射，是因为两者间有着内在的逻辑联系，存在相似性的关系特征。隐喻是源域到靶域的概念系统映射，即以约定俗成的方式将内在结构相对清晰的源域映射到结构欠清晰的靶域之上，是人们以一熟悉概念去认识、理解、表现另一陌生概念的过程。映射是隐喻思维的一种方式，使源概念域中较熟悉、具体、易于理解的图式映射至不甚熟悉、抽象、难以理解的靶域，在两个概念域之间创立关联，从而达到认知的目的。

隐喻的源域和靶域之间是相似性关系，该相似性主要是语言使用者的心理相似性，而非仅是现实相似性。语言使用者通过比较两域的共同属性，从而以源域为基础理解靶域。隐喻无非就是施喻者对源域或靶喻之间关系的一种认知确认，其实质性内容便是两者间的相似性。换言之，相似性一旦被锁定，隐喻也随之而立。设喻者根据自身对靶喻的认识为了反映靶域的某一特性或特征，寻找与之具有相应特征的源域，最终将源域映射至靶域之上。此处双域之间的相应特性或特征其实就是两者间的相似性，隐喻的择选即是相似性的寻绎，源域是相似性一方的载体，而靶域则是另一方的载体，彼此发生连接的纽带即是相似性。

第三节 认知隐喻视域框架下的低调陈述

“语义错置”（semantic violation）不仅是隐喻内在结构的核心要素、观测指标，更是其基本语义性能的重要外现。束定芳（2002：98）表示：“隐喻的突出特点之一是语义冲突，它是隐喻产生的基本条件。”隐喻本质上就是两个不同认知域之间的互动，隐喻意义的产生最初就是词汇的本源语义和（语言）语境矛盾作用的结果，隐喻张力（metaphor tension）在范畴层级语义上的表现往往也借由语义错置、语义冲突。从表面上看，语义冲突的存在似乎使隐喻的理解变得复杂化，而实际从语言语义，尤其是词语名义性的角度看，在具体语言环境中解读语义冲突性特征既是实施隐喻的一种认知策略，也是把握隐喻的重要条件（彭玉海，2012：39）。束定芳（2002：103）还指出，在隐喻过程中，字面意义与上下文、语境条件不相协调或相矛盾，形成语义上的冲突，即隐喻的语义错置，隐喻的理解就始于对语义错置的判断和分析，之所以说隐喻是一种暗示性的语言方式，很大程度上就与它所包含的语义错置特征有关。如果说相似性是隐喻互动的依据、互动式隐喻意义产生的基本方式，那么语义错置则是隐喻产生的基本条件。隐喻语义错置包含的意义矛盾性实际上是隐喻发生的信号，通过语义冲突发现隐喻的存在，并溯源而上寻找冲突发生的缘由，即本体和喻体之间的相似性，最终达成对隐喻的理解、喻义的生成。

从语义关系上而言，隐喻是一种语义规则的违反，是潜藏在表层结构下的语义冲突或曰范畴错置。隐喻框架包含的两个事件存在语义异常，“这样的命题隐喻语旨与载体、主项与述项在概念上不相协调，形成语义冲突和矛盾，分属于不同语义范畴的两个对象联结在一起，构成范畴错置”（Black，1979：26）。Kittay（1987：36）认为，隐喻通过关系的变换构建了概念范围，重新组织了一个语义场，语义场内部喻体与本体之间就形成了范畴上的语义错置。而这种命题关系中的语义错置可以借助“喻底”即本体和喻体之间的特定“相似性”得以消解，隐喻语义的矛盾只是一种表象，实为隐喻的一种发生标志。隐喻理解正是透过这一矛盾性表象确定出矛盾双方的相似性并提取出喻义。在隐喻表层，组合构造是由语义的不兼容性造成的“显性错置”。在隐喻概念结构中，本体和喻体结构各有不同的概念语义条件，隐喻是有目的地制造语义上的虚假，借助虚假背后的冲突达成语义新解。隐喻的语义错置不仅是隐喻的一种语义手段和策略，更是隐喻产生的逻辑动力，同时也是发现和创造隐喻的必备和先决条件。

隐喻的突出特点之一和基本条件是语义冲突。语义冲突也可称为语义偏离，指在语言意义组合中违反语义选择限制或常理的现象。语义冲突可发生在句子内部，也可发生在句子与语境之间。如“‘One million dollars!’ exclaimed Cowperwood. ‘Don’t you think that is a little steep, Mr. Purdy?’ (Theodore Dreiser: *The Financier*)”例中，说话人仅用 a little 表示，实属跟真实语境冲突、不一致。正因这种语义冲突，产生了隐喻义。隐喻义并非语义冲突本身，而是对这种冲突做出回应，是从一个自我矛盾的陈述构成一个有意义的句子，通过推翻字面意义而产生新的意义。语义冲突是隐喻成立的基本条件，但其仅是一种线索，一种外在的形式表征，其真正的工作机制在于接下来听话者对该隐喻真正含义的推断过程。该理解过程涉及一个领域的语义特征向另一领域转移的过程。差异是构成隐喻的必要条件之一，而两者的相似性则是形成的基础。如“He is something of Hamlet in politics.”的表面义为他在政治上颇像Hamlet，但根据上下文得出他在政治上犹豫不决。表面义与深层义冲突，读者经过判断得出隐喻义为其在政治上表现得像极哈姆雷特。

低调陈述不仅是一种语言修辞，更是人类思维方式上隐喻的体现。隐喻思维在低调陈述的构建当中起着至关重要的作用。隐喻作为人类思维和认知方式的特点同样反映在人类生成和使用低调陈述的语言活动中。低调陈述是通过联想的媒介加以类比和映射的，即从一个认知域投射到另一个认知域，在两者的互动中整合出一种新的感悟和认知。鞠红（2009：82）认为，隐喻在低调陈述中的跨域概念映现常是角色和价值之间的连接和一个实体与实体的表征间的连接，这些跨域映现基于相似和类比。通过经验相关（experiential correlations）作用，低调陈述中这些基于相似性和类比的隐喻映现到“思维”认知域上，这种隐喻映现作为我们概念系统的一部分固定下来，成为人们共享并凝固化的概念形成方式，这些常规化的概念形成方式储存在长时记忆之中，形成我们知识结构的一部分，该知识在我们对言语的在线理解中将发挥作用，是形成新隐喻的输入材料。低调陈述由两个意义层组成：第一层是源概念即语句的字面义；第二层是同一概念域内被指代的靶概念或曰语句的深层义。这两个意义层在概念上不相协调，形成明显的交织和碰撞。在理解低调陈述时必须找到这两个矛盾的意义层，这样才能读懂其修辞效果。也就是说，日常生活中理解低调陈述，不仅是对其字面语义的理解，更重要的是对其背后隐藏的隐喻思维的理解。

第四节　低调陈述隐喻疆界全景

低调陈述隐喻最基本的表现手法有两种：一是否定反面义的间接肯定，二是故意缩小事态的直接肯定。在生活中我们常用此两种手法交流，用否定反面义表达肯定义，如“周杰伦的歌没有哪一首是不好听的”，换成肯定的表达式则为“周杰伦的每一首歌都很好听”，但很明显可看出反面表达有效加强了人们对周杰伦歌曲的印象，引起人们对其歌曲的向往和追捧。第二种故意缩小事态的直接肯定也广泛用于日常生活和文学作品中。英语常用a bit、almost、kind of、sort of、something of等低调词从事物程度、范围及结果轻重、好坏上，故意缩小或减少其重要性。当中国人宴请客人时，虽然主人费尽心思，精心准备，但仍会对客人说“一顿便饭而已，没什么好吃的”或“粗茶淡饭，不成敬意”等礼节性话语。在这类句子中，“便饭”“没什么好吃的”“粗茶淡饭”等就是正话反说的低调陈述，表达主人的谦虚礼让及对客人的尊敬欢迎。如农夫山泉的广告词“农夫山泉有点甜”，通过低调陈述更能使观众信服，诱导其购买产品。总之，低调陈述可通过想象和联想唤起听者或读者生动的意象，产生更大的感染力和说服力，恰如其分地体现说话者的交际意图。

还可按表达方式再对低调陈述隐喻分为四类：①避免刺激性过强的词语，用弱说代替强说；②通过否定形式委婉表达肯定义；③用代词 something 或缓和语势的词语或成分来支吾搪塞，表含混的态度或低调语气，如 kind of、rather、scarcely、hardly、almost 及形容词或副词的比较级等，表评估的审慎、强度的削弱；④借助特殊语法构建低调陈述，常用句型包括条件句、让步状语从句、虚拟条件句。

一、避免刺激性强的词语，用弱说代强说

（一）名词性

用弱性名词映射强含义。

> 1）There was a loud cry from a number of voices, and the horses reared and plunged. But for the latter **inconvenience**, the carriage probably would not have stopped; carriages were often known to drive on, and leave their wounded behind, and why not? (Charles Dickens: *A Tale of Two Cities*)

例 1）用“不方便”表“马害人受伤，横卧马路一事”，字面义明显与真实义相反，读者经过思考判断后，得出隐喻义为那些驾车者根本无视行人安全，肆意横行。

> 2）说起清代的学术来，有几位学者总是眉飞色舞，说那发达是为前代所未有的……我每遇到学者谈起清代的学术时，总不免同时想：“扬州十日”，“嘉定三屠”这些小事情，不提也好罢，但失去全国的土地，大家十足做了二百五十年奴隶，却换得这几页光荣的学术史，这买卖，究竟是赚了利，还是折了本呢？（鲁迅《算账》）

“扬州十日”是指 1645 年清兵攻陷扬州，整整屠城十天。“嘉定三屠”指的

是清兵在嘉定的三次大屠杀。如此惨绝人寰的血腥屠杀，鲁迅把其称作“这些小事情”，表面说事情不足为道，但通过思考这明显与真实含义不符。两种意义的冲突彰显出学者的虚荣与无知。

（二）动词性

用动词表强含义。

3）A final agreement to set up trade offices with consular functions came after high-profile maneuvering by Seoul at last month's Asian Games in Beijing. A generous Korean contribution to the cash-short event didn't **hurt**. Now analysts expect last year's $3.1 billion in indirect two-way trade to leap quickly to a $5-billion-a year clip. (Gerson Yalowitz)

例中用“接受赞助款也无伤脾胃”表韩国捐款对中国赛事的大力支持。表面说这笔赠款无特别重要意义，但事实上这笔资金对外汇短缺问题举足轻重。看似语义错误，实际背后的冲突造成了新义解读，滋生隐喻。

4）Last week I saw a woman flayed, and you will hardly believe how much it **altered** her person for the worse. (Johathan Swift: *A Tale of a Tub*)

例中表面说剥皮使人的身体变得衰弱，但真实情况是剥皮极其残忍，对人身体造成严重的伤害。表面义与真实义的冲突引出隐喻义，即剥皮太过残忍。

二、借助低调的否定形式表强烈肯定意义

（一）形容词否定形式

用形容词的否定形式表强肯定义。

5）To write is, indeed, **no unpleasing** employment. (Samuel Johnson: *Adventurer*)

例中通过使用否定词和表否定义的形容词之间接肯定结构，表面委婉含蓄，实则强调写作是令人愉快的，加深了对写作的印象。

（二）否定词加名词表强烈肯定义

用否定词加名词加强名词含义。

6）Lady Macbeth: Thou wouldst be great
Art not **without ambition**, but without
The illness should attend it. (Shakespeare: *Macbeth*)

例中麦克白夫人表面说麦克白并非没有野心，但通读小说可察觉 Macbeth 是一个满怀野心之徒。表面义与真实义的冲突可构成低调陈述隐喻。

7）现在是暮秋，所以这“秋行夏令”的情形，在盘辫家不能不说是万分的英断，而在未庄也不能不说**无关于改革**了。（鲁迅《阿 Q 正传》）

该例为双重否定表强烈肯定。字面上说无关改革但实际上联系前后语义可知这与改革息息相关，语义冲突构成了低调陈述隐喻。

三、借不定代词或微弱程度词表强烈肯定

（一）借不定代词 something 等表强烈肯定

8）"To be mistress of Pemberley might be **something**!" (Jane Austin: *Pride and Prejudice*)

例中乍看用 something 表示好，但读毕小说发现其实其享受至高。字面义与真实义的冲突导出隐喻义：作潘伯雷的情人是一件极其美好之事。

9）You may have something of a Roosevelt, **something** of Newton in yourself, you may have something very much greater than either of these men manifested waiting your help to give it expression.

例中罗斯福与牛顿都是百年难得的杰出人物，一般人难以与之相提并论。表面是说，要有两大伟人的智慧，肯定会取得更伟大的成就，但真实义是主人公才智平平。字面义与真实义的冲突产生隐喻义。

（二）微弱程度词表强烈程度

10）“One million dollars! “exclaimed Cowperwood.

"Don't you think that is a little steep, Mr. Purdy?" (Theodore Dreiser: *The Financier*)

例中表面上为“有点”，通过对上下文理解，得出此处真实义为“太多”。两义的直接冲突产生喻义，即他的做法太冒风险。

> 11）There is also poverty, convincingly etched in the statistics, and etched too, in the lives of people like Hortensia Cabrera, mother of 14, widow…
>
> "Money," she says with quiet understatement, "is **kind of** tight. But I manage." (*National Geographic*)

该例中，一个寡妇拉扯 14 个孩子，“钱有些紧”为字面义，事实上家庭经济状况的紧张可想而知。两个看似冲突的含义，实则表达了家庭状况无比拮据的隐喻义。

四、借助特殊语法形式

（一）条件句

> 12）An unhappy alternative is before you, Elizabeth. From this day you must be a stranger to one of your parents. —Your mother **will** never see you again if you do not marry Mr. Collins, and I **will** never see you again **if** you do. (Jane Austin: *Pride and Prejudice*)

例中父亲用条件状语从句，表面威胁伊丽莎白倘嫁给了柯林斯先生的话，将永不见她。通过研读《傲慢与偏见》，可知伊丽莎白的父亲不喜欢柯林斯，反对这桩婚事，但其母却坚决赞同。通过对比表面义和深层义得出喻义：父亲坚决反对伊丽莎白嫁给柯林斯。

（二）让步状语从句

> 13）Life is wonderful **unless** you have a stable job.

该转折复句表面说“生活很美好，除非你有份工作”，事实是本话的对象没有一份稳定的工作。这一字面义与真义的冲突烘托出稳定工作对美好生活的基础性。

第五节　汉英低调陈述隐喻相同趋近

汉英低调陈述不仅是一种修辞法，其本质都属于人类最本质的模糊思维认知方式，蕴含隐喻思维。

一、语境依赖性

理解汉英低调陈述离不开语境。脱离确定的语境，读者无法识别低调陈述暗含的隐喻义。

14）宋恩子：我出个不很高明的主意：干脆来个包月，每月一号，按阳历算，你把那点……

吴祥子：那点意思。

宋恩子：对，那点意思送到，你省事，我们也省事！

王利发：那点意思得多少呢？

吴祥子：多年的交情，你看着办！你聪明，还能把那点意思闹成不好意思吗？（老舍《茶馆》）

该段话宋恩子在对王利发进行无耻敲诈勒索。领悟背后喻义的前提是须了解宋恩子想让王利发给一定大数额的包月费这一语境。

英语如：Mrs. Smith says, “my daughter got a passing grade for history. But her score **could be better**.”要成功理解这一低调陈述，须了解史密斯的女儿在平时学习不用功这一语境。

二、表达方式

汉英低调陈述的结构高度相似。两者都采用词汇手段来表达修辞效果，都采用刺激性小的词语来表更强烈的意思，即用弱说代替强说或通过表程度较弱的某些副词表强烈程度。

15）Athelstane, confident of his strength, and to whom his flatters, at least, ascribed great skill in arms had determined not only to deprive the Disinherited Knight of his powerful succor, if any opportunity should occur, to make him **feel the weight of his**

battle-axe.

此句中 feel the weight of his battle-axe 的意思是“让他尝尝这把战斧的厉害”，实际是指战斗和抗争，体现出其战斗决心和威力。

16）直到咽气的前几天，才肯对长富说，她早就像她母亲一样，不时的吐**红**和流夜汗。（鲁迅《鲁迅全集》第二卷）

例中鲁迅借用弱词“红”表刺激性更强的“血”，更能引起读者的共鸣，增强视觉冲击。

三、语用目的

汉英低调陈述作为认知修辞，在日常交际中具有相同的语用功能。两者都通过委婉的方式传递自己的想法、愿望，避免敌意威胁、尴尬、难堪，实现正面印象最佳化。

17）“我的女朋友啊，她只是**长得不难看**而已。”

汉语中人在描述自己爱人或朋友的容貌时，一般采用谦虚的说法，含蓄表达爱人的美丽动人。无独有偶，英语中亦不例外。

18）You had a **misunderstanding** with your boss. (Adair Lana: *How to Pursue Happiness*)

该句中用 misunderstanding 来代替吵架、争吵激烈的冲突，含蓄表达了有负面影响之事。

第六节　汉英低调陈述隐喻的差异

认知具有高度相似性。汉英低调陈述隐喻具有显著的共同点，同时两者的独特性差异也较明显。

一、表达方式

汉语低调陈述含蓄委婉，而英文低调陈述则以讽刺幽默为主。汉语在日常交流中多以不完全表述和隐晦表达为主。要理解隐喻需要读者了解相关背景知识，以及联系上下文思索才能得出，汉语低调陈述极具隐蔽性。

19）During last year's Central Park Bicycle Race, five of the racers were attacked and had their bikes stolen since the race was in progress. This is something of **a handicap** in a bicycle race.

读者借用小障碍来讽刺比赛筹备方的马虎大意，很容易揣测出低调陈述隐喻义。

二、构成手段

汉英两种语言分属不同语系。汉语重意合，对形式要求不严，没有过多语法限制，只要意义组合通畅即可。但英语重形合，对句子语法要求严格。汉英低调陈述在构成上都采用词汇或否定方式，但英语还可通过语法结构来实现。

20）"**If** they **had** played out their recent adventure, they **would** certainly be much less comfortable today."

与英语低调陈述不同，汉语可借助一些不确定的语气词来实现。如在古代读书人经常说"我未读过几本书，只是略识一二**而已**"。又如，"这个我经过仔细推算的数字可能也存在错误**吧**"。两句通过语气词"而已"和"吧"实现低调陈述。

三、关键修辞词的应用

汉英语言因在不同的文化背景下产生，各自拥有其侧重的独特效果。中国作为五千年礼仪之邦，侧重人之间的礼貌，因此衍生出一系列以刺激小的词汇代替一些公众影响恶劣、不宜公开的事情。

21）"孩子你可放明白些：你妈疼你，只在嘴上，我可把**什么要紧的事情**，都放在心上。"（曹禺《雷雨》）

在该例中，"什么要紧的事情"指的是四凤及周萍的暧昧关系，词面含义单纯简明，而真正所指则为伤风败俗之事。通过低调陈述，说话者将不合宜的话语用温和的语气婉转地表达出来。为维护交谈者的面子，此类表达在英语中同样比比皆是。

22）Mrs. Packletide indulges in no more of big-game shooting.

"The **incidental expenses** are so heavy," she confides to inquiring friends. (Saki: *Mrs. Packletide's Tiger*)

在例 22）中，为了出风头，帕克理泰德太太在印度猎虎出尽洋相，她射死作诱饵的山羊，吓死心力衰竭的老虎。“打死山羊吓死病虎”一事，被女仆抓住把柄，狠狠地敲诈了一大笔钱。句中用 incidental expenses 指被人勒索的巨款。

第七节　汉英低调陈述隐喻相通共融的体验哲学依据

在刚刚过去的 40 余年间，涉身性逐渐凸显出其不可或缺的重要地位。Lakoff 和 Johnson 认为第二代认知科学的重大发现之一即是“人类的涉身性本质”。Lakoff 和 Johnson（1999：4）指出：“人类推理并非如传统理论所坚守的祛身性，而是衍生自我们大脑、身体及生理体验的本质。这并非无关痛痒、毫无悬念地宣称推理须借助身体，而是说推理结构本身来源于我们涉身性的细节。同样的神经及认知机制使我们能够知觉并四周移动以创建我们的概念系统和推理方式。因此，为理解人类推理，我们必须首先洞悉我们的视觉系统、触觉系统及总体的神经联结机制。总而言之，人类推理在任何意义上都不是宇宙或祛身性的超越性特征。相反，推理究其根本是由我们人类身体的个性和特质、我们大脑的神经结构诸多非凡的细节及我们在世界中日常行为功用的特定方面共同决定的。”在两者眼中，主观主义与客观主义在方法论上出现了严重的对立，即非此即彼，没有第三种选择。他们鞭挞了这两种观点，认为客观主义否定了人的认知在形成概念范畴、思维推理和建构意义系统中的主体性作用，认为主观主义把人的理性看成一个自治、自足的封闭系统，无视人的身体构造及基于这种构造的感知经验在认知活动中的积极意义。两种流脉均无法回答同一客观世界为何在不同民族意义系统中会形成不同的镜像、形成不同的概念结构和语言表达这样一个根本问题。

低调陈述蕴含的隐喻思维离不开体验哲学。从语言的发展和知识的积累来看，隐喻是语言发展的路径，语言通过隐喻延伸（metaphorical extension）而获得发展，先是从身体的、有形的、可触摸的领域，通过类比借用到非身体的、无形的、不可能及的领域。隐喻是基于身体经验的（Lakoff & Johnson，1999：468），我们日常经验中的相关性不可避免地引导我们获得隐喻，只能通过体验获得意义，这样就把主观判断与感觉运动经验连接起来。隐喻大都与身体经验相关。隐喻根植于人类的生活，并先于语言中形式各异的隐喻而存在，它们常常反映了人类对自身、自然和世界的相对早期的基本认识。尽管英汉语言分别属于不同的语系，但“近取诸身，远取诸物”这一原理却是相通的。由于人类认知受外在条件的制约，类似的条件能产生相似的经验，与人类社会中普遍现象和经验有关的隐喻会具有一定的普遍性。换言之，人类共有的身体构造及人类社团的基本经验决定了人类语言中隐喻的相通之处。张蕾（2013：15）言明：“源域与目标域之间并非是一对一的映射，体现了隐喻的复杂性。”就身体经验而言，综观汉英低调陈述隐喻，可见身体的经验在两种语言中都起了根本的基础作用，因为身体经历的共同之处，汉英语言拥有了许多一致或类似的隐喻。汉英低调陈述作为一种认知修辞，具有相同共通之处。由于东西方具有相同的身体构造和概念，这就形成了相似的认知概念并体现在语言中，这也是汉英低调陈述隐喻享有诸多相似性的原因。

23）Retired marine Colonel John V. Brennan contracted with the secretive arms dealer to sell Iraq $181 million worth of uniforms. According to a lawsuit field last March, former Vice President Spiro Agnew served as an “intermediary” between the two. How much money did Agnew make in the deal? Soghnanlian, the dealer, says “He did not **go hungry**.”

24）王进士说道：“这下处是年长兄自己赁的？”荀进士道：“正是。”王进士道：“这甚窄，况且离朝纲又远，这里住着不便。不瞒年长兄说，弟**还有一碗饭吃**，京里房子也是我自己买的。年长兄竟搬到我那里去住；将来殿试，一切事都便宜些。”（吴敬梓《儒林外史》）

例 23）中，说话者描述了近 2 亿美元的交易中中间人的获利情况。可见这个中间人的获利只是“没让自己挨饿”。但其实通过前几句话的描述可见这个中间人肯定获利不菲。说话者正话反说，以幽默的风格，故意压低调子，引人遐想。在例 24）中，说话者同时用“还有一碗饭吃”低调侧面彰显出拥有者的财富。以上两例均借吃饭这一认知域低调地表现说话者财富丰厚，这体现了在中西方隐喻基于体验哲学的相同点。在人们的认知中，吃饭都是最基本的生活需求。拥有极少财富者只能满足吃饭的需要。吃饭这一基本财富满足和所拥有巨大财富的强烈对比反衬出财富的庞大。

25）As lean was his horse as is **a rake**.
And he was **not right fat**.
I undertake. (Geoffrey Chaucer: *The Canterbury Tales*)

26）这个人的相貌**不大好看**，脸像个**葫芦瓢子**，说一句话眨十来次眼皮。（赵树理《李有才板话》）

例 25）中，作者未直接说出主人公身体的瘦削，而是通过描述马瘦如钉耙后反衬其身材，衍推出主人公应是骨瘦如柴。例 26）中，作家先引出描述对象貌不惊人，轻描淡写地描摹一番。但紧接着后半句将对象的脸类比为一个葫芦瓢子，丑陋的形象浮于眼前，正是通过这两个意思构成鲜明对比，长相难看历历在目。以上两则低调陈述都借现实生活中的实物加强效果，借用直观而简单的物品表述抽象的概念和想法。这源于人们生活在同一个世界，以身试物，对客观世界中的一些物品存在惊人一致的认知观念。

第八节　汉英低调陈述隐喻分差的文化模型缘由

汉英文化及语言特性促成着两者修辞认知的不同。西方修辞学肇始于古希腊，被称为“讲演术”，是当时人们进行政治论辩、民主讲演、宣传新思想的工具。后来，随着希腊哲学、科学的发达，修辞学逐渐与雄辩讲演脱离关系，而成为人们表达主观意识的一种手段；汉语修辞不是源于雄辩演说，其起因在《易经·系辞传》中已厘清：“作《易》者，其有忧患乎？”人们可以通过语辞符号的巧妙排列组合，委婉、含蓄、蕴藉地表达自己的忧患心理。从修辞美学角度看，这种忧患意识对人们的语言艺术审美的影响，主要表现在语言委婉含蓄。中国古典修辞追求语言春天般的温柔，而排斥夏日暴风雨般的热烈；反对那种感性的冲动，而倡导理性的主宰；反对刚烈、崇高的风格，而追求温柔优美的意境；讲究语言情与理的平衡、内容与形式的统一。诗言情，但情作为人的深层心理，是难以传达的，尤其是那种复杂而深邃的忧患之情。难以传达还要传达，因此，便采取婉曲迂回的方式，含蓄隽永。西洋美学缘于希腊哲学和美学，也就是讲和谐、数量、比例、匀称、秩序、透明。Hegel 说，希腊精神就是尺度、明晰、目的，就在于给形形色色的材料以限制，就在于把不可度量者与无限丰富者化为规定性与个体性。希腊世界的丰富，只是寄托在无数美丽、可爱、动人的个体上，寄托在一切存在物的清晰明朗上。东方美学导源于忧患意识和以社会伦理为中心的中国哲学上，因而，中国古代美学一再强调的是：以理节情，哀而不伤，怨悱而不乱，不直抒胸臆。寓刚健于婀娜之中，行遒劲于婉约之内。修辞立其诚、语言含蓄无垠、修辞意境优美，这是中国修辞美学思想的核心所在。所以起于忧患意识之中的汉语修辞更讲究语言的深沉、婉转、含蓄，一唱三叹，反复吟咏；而起于乐天意识的西洋修辞更讲究语言的豁朗、明快、清晰，因果清楚，逻辑性强。东方和西方相比，西方显得直截了当、率真，东方则喜欢委婉、含蓄；西方倾向于深刻广大，东方则倾向于机智微妙。表现在低调陈述中，则为汉语低调陈述更重礼貌性，英语则重营造幽默讽刺的效果。

27）One senior plastic surgeon says that he has a list of peers who “**he wouldn’t let touch my dog’s haemorrhoids**.”

28）**新来瘦，非干病酒，不是悲秋**。（李清照《凤凰台上忆吹箫》）

例 27）中，说话人描述道一名医生手中有一份同行的名单，他不愿让这些人给狗做痔疮手术。读者在看到该句时，首先是被幽默吸引。进而思考该句的深义，其实是为了反讽这伙人医术拙劣至极。英文常见用此类直接和幽默的词语来表达低调陈述。而在例 28）中，李清照不直接说“相思苦”，而用“非干病酒，不是悲秋”等其他引人伤心之事，来侧面表现自己相思的痛苦心理。汉文化历史悠久，形成了许多蕴含特殊文化义的词语；而且汉语修辞通常强调的是含蓄而深沉，所以在低调陈述中的表现亦留有明显的民族文化烙印。

29）During last year’s Central Park Bicycle Race, five of the racers were attacked and had their bikes stolen since the race was in progress. This is **something of a handicap** in a bicycle race.

30）这次我叫老潘替我写的檄文，说明我为什么反出谷城。我不只骂一骂混蛋官绅，还狠狠地骂了当今的无道朝廷，对崇祯也**扫了几笔，很不恭维**。（姚雪垠《李自成》第二卷）

例 29）中，参赛选手在自行车比赛过程中遇到攻击，自行车被盗。描述者将其形容为比赛中的一点障碍。从大众的认知角度，该事件万分严重。描述与大众的普通预期形成鲜明对比，派生隐喻，读者借用小障碍来突出比赛筹备方的马虎大意。这种直接降低程度的表述在英文中较常见，通过紧密的逻辑选择同一类表述词语中情感最弱者。中文低调陈述为达到委婉含蓄礼貌的目标，很少出现负面词，而是借用其他否定形式表达。例 30）中，作者未直接显露自己对崇祯皇帝的反面批评，而只是借用“很不恭维”这一短语来体现，避免出现任何否定的语词。

第九节　结　　语

综上所述，低调陈述不仅关涉语义层面，更重要的是人类认知层面上隐喻思维的理解。仅关注浅层次的语义无法理解低调陈述的内部运作。隐喻认知模式是低调陈述生成的重要的基本手段之一。人们在使用低调陈述时，很大程度上是在潜意识下进行的，我们用隐喻认知机制来构建知识系统，而低调陈述是我们知识系统的重要组成部分之一。低调陈述的认知研究前景是广阔的，从认知角度揭示低调陈述机制不但提供了新视角，以揭示低调陈述的根源及人类理解低调陈述的机制，且能丰富和补充传统学界对低调陈述的研究维度。

第十二章 移就隐喻

第一节 引 言

传统修辞学一般用“甲”“乙”来表示两个印象连在一起时，作者就把原属甲印象的性状移属于乙印象，名叫移就辞格（陈望道，1976：105）；学界有人指出移就分为“通感”、“移情”和“转类”（冯惠茹，2003：135-137）；倪宝元（1994：243）认为描写甲事物性状的词语移来描写乙事物性状就是移就辞格；还有学者提出了移就就是词语换位，用于甲事物或场合的词用于乙事物或场合，如大词小用、小词大用（王希杰，1983：307）；王苹（2007：87）认为移就辞格语法上的构成主要是定语加中心语，同时提出修饰意义的转移必须在一个封闭的语境空间，移就移用的词语的语言成分仅限于表性状的词语。移就是意象化的变异修辞。它是发话主体思想情感、审美意识的物化形态，是一种由审美对象所引起的复杂心理活动过程（骆小所，2007：14）。英语中移就辞格（transferred epithet）又曰 hypallage，该词源自希腊语的 hypallassein，表示内在或外在变化。《文学术语词典》（*A Glossary of Literary Terms*）将 hypallage 界定为：“Also known as transferred epithet. A figure of speech in which the epithet is transferred from the appropriate noun to modify another to which it does not really belong.”（亦称作移就。它是将修饰语从本应修饰的名词处移用到实际上不相干的另一个名词上。）（Cuddon，1979：85）综上所述，移就辞格作为一种重要的修辞手段历来为众多中西语言研究者所关注，大多数学者认为移就辞格是一种纯粹描写性的语义偏离成分。

基于单一修辞学的移就辞格研究长期桎梏于界定、举隅和阐释修辞效果等方面，分析浮于表面，流于形式。这种浅层的研究虽然注意到喻体和本体之间相似性对移就构成的作用，也发现了相似程度与移就修辞效果之间的直接关系，但极大忽视了喻体的某些特征是如何转移到本体上的。换言之，传统修辞学只注意到意义发生转化的现象，并不关心意义是如何发生迁移的，更无法解释移就辞格的语义涌现性。尤其汉语移就辞格沿袭了汉语句子虚实相间、有无相生、自由松弛的样态，对于研究者来说不啻为一种挑战。刘大为（2003：3）甚至指出传统的修辞学研究事实上停留在收集语言现象上，严格地说算不上真的研究。20 世纪初，修辞学研究开始步入多领域、宽视野的后现代时期。对移就辞格的研究延伸到了修辞学以外的领域，特别是语用研究和认知求索。研究旨在以浅层对比移就辞格的特点和修辞效果为契机来探索表象背后的生成机制和认知识解机制。束定芳（2009：256）指出，认知语言学在中国有着良好的发展前景，因为相关研究对语义和广义语境（resemantizaton and recontextualizatoin）作为语言研究重心的回归，这更符合汉语的语言特点。中国语言学家可以也必将对认知语言学发展做出自己应有的贡献。从这一层面而言，理应将移就辞格的研究置于当代隐喻学维度内予以统一考究。

第二节 移就的认知隐喻本质

移就把描述 A 事物的词语移用到 B 事物上，是词语搭配的变异形式。从语义角度视之，移就的语义偏离或超常搭配突破了语言的逻辑规则，能够吸引读者的眼球并增加美学效果；若依据经典句法学理论剖析移就的深层结构，修饰语及被修饰成分构成的名词短语（NP）或动词短语（VP）可视为内嵌套句。嵌套结构属于语句的复杂结构，但又不同于复合结构，它至少有一个主体句的管辖。这种受主体句管辖的句子，称作内嵌套（王维贤等，1989：246）。移用现象可能仅出现于名词短语或仅出现于动词短语中，亦可能在二者中同时出现。建立内嵌套句的分析方法对在深层结构中修饰名词的定语和修饰动词的状语具有十分重要的意义（徐慈华，2009：258）；从修辞学角度分析，移就表述的修辞功能由形容词、副词、动词、量词等承担，喻体和喻底在表述中并不出现，即移就属本体式隐喻。移就的理解过程是将喻体的显著语义特征转移到本体上，修饰语承担着明示喻体显著特征的任务；构式语法的“压制”（coercion）说亦可解释移就现象：表甲事物的修饰语与表乙事物的中心词组合形成超常搭配，移就构式的形式与意义不匹配；未被扭曲的成分是压制者，称为压制因子，被扭曲的成分是被压制者。

传统意义上的移就与认知视界中的隐喻具有同位素关系。Lakoff 和 Johnson（1980a：84）提出评判隐喻的两个标准：①涉及的两个概念分属于不同认知活动域；②只涉及部分特征的运演。据此标准可判定移就表述具有隐喻性本质：首先，移就涉及两个语义场，每个语域均具有特殊的结构图式，如例 1）“发条”语域的典型事件图式包括“老式钟表”“闹铃”“设计风格”“不走时”“无动力”等；“面临高考的孩子”语域包括“压力大”“精神紧张”“沉着应考”“学习效果不佳”“懈怠”等。两域关联的实质是不同语义场的比照和对立。不同语域间还存在用一个语域说明另一个语域的关系。被说明的语域是靶域，说明靶域的是源域。其次，移就并非简单地以源域概念代替靶域概念，而是有选择、有重点地把源域映射到靶域上从而使靶域具有源域的某些属性。如例 1）中移就所实现的语义只是整个语义场的“冰山一角”，两个语义场的语义映射只涉及部分特征。移就表述源域与靶域间的映射具有严格框架，并具单向性、部分性和非一致性的特点。

1）高考临近，做父母的一定要上紧孩子的发条。

2）She did not so much cook as assassinate food.

Croft 和 Cruse（2004：92）提出动态识解论，认为解喻者从感知到识解隐喻的过程可按起始、发展、终结分为隐喻衔接、局域激活、隐喻连贯三个阶段。这三个阶段是渐进的、非离散的，识解过程由表及里、由浅入深，最终达成识解。首先，解喻者对语言表达进行解码并判定隐喻的存在：例 1）“上紧发条”蕴含于“闹钟”概念域，是对“闹钟”的具体操作，与“孩子”概念域无直接关联，“上紧发条”与“孩子”为非常规搭配。若此句在特定语境中为真，则可判定存在动词性移就。例 2）somebody 不会 assassinate food，动词短语 assassinate food 有悖常理。若这一搭配在特定语境中为真，则例 2）存在动词性移就。其次，识解过程进入局域激活阶段。解喻者激活常规语义搭配并构建相关事件框架，高效地建立起内部关联：例 1）动词短语“上发条”的常规概念搭配应为“钟表”范畴。“钟表”上发条后能够正常运转。这些信息都是由动词短语“上发条”激活的，源域“钟表”隐而未现。“孩子”没有发条装置，不能被家长“上发条”，但却可能在高考重压下畏难不前，这时家长应做好孩子的疏导工作。这些信息是激活后的源域与靶域比照得出的结果。例 2）中动词 assassinate 的常规语义搭配是 someone，food 为非生命体，人不能“刺杀食物”，但可对食物进行烹饪加工。动词短语 assassinate food 充当移就活性因子，激活隐蔽的源域框架。最后，隐喻识解进入全局连贯阶段，源域与靶域间产生类比关联，解喻者依据常识或语境调整、补充先前的识解：例 1）中的“上发条”概念映射到靶域上，“上发条”被解读为“做思想工作”。整句识解为“高考临近，做父母的一定要做好孩子的思想工作”。例 2）中的动词 assassinate 激活源域概念实体 someone，源域特征投射至靶域概念 food，整句识解为 her cooking skill was very bad。

Lakoff 和 Johnson（1980a：154）提出隐喻的生成和识解均基于相似性，而某些隐喻还具备创造相似性的潜力。哲学研究认为，一组相对完备的成分以某种方式结合并相互作用，就会涌现出新的“涌现事物”，同这样的事物一起出现的属性称为“涌现属性”（徐盛桓，2011：332）。涌现事物具有原事物所不具有的新质，即具有新颖性。移就隐喻这种表面张冠李戴、不合逻辑的搭配方式以源域、靶域间的相似性为基础，在很多情况下，整个源域事件中的某些概念特征在与靶域事件匹配互动后，会对靶域事件进行间接的映射性丰添，在源域与靶域间创造相似性。移就隐喻所表达的内容是涌现事物，自身具有更为丰富多样、新颖别致的涌现属性。如例 1）中“给孩子上发条”所表达的内容“孩子”被赋予了“被动学习”“机械应考”等涌现属性。

Davidson（1970：207-227）指出物质具有物理、心理双重属性。事物的物理属性是事物自身拥有的，通过观察、实验等揭示出来；事物的心理属性是指事物自身的性状特征等作用于感知主体的心理所得到的“心理感受”。徐盛桓（2011：328-331）提出：“移就的修饰语是由中心词所表征的事物的感受质在当时当地的环境下引发出感知主体的心理状态和心理感受所做出的选择，是感知主体感受了感知对象的特定属性后所引发的心理状态……心理对物理事件产生的感受会有一定程度的自主选择，即可以对由感知对象（如‘节日’、‘信’、‘月’）所激发出来的信念、感受、愿望、情感等进行合尺度的过滤和把握。”首先，心智不完全服从于物理属性，主体意志可以能动地获取环境信息并在大脑系统中进行排列、组合、合成、替代、转形、提升、转换、提取等操作。主体意志的自由发挥使移就隐喻具有极大的主观性。其次，移就隐喻发喻者与解喻者的心理状态并不对等：发喻者以形容词、动词、副词、量词等修饰语明示事物物理属性所引起的心理感受，此过程是直接的、体验性的。解喻者需依靠修饰语推断中心词，并形成自身的心理感受，而发喻者与解喻者的百科知识、文化经历等不可能完全对等，因此解喻者的心理状态是分析性的、间接的、想象的。解喻者对移就隐喻进行再加工是在所难免的，虽然在文字表达上看不出什么差异，但是移就的生动性、丰富性、细腻性可能在识解过程中衰减也可能被解喻者无意放大。换言之，移就隐喻的生成和识解过程均受主观因素干扰，发喻者与解喻者之间的语义偏差不可消除，移就隐喻具有容错性。如例 2）中 assassinate food 的隐喻意义可能仅为 her cooking skill was very bad，倘若动词 assassinate 激发了解喻者更加丰富的心理感受，此例还可能被识解为 she was a strong and hot-tempered girl。

不难看出，传统意义的移就并非单纯的语言现象，更表征着人类以某一语域经验表述另一语域的认知活动。移就表述将修饰 A 的修饰语挪移到修饰与其逻辑并不匹配的 B 上，形成对立冲突，表面上是一种怪诞搭配，在语用上却是和谐相融的。移就在冲突中达到一致，这是认知驱动的效果。此外，移就的语义实现具有涌现性和容错性，即便顺利解喻，也不能假定认知识解足够完美。

第三节　移就隐喻的分类

早在十多年前 Cameron（1999：15）就提醒学界，只关注名词隐喻会使隐喻研究误入歧途，因为这会低估并忽视其他句法形式中隐喻的不同识解机制。纵观移就隐喻的研究不难发现，大多数学者仅重视以形容词作修饰语、以名词作中心词的移就现象，严重忽视了量词对名词、副词对动词的修饰作用及动词移用对整个语义网络形成的约束。形容词和名词分别表征属性和角色，形容词能够明示角色的凸显特征，这是不言而喻的，仅把视线聚焦于形容词引发的移就，难以触及隐喻的认知本质，略显语焉不详。既然学界普遍认同移就是一种纯粹描写性的语义偏离成分，就应当放宽修饰语的准入资格，全面地考察形容词、动词、副词、量词引发的移就隐喻。此外，诸多学者一味追求移就隐喻的文学语言张力，在收集移就语料时仅向文学语言靠拢，撇弃了世俗凡尘中的隐喻万象。本书力求弥补以上两大缺憾，为移就隐喻的当代隐喻学研究打开一扇新窗。

Goatly（1997：82-92）分析英语隐喻时，区分出了名词性、动词性、形容词性和副词性等隐喻类别。束定芳（2000：59-60）指出："根据隐喻的句法构成特点，我们还可以分出名词性隐喻、动词性隐喻、副词性隐喻和介词性隐喻等种类。"王文斌（2007：58-62）还发现量词性隐喻。李桔元和赵书艳（2006：38-40）对移就辞格进行分类时把移就分为形容词+名词（如 a dizzy height、a friendly greeting）、分词+名词（如 an amazed silence）、名词+名词（如 crocodile tears）、名词+介词短语（如 a mountain of wave）等。本书把移就中的显性描述视为移就活性因子，根据移就活性因子的不同，移就隐喻可以划分为形容词性、动词性、副词性和量词性等范畴。

一、形容词性移就

形容词性移就是指形容词与其所修饰成分存在非常规搭配，由形容词和名词构成的名词短语（NP）组构隐喻活性。形容词性移就可以分为两类：由形容词激活源域概念的隐喻和由名词激活源域概念的隐喻。前者的生成规则是 $NP_{ST}\rightarrow DET_S, N_T$；后者的生成规则是 $NP_{TS}\rightarrow DET_T, N_S$。例 3）、例 5）中激活源域概念“人”、people 的分别是形容词“奔流的”和 lazy，因此属 $NP_{ST}\rightarrow DET_S, N_T$ 型。例 4）源域“箭靶”是由名词“靶心”激活的，形容词“调控的”是靶域概念，属 $NP_{TS}\rightarrow DET_T, N_S$ 型。

3）无数奔流的山泉汇集成一条壮观的瀑布，多达四十多处，堪称瀑布之乡。

4）楼市新政调控的靶心在一线城市。

5）Lazy clouds drifted across the sky.

汉语存在形容词谓语句移就隐喻。如例 6）、例 7）中抽象概念“前途”与颜色形容词“黯淡”搭配，描摹心理状态的“心情”与表重量的形容词“沉重”搭配均有悖逻辑，属移就隐喻。例 6）中的名词“前途”是靶域，形容词“黯淡”激活源域“颜色”；例 7）名词“心情”是靶域，形容词“沉重”激活源域“重物”，均由形容词引发隐喻，例 6）、例 7）的生成规则为 $S\rightarrow NP_{TT}, Vdes—_S$；例 8）名词短语“西天取经”属源域，形容词“不容易”仅充当谓词成分，无隐喻活性，此类由名词短语引发隐喻的形容词谓语句属 $S\rightarrow NP_{ss}, Vdes—_T$ 型。

6）前途一片黯淡。

7）伟人辞世，人民心情很沉重。

8）中国公司派出一批技术骨干赴美学习，西天取经不容易。

二、动词性移就

动词性移就可以分为不及物动词性移就和及物动词性移就。不及物动词性移就的动词与主语或补语构成非逻辑搭配；及物动词性移就的动词与主语、宾语、补语存在非逻辑搭配。总体而言，以动词为轴心的非常规组配扰乱了原有语义网络，激发出新的语义联想。

（一）不及物动词性移就

例 9）、例 10）的主语“价格”“事件”属靶域概念，源域概念由动词“反弹”“曝光”激活；例 11）、例 12）的主语 number、reputation 属靶域范畴，源域概念由 shrink 和 grow 激活，生成规则为 $S \rightarrow NP_{TT}$，$Vi—_{S}$；例 13）、例 14）的主语“草根文化”“门槛”为源域，动词“发展”“提高”不具隐喻性；例 15）的名词 bubble 为源域，动词 decline 无隐喻活性。例 13）—例 15）以名词或名词短语引发隐喻，其生成规则为 $S \rightarrow NP_{SS}$，$Vi—_{T}$。

9）上海新开楼盘价格强劲反弹。

10）明星吸毒事件屡屡曝光。

11）The number of students has largely shrunk.

12）The reputation of this product is growing.

13）草根文化发展很快。

14）二套以上住房抵押贷款门槛提高。

15）Then, economists were openly predicting that the recovery would be more in line with previous post-recessionary periods, but that optimistic bubble has now declined and most experts are admitting that the recovery will be painfully slow.

（二）及物动词性移就

及物动词性移就的动词与主语、宾语存在非逻辑搭配。例 16）、例 17）的动词“缠上”“走”激活源域“网”“旅程”，而主语“性丑闻”“夫妻”及宾语“美国总统”“人生”均无隐喻活性；例 18）、例 19）的动词 balance、narrow 激活源域概念，而主语 exports、tax law 及宾语 imports、gap 均属靶域概念。以上例句的生成规则为 $S \rightarrow NP_{TT}$，Vi—S，NP_{TT}。

16）性丑闻缠上了这位美国总统。

17）这对军旅夫妻走完了传奇人生。

18）Exports must go down to balance decreased imports.

19）New tax law will narrow the gap between rich and poor.

及物动词性移就还存在另一种情形，动词及动词的宾语与主语均不匹配，动词及其所带宾语均为源域概念，生成规则为 $S \rightarrow NP_{TT}$，$Vi—_{S}$，NP_{SS}。如例 20）中的“踏上”“回家的路”，例 21）中的“撒了”“野”，例 22）中的 face、the moral bankruptcy 均属源域概念。

20）“发现”号踏上了回家的路。

21）朝鲜向国际社会撒了一回野。

22）This materialistic society is facing the moral bankruptcy.

三、副词性移就

倘若移就表述的副词蕴有隐喻活性，副词所修饰的动词往往也具有隐喻活性，副词与动词构成的动词短语共同激活源域概念。如例 23）的副词“安然地”与动词“坐”、例 24）的副词“竭尽全力地”与动词“攀”双双激活源域概念“人”，例 25）的动词“吹”和副词“冷”激活源域“风”。整个动词短语存在隐喻活性，生成规则为 S→NP_{TT}，VP_{SS}，ADV_S；当然，副词亦可独立引发隐喻，如例 26）副词 sheepishly 激活源域 sheep，使人联想到 timid、shy 等源域特征，副词独立承担整句的隐喻性，其生成规则为 S→NP_{TT}，VP_{TT}，ADV_S。

23）小提琴大师帕尔曼用过的一把名琴就安然地坐在我的琴房。

24）蜗牛竭尽全力地向上攀，到达树梢，它一定欣喜若狂。

25）经济萧条吹冷了道琼斯指数。

26）He clambered after her sheepishly.

四、量词性移就

随着人类物质生活的日益发达和精神生活的逐渐丰富，涌现出越来越多与抽象名词搭配的量词。通过观察发现，量词计量功能减弱，将物质量化已不再是此类量词的主要功能，此类量词的重要功能在于表达形、态、情、色彩等修辞效果。英语中没有量词，英语的表量方式主要通过名词来实现，这部分名词无论在功能、语义和修辞效果上，还是在受语境制约方面，都与汉语量词相当（张媛和刘振前，2011：1-5）。量词性移就的量词与名词属非常规搭配，量词激活源域概念，使整个名词短语具有隐喻活性，迁移范式为 QP_{ST}→DET_S，N_T。如例 27）中“一枚”激活“硬币”“勋章”等多种源域概念，例 28）中“一巢子”激活“令人生厌的动物”这一源域范畴，例 29）a flood of 中的源域 flood 表征 she is very sad or excited 等概念，例 30）a thread of 中的源域 thread 凸显 hopeless。量词性移就的隐喻性可能仅存在于名词短语内部，其他成分属常规搭配，不具隐喻活性，如例 27）、例 28）、例 30），生成规则为 S→QP_{ST}，VP_{TT}；有时与名词短语搭配的动词短语为了迎合名词短语的变化，亦可能存在移就活性，如例 29），生成规则为 S→QP_{ST}，VP_{ST}。

27）美国博士几个子儿一枚？（老舍《牺牲》）
28）你们是一巢子坑人官。（张一明《富官》）
29）A flood of tears is pouring out of her eyes.
30）A thread of hope still exists in my heart.

移就依靠形容词、动词、副词和量词引发隐喻，形容词或量词构成的名词短语及动词、副词构成的动词短语均可作深层的内嵌套句法剖析，移就的隐喻性已从词汇层面延展至句法层面。内嵌套结构往往不具备完整的施事、事件行为、受事等要素，名词短语和动词短语难以覆盖整体语义网络，不具系统性和连贯性，换言之，移就源域框架不完整，源域全貌被隐没。“健康”表示身体状况，“下注”为“棋牌游戏”中“压筹码”的行为，从“身体状况”到“棋牌游戏”间的跨域映射构成移就隐喻。动词短语“下注”提示“棋牌游戏”概念，属动词性移就，源域实体被动词短语隐没。

第四节 汉英移就隐喻相似性的体验哲学理据

身体器官是人类原始思维的出发点，也是人类最重要的喻源。考古发现生活于旧石器时代晚期的智人在绘画中用人体代表动物、植物。可见，早期人类，一方面把自己变成世界，以人的躯体喻示万物，另一方面天地万物变成了躯体器官的隐喻符号。人通过隐喻把世界据为已有并把自己变成世界。人类认识事物的过程是对事物引起的经验进行组织的过程，即对事物进行概念化、范畴化的过程。对客观世界的概念化和范畴化就是给客观事物定位，需要引入人们最熟悉、最易理解的事物作为参照点以建立定位坐标，而人们最熟悉的莫过于人体自身。当代隐喻学认为抽象的，看不见、摸不着的事体可以被具体的、摸得着的事体喻说。“抽象事物是人”（abstract concepts are people）这一基本概念隐喻（primary conceptual metaphor）基于身体经验，是对抽象概念的直接体悟。人类身体结构本身就可充当描述抽象事物的素材，各种抽象概念也可以具有人的器官。汉英语言以身体部位表示抽象事物的隐喻比比皆是，社会、经济、军事等抽象概念具有人体器官和生理机能，如“社会是人”（society is people），社会可以有头（the head of society）、心脏（the heart of society）、脊梁（the backbone of society）等。虽然汉英两种语言系统迥异，但任何民族都有头、眼、手、脚、血液、皮肤等组织构造，所以汉英语言中以身体为基础构建的概念体系有颇多相似之处。例 31）—例 38）是以身体构造为源域映射抽象事物的汉英移就隐喻表述：例 31）、例 32）的主语“资本家”、government 与动词短语“吸干血汗”、suck the blood and sweat 的非逻辑搭配均属动词性移就，以体液“血”和“汗”喻指抽象概念“劳动创造的价值”、values made by workers；例 33）、例 34）属形容词性移就，以具体概念“肱骨”、muscle 喻指抽象概念“军力”、military force；例 35）、例 36）属形容词性移就，以“跛脚”、crippled 喻指“政府”、government 表现政府执政能力低下，运作不良；例 37）、例 38）属形容词性移就，把人体的主要器官“心”、heart 作为源域，与靶域“问题”、problem 构成隐喻映射。人类的认知活动根植于日常的身体体验，不同民族的身体体验却是相同的，因此，基于身体构造的汉英移就隐喻必然具有相似性（表 12.1），也可以说，汉英语言使用者身体结构的相似性是汉英移就辞格趋同性的物质基础。

31）资本家吸干了工人的血汗。

32）Government sucks the blood and sweat of foreign workers.

33）我国自行研发的战斗机组将成为我国空军的肱骨之师。

34）US remains military muscle in Libya campaign.

35）旧瓶旧酒旧招数，跛脚政府究可哀。（《东方日报》2011 年 2 月 24 日，跛脚政府指的是奥巴马任总统时的美国政府）

36）Haiti's crippled government sees 25% plunge in GDP.

37）价值、创新和社会责任是保险业的核心问题。

38）Ann's report got to the heart of problems.

表 12.1 基于身体结构的汉英移就隐喻

身体移就表述	源域	靶域
吸干血汗/Suck the blood and sweat	血、汗/Blood and sweat	劳动创造的价值/Values made by workers
肱骨之师/Military muscle	肱骨/Muscle	军队战斗力/Military force
跛脚政府/Crippled government	脚/Leg	政府/Government
核心问题/The heart of problems	心/ Heart	问题/Problem

Lakoff 和 Johnson（1999：497）指出：“概念基于身体及身体对世界的体验，只有借助它们，概念才能被理解。概念通过体验，尤其是感知和肌肉运动能

力才得以形成。”作为高等生物的人类面对残酷的物竞天择，进化出一套复杂的、能适应环境和自身机体变化的生理机制。人类以自身生理反应为鲜活的标尺，动态地表征、衡量抽象概念的即时形态及内在演化。生理体验不仅是沟通主体“自我”与客体“抽象世界”的静态媒介，而且具有灵动、循环的生命活性，能在人体与抽象世界之间建立“活的”通达方式。例如抽象概念“社会”可以有人的生理现象和生命过程，可以像人一样发疯（the insanity of society）、生病（the illness of society）、死亡（the death of society），民风日淳就是社会的健康（the health of society），民风日衰就是社会的疾病（the ills of society），“生病的社会”亦能“恢复健康”（social recovery），“站起来大步向前”（the great strides made by our society）。再如抽象概念“经济”亦有丰腴嶙峋之别，经济情况好时过肥年（a fat year），不好时过瘦年（a lean year）；可以有脂肪、血液，如榨某人油水（fry the fat out of someone）、放某人血（bleed them of their money）；“经济”会受伤（crippled financial system）、会癌变（the cancer stage of capitalism）。以生理现象为喻源的隐喻表述把生命体验“移就”至抽象概念，使抽象范畴成为有血有肉的活体。例 39）—例 45）列举了以生理体验为源域的汉英移就表述。由于人类生理体验具有相似性，这些移就表述也表现出趋同性（表 12.2）。例 39）属形容词性移就，以人类的饥荒体验映射劳动力短缺现象。饥饿时人体心跳放慢、呼吸减缓、肌肉活动能力下降、总体物质代谢水平降低，机体活动仅限于维持生命基本功能，长期饥饿会影响机体健康。饥饿体验投射于抽象概念“劳动力市场”，“劳动力补给乏力”概念得以凸显。例 40）、例 41）用“发热”、fevered 修饰“想象力”、imagination，属形容词性移就。人体发热时意识不清、丧失辨别力，体温过高可能引起惊厥、昏迷。以“发热”喻指“想象力”意味着想象是脱离实际的。例 42）、例 43）用“病态的”修饰“文化”属形容词性移就。生病应该及时医治，避免疾病恶化。病情严重时要切除病灶，以保证人体正常运转。“病态的封建文化”必须引起社会的关注，应及时剔除文化中的不良因素，保证社会健康发展。例 44）、例 45）属形容词性移就，例 44）的形容词“黯然神伤的”激活源域框架，例 45）由名词 depression 激活源域，形容词 economic 是靶域。两例均以人体体验喻指低迷的经济现状。

39）Farming is not practical in <u>labor-starved</u> Japan.

40）这只股票不可能起死回生，股民<u>头脑发热的想象力</u>也太丰富了。

41）These stories are merely products of her fevered imagination.

42）“裹小脚”折射出中国病态的封建文化。

43）He said the idea of success was part of the sickness of Western cultures.

44）政府希望重建企业信心，提振黯然神伤的私营经济。

45）Japan has suffered long years of economic depression.

表 12.2 基于生理体验的汉英移就隐喻

生理移就表述	源域	靶域
用工荒/Labor-starved	饥荒/Starvation	劳动力市场/Labor market
头脑发热的想象力/Fevered imagination	发烧/Fever	想象力/Imagination
病态的封建文化/The sickness of culture	疾病/Sickness	文化/Culture
黯然神伤的经济/Economic depression	抑郁/Depression	经济/Economy

皮亚杰（1997：16）提出的认知动作内化论认为，身体活动是感知的源泉，又是思维发展的基础；认知结构的起源是动作的一般性协调，而动作是身体与环境在相互作用活动中的最初接触面和接触方式，是主客体的桥梁，主体为认识客体必须对客体施加动作，如吃苹果。在这类动作中，心理和认知结构以一个连续的同化（assimilation）—顺应（accommodation）和结构—建构的动力过程不断改变和重建；一些初级的动作以及许多更复杂的动作在心理水平上逐渐进行着。从当代隐喻学角度来说，概念隐喻的识解在很大程度上是通过激活抽象的、具有图式性的、与体验相关的人体动作完成的，无论是已经付诸实践的动作还是想象的动作都可以构建、识解抽象事物的隐喻。Lakoff 和 Johnson（1999：78）提出理性是想象的，因为身体的推理形式根据隐喻被映射到推理的抽象模式上。换言之，体验哲学在很大程度上涵盖了只有在想象中才能出现的虚拟心理体验（Gibbs，2010：443）。当代隐喻学的实验和理论研究都证明理解诸多隐喻性词语或短语时，真实世界中业已实现的动作体验会在人脑中重演（re-instantiation）（Wilson & Gibbs，2007：722）。例如动词性移就“抓住概念”（grasp the concept），具体动作“抓”对抽象范畴“概念”没有可执行力，从

语言表层来看是不合逻辑的，属移就隐喻表述。一方面，动词短语激活动词“抓”的知识功能网（functional web）唤醒储存于记忆中的动觉图式和动作体验，动作主体在头脑中想象并重演“抓”这个动作；另一方面，人脑的隐喻思维把抽象范畴“概念”实体化，所以“概念”被“抓住”、被“把握”、被“错置”等表述均能为人识解。很多抽象事物已被具化了，例如思想、价格、股份、技术等抽象概念能与动词搭配，构成动词性移就表述。例 46）—例 52）列举了汉英动词性移就表述，动作“抓”、grasp；“推”、push；“掌握”、hold 和“消化”、digest 的对象均为抽象范畴，动作过程是不可证伪的、纯粹虚构的，只能在想象中完成。对比发现汉英动词性移就表述具有趋同性（表 12.3），这是因为：以具体、熟悉的事物理解抽象事物是人类共通的概念化、范畴化策略，“思想”（idea）、“价格”（price）、“股份”（share）、“技术”（technology）等抽象范畴均具有实体性；汉英语言使用者相似的动作体系拟绘了相仿的动觉体验，进而构建相似的动觉意象图式并通过想象演绎了类同的动作。

46）Grasp the central idea of this article.
47）劳动力成本上涨推高了日用品价格。
48）The war has pushed up oil prices.
49）他掌握了公司一半以上的股份。
50）He holds a half share in the company.
51）我们要消化国外先进技术。
52）Our company should digest advanced technologies.

表 12.3　基于虚拟动作的汉英移就隐喻

虚拟动作移就表述	源域	靶域
抓住中心思想/Grasp the central idea	抓/Grasp	思想/Ideas
推高价格/Push up prices	推/Push	价格/Prices
掌握股份/Hold the share	掌握/Hold	股份/Share
消化技术/Digest technologies	消化/Digest	技术/Technologies

基于身体结构、生理体验和虚拟动作的汉英移就表述具有相似性，因为生活在同一世界中的汉英语言使用者具有相同的感知动觉，往往不约而同地选用相仿的身体结构、生理体验、虚构动作来修饰描摹抽象概念。

第五节 汉英移就隐喻差异性的文化模型理据

由于隐喻是集语言形式、社会文化价值观及人类思维方式于一体的特殊表达形式，其理解过程就相当复杂（张美芳，2005：45）。本书拟就汉英“爱情”移就隐喻表述的源域、靶域进行微观对比（表 12.4），考察跨语言差异背后的文化理据。“情感隐喻是通过一系列概念隐喻得到理解的，规约普通话语者和创造性话语者的是同样的概念隐喻群，话语者用以谈论情感的修辞性语言表达式衍生于人所共有的概念系统。”（孙毅，2010a：46）人类以具体体验为源泉、以隐喻思维为策略，构建了隐喻的图式总纲（generic schema）。从极端类属层次（extremely generic level）总览，汉英爱情隐喻表述具有相似的概念隐喻，如“爱情是植物”（LOVE IS PLANT）、“爱情是食物”（LOVE IS FOOD）、“爱情是商品”（LOVE IS PRODUCT）等。每个民族在遵从体验哲学的探索路径的基础上将本民族对现实的识解和感悟投射回语言表面上（孙毅，2010b：170）。在文化模型的耳濡目染下，语言使用者思维中的图式总纲填充了丰富的文化内涵。认知的框架是文化，文化的传承靠认知，隐喻的产生、使用和消亡是文化影响认知的结果（李香玲，2010：121）。认知根植于文化，语言使用者建立了与各自文化模型相融的隐喻优选方案。折射在语言上就形成了带有民族特异性和规约性的隐喻表述。汉英“爱情”移就隐喻的差异反映了东西方民族不同的生活方式、爱情观念、审美心理、图腾崇拜等，已跳脱了修辞格的苑囿，是带着文化标签的认知方式，受文化模型的框限，同时也复制、传递着文化模型。

例 53）—例 58）是以植物为源域的爱情隐喻，均属移就表述。释喻者必须倚仗比拟、联想，体察词语内部合乎逻辑的深层语义关系（表 12.4）。例 53）的“苦情”属形容词性移就，“苦情”是人类情感，与动词“开花”存在逻辑冲突，属动词性移就；例 54）的“红豆”是植物概念，所修饰的名词“恨”在此句语境下可解读为恋人间的“离愁别恨”，二者搭配属形容词性移就；例 55）被省略的主语“侯方域和李香君”为具体人物，与之搭配的“结并蒂”是植物的花器双生现象，此例属动词性移就；例 56）girl 与被其修饰的 thorn 在语义上、逻辑上不匹配，属形容词性移就；例 57）bud 与 love 有转移修饰现象，属形容词性移就；例 58）love 与动词 blossom 的搭配属动词性移就。

汉英以植物喻示爱情的移就隐喻百花齐放。亚洲、欧洲、美洲生态环境迥异，地理隔离引起物种生殖隔离，东西方植物异彩纷呈，跨地域的物种多样性和不对等性造成了源域的跨文化空缺。地域差异可引起隐喻变异（Kövecses 2005：92）。例 53）—例 55）分别用“合欢”“红豆”“并蒂莲”作源域。合欢是中国特有的植物，其花如丝，昼开夜闭，其叶片片相对，别名是“爱情树”。合欢清香扑鼻，具有宁神作用，主治郁结胸闷、失眠、健忘、眼疾、神经衰弱等症。坠入爱河的人精神恍惚，茶饭不思，操汉语者用合欢喻指苦情。红豆原产于中国，花纹美丽、质地坚硬。“红豆”又称“相思子”，“红豆树”又称“相思树”，古代文学中常用红豆象征相思。“并蒂莲”是并排地长在同一茎上的两朵荷花，荷花是中国特有的植物。并蒂莲从吐蕊到凋谢都相依相伴，因此以之喻指终身不离不弃的恩爱夫妻。英语中司空见惯的、用于隐喻爱情的植物是玫瑰。玫瑰是西方社会的宠儿，在人们眼中象征美丽、爱情、勇气、热情，是美国、英国的国花；在希腊神话中，玫瑰还是宙斯创世的杰作。自然生态影响文化生态，只有常规的、符合民族审美心理的植物范畴才能成为“爱情”隐喻的喻源。

有时移就隐喻差异的动因并非源域范畴的跨文化缺失，而是语言使用者各具不同的源域范畴识解（construal）。Kövecses（2005：119）提出不同文化群体对同一源域概念的识解可能大相径庭，会引起隐喻变异。Kövecses（2005：252）还提出：文化模型决定人群看待事物的方式，不同文化社区的人群具有不同的视点偏好（viewpoint preference）；视点偏好预设了源域范畴的隐喻前景。“桃”是汉英民族熟知的植物，以“桃”为源域的隐喻表述在两种语言中十分丰富。操汉语者常以“桃花”喻示美貌、风流、情色、爱情机遇等。操英语者以 peach 的美味可口、娇艳欲滴喻指美女，如“She's a real peach.”，亦可表示一切进展顺利，如“Everything is going peachy here, Dad.”，而以 peach 喻示爱情、情色的用法却较为鲜见。

53）驿骑传双果，君王宠念深。宁知辞帝里，无复合欢心。（冯梦龙《醒世恒言》）

54）红豆恨，归谁促。青鸾梦，惊难续。想多情犹记，碧笺新曲。（王千秋《满江红》）

55）（侯方域和李香君）并蒂初结风雨倾，因忠成罪天地昏。（孔尚任《桃花扇》）。

56）That girl's thorns are my only delight.

57）This bud of love, by summer's ripening breath, may prove a beauteous flower when next we meet.

58）Love can <u>blossom</u> in the strangest places and at the most unexpected times.

表 12.4 汉英植物爱情移就隐喻

植物爱情移就表述	源域	靶域
苦情开花	合欢	爱情
红豆恨	红豆	爱情
并蒂初结风雨倾	并蒂莲	爱情
桃花运/桃花命/桃花心	桃花	爱情
That girl's thorns	Rose	Love
This bud of love/love can blossom	Flower	Love

饮食习惯是相沿久积的生活方式，人类认识饮食概念须对连续而无限的膳食现象进行分割和范畴化，实现认知的发展。Cruse（1990：389）指出认知发展过程中出现的原型范畴受熟悉程度和经验的影响。Ungerer 和 Schmid（1996：43）认为原型范畴是非固定的认知参照点，依赖于认知模型，而认知模型最终依赖文化模型。Kövecses（2005：253）指出原型范畴受文化模型观照。不同文化模型下的原型范畴各异，在隐喻观照下，范畴结构的差异就是源域的差异，可能引起隐喻跨文化变异。东西饮食习惯不同，膳食原型范畴各异：米饭是中国人的主食，汉语有“米饭”“大米”“稻子”“谷子”等下义概念。英语民族对米饭的认知没有那般细致，以 rice 统领一切“米”的范畴。面包是西方民族的主食，属膳食的原型范畴，具有丰富的下义概念，如“面包”（bread）、“面包条”（loaf）、“面包片”（sop）、“面包屑”（crumb）、“面包干”（rusk）等。汉英以食物喻示爱情的移就具有民俗性差异，究其本质，东西方民俗已嵌入语言使用者范畴化和概念化过程，以膳食为源域的移就必然各领风骚。例 59）—例 64）是以食物为源域的汉英移就表述（表 12.5）。例 59）“酸凤姐”用表味觉的形容词“酸”与“凤姐”混搭，属形容词性移就；例 60）“心”是人体器官，与“泼醋”存在非逻辑搭配，动词短语“心里泼了醋”具有隐喻活性，属动词性移就。例 59）、例 60）均以“醋”为源域。醋是中国特有的佐餐配料，以醋为源域的移就隐喻颇具华夏民族特色。例 61）“糟糠之妻”属形容词性移就。“糟糠”指酒糟、米糠等粗劣食物，旧时穷人用之充饥。中国平民对饥荒有刻骨铭心的记忆，关于“糟糠”的典故数不胜数。代表“贫贱”的“糟糠”对中国人来说寄托了“怀旧”情节并承载着“感恩”“不忘本”的道德

准则，饱含丰富的文化内涵。例 62）用 bread 和 cheese 修饰 marriage，属形容词性移就，源域 bread 和 cheese 与西方人的主食以“面包”佐以“奶酪”为主有关。例 63）、例 64）均为动词性移就，隐喻活性分别体现在动词短语 add honey into my life 和 look just so great 上，操英语者惯用味甜色美的食物作源域喻示爱情。汉英移就表述以各异的食物范畴原型作喻源反映了语言使用者特定的饮食习惯和情感期许。

59）苦尤娘赚入大观园，酸凤姐大闹宁国府。（曹雪芹《红楼梦》）

60）他们俩暧昧的合影给她心里泼了满坛子醋，不是滋味。

61）臣闻贫贱之知不可忘，糟糠之妻不下堂。（范晔《后汉书·宋弘传》）

62）It is a bread and cheese marriage.

63）Your love add honey into my life.

64）You look just so great.

表 12.5　汉英食物爱情移就隐喻

食物爱情移就表述	源域	靶域
酸凤姐/心里泼了满坛子醋	醋	爱情心理
糟糠之妻	糟糠	妻子
A bread and cheese marriage	Bread and cheese	Marriage
Add honey into my life	Honey	Love
Look just so great	Food	Love

中西判然不同的生存环境必然会酝酿出各相异趣的生产方式和相应的经济模式，在此基础上产生了迥异的文化形态。人具有社会属性，所思所行都与政治经济生活息息相关，经济形态与文化观念的血脉联系必然在隐喻语言中彰显出来。例 65）—例 70）是以社会产品为源域的爱情移就表述（表 12.6）。例 65）中“情”与“网”搭配属形容词性移就；例 66）中的“一缕爱情”为量词性移就；例 67）中的“情丝”为形容词性移就，动词短语“情丝未断”属动词性移就；例 68）、例 69）中的动词 paid for、value 常与具有商品属性的宾语搭配，与 life、love 的强行组合属动词性移就；例 70）treasure 为“名词动用”现象，treasure 作名词时是“珠宝”，属价格高昂的商品，动词 treasure 与 love 的搭配存在语义冲突，属动词性移就（表 12.6）。Kövecses（2005：83-85）指出，人们对某一靶域进行概念化时通常以多套源域概念为备选参照，倘若跨越不同语

言系统考察这些源域备选项，类同之处不胜枚举，某些源域概念甚至能够重叠。但是，人类对事物概念化的过程往往植入了特定的民族情感，汉英民族选择源域时，总对某些备选概念情有独钟，具有显见的民族性偏好。Kövecses（2005：82-85）将这一现象称为优选概念化（preferential conceptualization），并提出，有时滋生跨文化隐喻差异的原因不在于源域概念的“可及性”（not a matter of availability or lack of certain source domains），而在于“优选性”（a matter of preferential choice）。中华文化以农耕文化为轴心，《论语·宪问》曰“禹稷躬稼而有天下”，农业是中华民族赖以生存和发展的主要经济形式。中国人景仰的神灵或祖先是播种百谷的后稷、始作牛耕的叔均、养蚕抽丝的嫘祖等。农业是华夏民族经济和社会的根本，“男耕女织”代表了典型的生活方式。“丝线”“梭子”“渔网”等是人们生活中异常熟稔的事物，此类概念常用于喻指爱情。从 16 世纪西方新型工商业组织建立、资本主义生产关系萌芽到 18 世纪的工业化，西方商品经济渐趋繁荣并深入人心，操英语者以商品喻指“爱情”尤为顺理成章。

65）他一见到她就坠入了情网。
66）一缕爱情通寤寐，百年遗恨此缠绵。
67）奈弟子未断情丝，难成正果。（冯梦龙《醒世恒言》）
68）I paid my entire life for her love.
69）People value their possessions more than love.
70）Please treasure my love.

表 12.6 汉英商品爱情移就隐喻

商品爱情移就表述	源域	靶域
坠入情网	网	爱情
一缕爱情/情丝	丝	爱情
paid my entire life/value	Products	Love
Treasure	Treasure	Love

儒家中庸之道提倡自我克制，反对直白的情感表露。《礼记·中庸》推崇的为人之道是：“喜怒哀乐之未发谓之中，发而皆中节谓之和。中也者，天下之大本也；和也者，天下之达道也。致中和，天地位焉，万物育焉。”东方性文化在中和思想的统帅下趋雅避俗、超脱肉身、摈弃狂想，表现出朦胧、深沉、内敛、

深邃、宁静的韵致。例 71）—例 76）属“情欲”（sexual desire）移就表述（表 12.7）。例 71）“云雨”作形容词，属形容词性移就。例 72）动词短语“朝朝云雨”的主语“纣王”省略，属动词性移就。例 73）、例 74）“春心”“春情”构成形容词性移就。古希腊文化在西方文化中占据重要位置，古希腊神话中的诸神大多具有健美的体型和凡人的七情六欲。肉体和情欲在西方激情澎湃的浪漫主义情怀下倍受赞颂。西方性文化具有热烈奔放的特点，常以“火焰”喻示情欲，如例 75）、例 76）。例 75）sexual desire 与动词 shimmer 不合逻辑，属于动词性移就；例 76）burning 作形容词强行与 sexual desire 搭配属形容词性移就。

71）是以巫山之会，云雨之欢，皆由既悦其色、复恋其情所致。（曹雪芹《红楼梦》）

72）且说纣王自得喜媚，朝朝云雨，夜夜酣歌，哪里把社稷为重。（陈仲琳《封神演义》）

73）忆昔娇小姿，春心亦自持。（李白《江夏行》）

74）春情无限容姿秀，容姿越秀越怕缠头。今宵破题交君手，见惯花底心也羞。（孔尚任《桃花扇》）

75）Jay even wondered if she and Lucy could be unique friends and veer away from this sexual desire which shimmered like an uncrossable burning field for Lucy. (Fiona Cooper: *Jay Loves Lucy*)

76）He oppressed his burning sexual desire.

表 12.7 汉英情欲移就隐喻

情欲移就表述	源域	靶域
春情/春心	春天	情欲
云雨之欢/（纣王）朝朝云雨	云雨	情欲
The sexual desire shimmers	Flame	Sexual desire
Burning sexual desire	Fire	Sexual desire

此外，汉语中还存在基于特有宗教观和图腾崇拜的情感移就表述。例 77）中“千里”是长短的度量，“姻缘”是抽象概念，前者修饰后者属于形容词性移就。“姻缘”是佛教用语，中国人相信爱情是缘分。佛家观点认定宇宙的万象是由“因”和“缘”促成的。在佛教崇拜的背景下，中国人具有“前生注定”的爱情观。例 78）中“鸾”是传说中属凤凰的禽类，“俦”本义为“同辈”“伴

侣”，“鸾俦”属形容词性移就。“凤凰”在中国文化中是鸟中之王，象征着吉祥和谐。“凤”图腾崇拜在汉语移就隐喻中凸现出来。

77）千里姻缘一线牵。

78）展开眉头，抚平心头，天长地久永结鸾俦。（孔尚任《桃花扇》）

由上述分析不难看出：汉英语言的“爱情”移就隐喻万紫千红。语言使用者自发、无意识地筛选源域，形成与各自文化模型贯通的优选隐喻模式。移就表述的差异折射出中西文化的差异。同时还应该看到，历史的车轮滚滚向前，任何民族的文化模型都不是静止恒定的，承载着文化模型的隐喻语言亦非一成不变，移就隐喻具有时代性。例如：汉语中出现的形容词性移就“闪恋”（英语中也有类似表达：whirlwind romance），源域是“闪电”，汉语有“迅雷不及掩耳之势”的说法，所以用“闪电恋爱”（简称“闪恋”）表示男女迅速相识后进入热恋又很快分手，如同闪电，剧烈而不长久。再如，“漂亮的女人在男人心目中是‘绩优股’，一露面便吸引男人的目光，愣是教痴情的热血男儿大举入市”（《视点：爱情如炒股》——2001 年 6 月 10 日《深圳商报》）。“绩优股”“大举入市”是市场经济大潮下的新生隐喻。社会经济不断发展，汉民族文化愈加兼容并蓄；现代社会女性社会地位提高，人们对爱情的理解日趋多元化，“爱情”隐喻也出现了与传统文化中“含蓄”意境相悖的、极富时代性的衍生表述。

第六节 结　　语

传统意义的移就辞格与当代隐喻学视野中的隐喻具有同位素关系，可以将两者整齐划一地予以考究。体验哲学作为当代隐喻学的深刻依据，是放之四海而皆准的真理性哲学法则。汉英语言使用者具有相似的身体结构和基本体验，这正是汉英移就隐喻趋同性的物质基础。中西文化模型具有显著差异，这种差异在汉英移就隐喻中得以展露。跨文化语言使用者表述靶域时具有与各自文化模型相融的源域优选策略，这是构成汉英移就表述差异的根本诱因。移就隐喻的体验—文化双重特质和当代隐喻学的总体发展趋势均要求研究者把移就至于体验—文化的双维坐标下通盘考量，不可偏废。

第十三章 反语隐喻

第一节 引言

“反语”的一种经典定义可参考 Nesfield（1899/1954：254）：“irony，亦称‘异化’（dissimulation），词源来自希腊语，说话人说出的话是他的意思的反面（opposite），但是说话人的用意是不希望他的话会按字面来理解。”Colston 和 O’Brien（2000：179）指出，反语能够执行语用功能，原因在于其创造了期待事件与尾随事件之间的对立，对消极情形施加积极评价。陈望道（2001：136）在《修辞学发凡》中将反语作为一种辞格，认为“不止语意相反，而且含有嘲弄讥刺等意思的，我们称为反语”。Colston（2002：112）以心理语言学实验证明了具有偏见的对比与融合效果的知觉、认知和社会—心理现象会影响反语理解。Kreuz 和 Link（2002：127）提出，修辞性或非直白式语言用法是人们相互表达思想、情感和态度的重要途径。反语这种非直白式语言形式可用于表达不同的话语目标，通常表达与事件真实状态正相反的态度。影响反语成功阐释的四大条件或线索包括升调、表情、期待与共同点。Ivanko 和 Pexman（2003：241）提出，反语可被理解为一种语境与陈述之间的错位。语境在反语的加工与阐释过程中起着主导作用。适切的语境条件涉及具有否定态度的话语者和间接表达该态度的充分理由。Pexman 和 Zvaigzne（2004：143）指出，发话者与受话者之间的共同点是制约反语理解的重要因素。交际双方巩固的关系能够推动反语理解的元素衍推。Colston 和 Lee（2004：289）指出，男性相对女性而言，更可能使用反语，对反语的理解也更可能产生偏误。Pexman 等（2006：39）指出，孩童对反语评论的阐释由话语者的性格部分决定，孩童会随着年龄的增长而提高发掘言语反语的水平。

可见，对反语的传统研究路径主要聚焦于其构成、分类、语用功能和修辞效果等方面，浮于表面，未见深入。本章拟将反语研究从语言层面转变为揭示人类思维规律的认知层面，研究反语理解和生成的工作机制。

第二节 反语的认知隐喻本质

从本质上说，隐喻是一种认知现象和思维方式，它是从一个概念域或者也可以称认知域向另一个概念域或认知域的结构映射，即从源域向靶域的映射。也就是说，一个概念域是用另一个概念域来解释的。其方向是，熟悉的事物映射到不熟悉的事物，具体的概念映射到抽象的概念。林肖瑜（1994：41）指明："隐喻（metaphor）作为修辞手段，一向为文学家所钟爱，却被科学家所摒弃。历史上有不少哲学家、科学家把科学文章中的隐喻视为装饰品或文学游戏或充其量只是增添一些语言力量而加以排斥。然而，事实证明，文章，无论是科学的，或是诗意的，都需要隐喻。"杨信彰（1998：7）指明："隐喻具有认知力，它给我们提供了一种认识世界的新方法。隐喻作为人们的一种意义表达变体，一种对客观现实世界的语言表达方式，反映了人们对现实世界的认识。透过隐喻，我们可以从另一种角度认识世界。隐喻提供了认知活动的语言体现形式，通过这样的表达形式，语言使用者运用一个用语言表达的范围来认识另一个经验或概念范围，受话者通过这样的表达形式来认识另一个经验或概念范围。"束定芳和汤本庆（2002：1）言明："隐喻的哲学传统最早可以追溯到柏拉图。柏氏认为，哲学讨论的应该是真理问题，但隐喻却教人如何花言巧语，因此是真理的大敌。但是，后来的一些哲学家，如洛克、海德格尔等却把隐喻在人类认识世界过程中的功能提到很高的地位……但哲学家只关心隐喻与思维的关系，对隐喻的定义和范围都很模糊，对隐喻的表现形式及其特点不感兴趣。"胡壮麟（2004：7）指出："从 20 世纪下半叶至今，众多学者对其从哲学、认知等角度作出更加深入地剖析，提出隐喻的认知说，认知隐喻是人类观察世界的途径，提供认识新概念、表达新思维、创造新含义的主要手段。"绪可望（2007：93）指出："人类对隐喻的研究可以追溯到两千多年前古希腊的亚里士多德时代。在两千多年的时间里，人们对隐喻提出了种种理论和看法。以亚里士多德为代表的学者把隐喻放在修辞学的范畴里进行研究，认为隐喻是一种修辞格，起的是一种修饰性的作用，是纯语言范畴内的事情。后来，人们逐渐认识到隐喻现象无所不在，它贯穿于整个人类认知、思维和语言过程，是人类认识世界的基本工具和基本方式。离开了隐喻，人类对整个物质世界的认识和表达便无从谈起。"梁玉和李靖（2012：54）指出："在所有语言现象中，隐喻（metaphor）的意义最让人费解。隐喻是人类认知的一种重要方式，渗透到语言活动的各个领域，具有丰富的思想历程。它在现代语言研究中获得了空前的重要性，从话语修饰的边缘地位被提升到解读人类本身的中心地位。”反语涉及同一个认知域（范畴）下的两个次认知域（范畴）之间的投射，从隐喻和反语的特点说略、理解过程和表达的生成过程的比较结果来看，反语可被看作隐喻的一个特例和子项。Aristotle 在《诗学》中对隐喻下了一个经典的定义：隐喻是指以他物之名名此物，即隐喻是以一个词语替代另一个词语表达同一意义的语言手段。这一定义对后世有很大的影响，例如 Bonnaud 等（2002：258-268）认为，“隐喻是这样的一种表达：一个词语所表达的意义由另外一个词语的意义转移而来”，这也就是 Lakoff 和 Johnson（1980a：56）所说的“以一个概念来理解和体验另一个概念”。这是隐喻的基本特征。Christidis（2007：37）指出：“隐喻是‘温暖’，‘指示性温暖’最好的证言，它贯穿于组成符号—人类语言的‘冷冰冰’的推论和抽象之始终。” Wittgenstein（1977：29）早就指出：“当我们被问及‘红色’‘蓝色’‘黑色’‘白色’各意味着什么，我们当然可以立即指着具备这些颜色的事物。不过仅此而已，我们解释其意义的能力仅限于此，别无他法。”一旦我们借助其他感知经验来构建心理意象，隐喻就成了不二法门。反语是一种独特的语言现象，这种语言现象从逻辑关系上看有违常规，但正是这种超出常规的语言现象体现了修辞的创造性运用和艺术性。反语单从逻辑关系上分析是不合情理的，但在具体语言环境中却恰到好处，启发人们的联想，由此及彼，彼此交融，互相映衬，渲染气氛，加深语境。

一、特点说略

Wiener 和 Gardner（1993：426）指出，在当代隐喻学视域中，隐喻与反语有着紧密而不可分割的联系，“对非直白话语的全局理解，不仅要构建话语者意义，还要随时谨记着直白的句式意义以及所听到的所言与所意之间的冲突……只有凭借元语言意识，听话者才能辨识并理解非直白话语的隐喻或反语性质。唯有在这个层面上，非直白话语的感觉和功能才与直白话语有所分野”。换言之，完全可以将所有修辞性话语纳入整体的隐喻大范畴中，统一考察其认知属性，亦可在其研究框架中细察各修辞格的隐喻度。词与词、句与句之间的搭配要自然，概念表达要清晰，符合人们对事物的基本认识。反语是脱离于语言常规之外的语言变异现象。从表面上看，这种修辞形式似不合情理，而其实质则正是利用了事物间的相似性，依靠合乎逻辑思维规律的联想，在一定特殊的语言氛围中，将语义巧移，形成一种新的语块关系，揭示出语块内部合乎逻辑的深层语义关系。语义的移植能让人从中体会出一种内在的、完全合乎逻辑的思维联想图像，享受语言的创新美。反语表面不合情理的语义在特定的语境中恰到好处，体现出强烈的逻辑性。从反语是一种言语现象来说，它的特点是语义极端反常性。

在诸多的修辞格中，大量辞格的运用也具有一个词语所表达的意义由另外一个词语的意义转移而来的特点。反语就是一个词语所表达的意义由另外一个词语的意义转移而来，只不过另外一个词语的意义必定是所用词语意义的反方向，例如反语“张三真聪明”所表达的本意就是从另一个在话语中没有出现的词语“愚笨”转移过来的。因此，我们将反语也看成是“隐喻簇”里的一个成员。如果隐喻的基本模式是“p 隐喻了 q”，那么反语的基本模式也可以套用这一模式，只是 q 必为¬ p，即“p 隐喻了¬ p”。因此，构成反语表达的充分必要条件是：话语是 p，说话人的用意是¬ p；只要出现了上述的 p 和¬ p 的情况，这话语就是反语，而不管它是否假装或回声。

二、理解过程

单俊毅（1995：13）指出：“从文体学方面来讲，隐喻可以看作是一种语言的变异（deviation）。由于它是语言的一种特殊表达方式，所以不可以常规来认识。这样，隐喻的出现打乱了人们正常的语言交流方式，但也因此而引起了读者的注意。这种看似‘谬论’的隐喻需要另一种方法来理解和剖释，它促使我们去分析、联想和判断，最终得出隐喻的意义以解决问题。”人类认识世界的过程是一个不断地亲身感知世界，并对所获的经验进行组织的过程。隐喻就是在这种向陌生概念（具体和抽象）的映射过程中发挥作用，拓宽意域，升华认识。在隐喻思维形态中，人们通过隐喻思维把原本没有任何关系的两个事物相互联系，并把它们相提并论，用已知事物或现象来解释未知事物或现象，以此达到认知新事物的目的。这就是隐喻的认知基础。在隐喻的认知推理过程中，人们先从隐喻的源域中提取反映事物规律性的、高一级的概念结构，然后将其映射到用以把握目标域相应的概念结构中去，从而形成二者的映射关系。通过隐喻思维可以减轻认知负担，把复杂的问题简单化，用已知表达未知。Hamilton（2004：104）直言不讳：“没有隐喻研究，很难想象认知语言学有今天的发展。没有对隐喻的探索，这个语言学分支的发展历程也许要迟滞许多。”概念隐喻的四个基本要素是源域、靶域、经验基础和映射，其主体运作机制是借助已有的经验基础将源域映射至靶域，从而达到认知上的对应，用一个概念理解和解释另一个概念。隐喻不仅是一种语言现象，还是一种思维方式，普遍存在于我们的语言、思想和行动之中。

Lakoff 和 Johnson 把隐喻现象的研究从词语提升为概念，并将概念概括为认知域（范畴），认为隐喻的运用是两个认知域（范畴）之间的投射，揭示了隐喻作为思维现象、认知现象的本质。我们完全可将反语看成是隐喻现象，这样有利于借助隐喻研究的成果，把反语也看作一种思维现象、认知现象，开拓反语研究的新思路。

第三节　英汉反语隐喻间的异同

反语隐喻是一种被广泛应用的语言表达方式。通俗地说，反语隐喻就是说反话，恰如其分的反语比正面陈词更有力量，更能达到意想不到的效果，而且还可以使语言显得深沉幽默并别有风趣。英语中 irony（反语）一词源自希腊语词 eironeia，本为“伪装”之意。反语隐喻在汉语中也称为倒反，基本意思就是正话反说、反话正说，也就是俗话中的说反话，将意义相同或相反的词组合起来表达思想、观点和事物，从而产生一种既相互矛盾又相互统一的效果。反语隐喻作为能产生奇特效果的修辞语言，在英汉语言中均大量存在。查阅坊间英汉词典，不难发现对反语大多释义为反语、反话，人们往往会据此认为英语反语和汉语反语完全等同，实则不然。反语隐喻在英汉两种语言中有着显著的异同点。

一、英汉反语隐喻间的相同点

通过对大量实例的比较，不难看出英语反语隐喻和汉语反语隐喻在一定程度上存在着相同点。

（一）本质相同

通过对英语反语隐喻和汉语反语隐喻从定义、作用、分类以及实例进行比较，不难看出两者在实质上是相同的，都是说反话，或反话正说或正话反说。两者都包含两层意思，一层是词语本身的意思，一层是作者或说话者想要表达的意思，两层意思恰恰相反。本质上两者都是字面意思与语境的反衬关系。两者都是为了达到讽刺、嘲弄、幽默、诙谐、调侃等目的，从而使语言更生动，更有感染力。

1）We are **lucky**. It's the other side on the thirteenth of December. That makes us **feel real good**. (David Parks: *G. I. Diary*)

美国士兵在 12 月 13 日到达了太平洋彼岸的越南参战。作者说 lucky、feel real good，其实本意与所说的完全相反。因为 13 在西方是一个不吉利的数字，恰恰是这一天登陆作战，他们觉得非常倒霉，对日后要发生的事情绝非“愉快”，而是噩梦。

2）我那时真是聪明过分，总觉他说话不大漂亮，非自己插嘴不可，但他终于讲定了价钱；就送我上车。他给我拣定了靠车门的一张椅子；我将他给我做的紫毛大衣铺好座位。他嘱我路上小心，夜里要警醒些，不要受凉。又嘱托茶房好好照应我。我心里暗笑他的迂；他们只认得钱，托他们只是白托！而且我这样大年纪的人，难道还不能料理自己么？唉！我现在想想，那时真是太聪明了。（朱自清《背影》）

例 2）中《背影》是描述父爱最卓著的名篇，这段文字开端用“聪明过分”，末尾用“太聪明”，骨子里的意义是恨自己“愚笨过分”“太愚笨”，连父亲的心意都领略不出，反嫌他迂。首尾连用反讽隐喻能表现出强烈的情感与文章的感染力。

（二）理解需要依赖语境

英语反语隐喻和汉语反语隐喻都是典型的利用语境来推断意义的语用型修辞手段，反语隐喻的理解对语境具有很大的依赖性。既然英汉反语隐喻的理解都要依赖于语境，那么反语隐喻的认知性必须在语境中才能得到充分体现，Levinson（1983）的常规范型理论很好地揭示了反语隐喻认知对语境的依赖性。常规范型指社会集体意识认同的一系列事物，即当人们提及某事物，自然就会联想到与之相关的其他事物。根据 Levinson 的理论，对立概念同处一个常规范型之中，有“黑”就有“白”，正是这些反义语义场的共存构成了反语隐喻赖以生存的基础。常规范型是学习者认知反语隐喻语境论的基础，要深入地认知反语隐喻，就应该对语境有很好的把握和领悟。

制约使用和理解反讽的语境因素，可分为语言语境和非语言语境。

（1）语言语境（篇章内部环境）

3）最后，张腊月无可奈何地笑骂道：“我现在才认识你，你是个顶坏顶坏的女人啊！”她们两人，虽说只相处了一天，可是她们的友情是那么诚挚深厚……（王汶石《新结识的伙伴》）

结合整段文字，我们可以看出，“顶坏顶坏”不是骂吴淑兰，而是张腊月对这位新结识的伙伴由衷喜爱。连用两个“顶坏”，语言诙谐风趣，也表达了她们之间说话很随便，没有隔阂，没有猜疑，十分融洽，十分亲昵。

（2）非语言语境

非语言语境包括交际背景和文化背景。交际背景，即交际时的周围情况、事件性质、交际双方的关系、时间、地点、方式等。交际双方的文化背景，即各个国家的自然环境、社会文化、背景和风俗习惯。

> 4）Darrow walked slowly round the baking court. “Today it is the teachers,” he continued, “and tomorrow the magazines, the books, the newspapers. After a while, it is the setting of man against man and creed against creed until we are marching backwards to the glorious age of the sixteenth century when bigots lighted faggots to burn the men who dared to bring any intelligence and enlightenment and Culture to the human mind.” (John Scopes: *The Trial That Rocked the World*)

原文中 march（前进）和 glorious（光辉的）用的都是反语隐喻，意思分别为“后退”和“黑暗的”，和字面意思截然相反，属于反话正说。作者用反语隐喻借古讽今，讽刺那时的原教旨主义者对达尔文进化论的拼命反对和对进化论者的残酷迫害。

言者的文化水平越高，反讽的使用频率就越高。因为反话正说能表达言者特别的感情，所以交际双方的社会距离越近，言者使用正话反说的次数越多。但是，由于反话正说可以保全听者的积极面子，所以其使用频率恰好与交际双方的社会距离相反。但反讽的具体使用还是要受语境的制约。

此外，随着年龄的增长，对反语隐喻的识别能力也越强，因为一开始人无法准确识别两事物的相似处，所以也就无法准确理解反语隐喻的含意。同时，理解反语隐喻必须基于人们的生理或生活经验及其所产生的相关性。汉英两种语言浸润着两种民族不同的认知心理，孕育着汉英民族的不同思维，也植根着汉英民族不同的文化基因。王寅（2012：7）高屋建瓴地指出：“Lakoff 和 Johnson 正是依据后现代哲学家 Putnam，Rorty 等人的基本立场，批评形而上学中的‘身心二元论’，并且针锋相对地提出‘身心一体观’，建立‘体验哲学’和‘认知语言学’的一个核心原则‘现实—认知—语言’（Lakoff & Johnson 1980，1987，

1999），即人们的概念、思维、推理和语言等都是人们基于对现实互动体验和认知加工而形成的，语言中既有主观成分，也有客观内容。”我们基于这一立场进一步提出“体验性人本观”（embodied humanism），总结出“主客主多重互动理解模式”，即“SOS”（subject-object-subject）理解模式，强调“人与物、物与人、人与人”等一系列多重互动关系。

二、英汉反语隐喻间的差异

虽然英语反语隐喻和汉语反语隐喻都是一种讲反话的语言修辞手段，都存在字面意义与语境的反衬关系，但是两者在各自的语言中却表现出不同的特征。

（一）内涵上的差异

英语反语隐喻一词源于希腊语 eironeia，意思是“伪装”。尽管后来对反语隐喻含义的理解各不相同，但是该原始意义一直是反语隐喻的基本要义（曹道根，2004：9）。《牛津英语词典》将反语隐喻定义为：①A figure of speech in which the intended meaning is the opposite of that expressed by the words used; usually taking the form of sarcasm or ridicule in which laudatory expressions are used to imply condemnation or contempt.②A condition of affairs or events of a character opposite to what was, or might naturally be, expressed; a contradictory outcome of events as if in mockery of the promise and fitness of things.其定义涵盖了两点，即：①使用与字面义相反的语句表达本意，常见形式为嘲笑或嘲弄，即以褒扬语句表达谴责或蔑视之意；②以对个体所承诺事件的嘲弄来表达与期望或实情相反的本意。就汉语反语隐喻的内涵来说，《辞海》（1980/1989：678）对反语的定义是：“反语就是说反话，用与本意相反的话语来表达本意。”成伟钧等（1991：510）在《修辞通鉴》中提出，反语是“使用与本意相反的语句表达本意，也称反话、反辞”。《新华词典》（2001：3354）将反语解释为：“修辞格的一种。用同本意相反的词语或句子来表达本意。可以用正面的话表达反面的本意，也可以用反面的话表达正面的本意。如‘动不动就打人，多勇敢啊’。”

从内涵上看，英语反语隐喻内涵广泛，以语义脱节为特征，如当 A 从烤箱里拿出两块烤焦的面包，问 B “Am I a good cook?”（我是一个好厨师吗？）时，B 回答“I'll hire you in my restaurant.”（我要雇你做厨师。）；汉语反语隐喻内涵狭小，以语义颠倒为特征。英语中的语义脱节与汉语中的语义颠倒相对应，但两者并不相同，因为语义脱节包含了语义上的相反关系。例如，在倾盆大雨中，听说双方进行了如下对话：

"What lovely weather!"（今天真是一个艳阳天。）

"It seems to be raining."（看样子马上就要下雨了。）

"I'm glad we don't bother to bring an umbrella."（真庆幸我们没带雨伞。）

"Did you remember to water the flowers?"（你记得浇花了吗？）

其中第一、第三句可被看作汉语中的反语隐喻，而第二、第四句则不可，因为它们不存在语义颠倒特征。在第二句中，说话人突出了一种令人难以置信的迟钝反应，从而产生了诙谐之感。对于第四句，若假定听话人十分钟爱花卉，那么说话人就是在取笑听话人对花念念不忘的痴情。

（二）种类上的差异

一般来说，从语言形式上看，英语反语隐喻可分为词语反语隐喻（verbal irony）、情景反语隐喻（situation irony）和戏剧性反语隐喻（dramatic irony）三种类型。词语反语隐喻是指一种使用字词、语法手段表达明显相反意思的简单反语形式，隐含意义主要是通过某一词语来体现［例 5）］。情景反语隐喻是指不仅借助字词、语法手段而是主要借助情景描述来传达某种事态违背常理的反语隐喻形式，主要表现为由于事态的发展同某人原来的意料或期待相反而造成的一种嘲弄［例 6）］。戏剧性反语隐喻是指书中或剧中人物所说话语本身是实话，受话者信以为真，但是读者或观众由于对事件的前因后果了解更多，认识到其话语其实是与实际情况恰好相反的一种反语形式，主要表现为当事人利用上下文或特定历史背景来暗示某段话是反意［例 7）］。

5）This hard-working boy seldom reads more than an hour per week.（这位勤奋的小伙子每周读书很少超过一个小时。）

在这句话中，hard-working 的隐含意义为 lazy，这深刻地讽刺了小伙子的懒惰。

6）Several vacationers at the luxurious Richelieu Apartments

there held a hurricane party to watch the storm from their spectacular vantage point. Richelieu Apartments were smashed apart as if by a gigantic fist, and 26 people perished. (Joseph P. Blank: "Face to Face with Hurricane Camille")

按照常理，假期中特意组织飓风观光团，而且观察点设在一家豪华的公寓中，总不应该出什么意外。但例 6）中的情况却是风力太大，把公寓吹塌，死亡多人，这是万万没有想到的。

7）"I hope Tom's better off where he is," said Sid, "but if he'd been better in some way—"

"Sid!" Tom felt the glare of the old lady's eye, though he could not see it. "Not a word against my Tom, now that he's gone!" (Mark Twain: *The Adventures of Tom Sawyer*)

Mark Twain 在其名著《汤姆·索亚历险记》中有如上这样一段对话描述。这是汤姆的小伙伴席德和波莉姨妈的谈话。席德说他希望汤姆在另一个世界更舒服些，本是实话，因为他以为汤姆死了。他说话的对象——波莉姨妈也是这样想的。但读者知道，情况正好相反，因为汤姆并没有死，而且这时候正躺在床底下偷听。

情景式反语隐喻与汉语反语隐喻相比在运用上更为含蓄，不像汉语一看便知，在释义时也较复杂，往往需要结合上下文推导一番。在英语中不是以词，而是以整个句子或整个段落为基础来达到强烈效果的反语隐喻大量存在，而在汉语反语隐喻中则不多见。从这个角度来看，英语反语隐喻较汉语的涉及面要更广。

汉语反语隐喻的基本特征是语义颠倒，正话反说或反话正说。就汉语反语隐喻的语用功能而言，可以将其分成五种类型，分别为褒贬反语隐喻、讽刺反语隐喻、趣味反语隐喻、亲势反语隐喻和强调反语隐喻。

8）"见识又短，口角又笨"，王熙凤说。（曹雪芹《红楼梦》）

9）几个"慈祥"的老板到菜场去收集一些菜叶，用盐一浸，这就是他们难得的佳肴。（夏衍《包身工》）

10）要是再分给一个老婆叫咱也受受女人的罪才更好呢。（丁玲《太阳照在桑乾河上》）

11）宝玉一把推开，笑道："该死的！再胡说，我就打了。"（曹雪芹《红楼梦》）

12）见到你好不高兴！

以上五例分属褒贬反语隐喻、讽刺反语隐喻、趣味反语隐喻、亲势反语隐喻和强调反语隐喻。褒贬反语隐喻与讽刺反语隐喻不同，它不带有讽刺意味，而讽刺反语隐喻往往带有批判嘲讽的意味，从而使语言变得更加犀利，给人留下更为深刻的印象；趣味反语隐喻没有讽刺的意味，只是为了营造一种轻松、幽默的氛围，让人可以会心一笑；亲势反语隐喻的典型用法是表示人与人之间的亲近程度，在汉语中通常以“死鬼”“挨千刀的”来作为男女之间表达强烈感情的爱称；强调反语隐喻是人们的一种语言习惯，一些话语表面看是否定的，但人们会自然地理解为肯定的话语，这种习惯性反语往往起到强调语气的作用。强调反语是汉语所特有的，英语中不具备类似的反语形式，强调反语可以说充分反映了汉语的语言习惯和特色。

第四节 汉英反语隐喻相似性的体验哲学根源

耿占春（2007：68）点明：“人体式的宇宙是中国古典思想中的基本的潜藏的隐喻。或者说正是这个原始的隐喻启迪了一种完整的智慧。在原始的宗教符号八卦中也含有这个基本的隐喻。卦之三画即象征着天地人三才。而象征着天地山泽雷风水火之八大卦象，不仅远取天地万物，而且也以近取诸身的方式——如乾为首、坤为腹、震为足、巽为股、坎为耳、离为目、艮为手、兑为口——构成了一个与万物对应的人体式的世界。”我们曾以肉体式的宇宙或肉体式的大地的原始隐喻来注视这个世界，洞见到在化身创世的过程中符号世界的诞生。或者是我们从符号诗学的眼光透视了这个人体式大地的意义。符号在肉体与大地的互相重叠互为隐喻的双重影像中显示出来。这初始的符号化，既是世界的肉体化，也是肉体的世界化。符号化使人的直接存在从自然中分立出来而又使肉体与大地合二为一。借助于肉体，人类表达、阐释、规范并神化了世界；借助于世界，人类表达或理解并圣化了自身。符号化能在其精神阶段上表达欲望。因为这种表达是一种给予意义的行为，因而也就是一种神化世界和圣化自我的行为，一种自我拯救的行为。这原始的符号功能构成了人与自然的同质同源性的亲情关系，构成了被称为“意义”的那种生命须难离的东西。钱冠连（2009：10）倡导：“我们应该充分挖掘与利用西方语言哲学资源中的营养与智慧，以新的视角去关注如何将语言问题和现实的外部世界、人的行为、社会交际与日常生活息息相关起来。这便是所谓的节外生新枝。”

Lakoff 和 Johnson 在 1980 年的惊世之作《我们赖以生存的隐喻》的基础上再次发力，又于 1999 年出版了《肉身中的哲学——体验心智及其对西方思想的挑战》，书中提出了一种全新的哲学理念，即体验哲学。体验哲学摒弃了客观主义和主观主义中的错误观点，汲取其中的合理成分，既强调客观实际对认知的作用又重视人的主观能动性，认为心智的本质来自身体经验，心智和身体是不可分离的，也是后天习得的。刘金明（2004：111）指出：“在西方哲学史上，存在主观主义和客观主义两种不同的认知观。主观主义认为生活中最重要的是人的主观的情感、感觉和想象，人们依靠感觉和知觉指导一切行动，想象则通过艺术和诗使人们超越理性和客观世界，并升华为真理。主观主义在西方的主要影响在于浪漫主义的艺术和诗学流派，对语言研究的影响不大。在对待意义、经验和概念的关系上，主观主义认知观认为，对意义和经验没有外界的制约，概念能够任意地组织人们的经验……客观主义深深植根于西方文化及其哲学传统中，其中影响最大、最为深远的是笛卡尔主义和康德主义。两者都极大地强化了一系列认识论和本体论上的逻辑二元对立，如心/身、形式/内容、概念/感知、理性/情感等，认为前者才是研究的主要对象，从而忽视了对后者的探讨。”Goatly（2008：181-182）归结：“大量根植于我们身体经验中的概念隐喻之证据，引领我们走向客观主义和主观主义这两大哲学传统之间的中间道路。我们不能接受客观主义，因为外部虽然存在真实，但我们不经协调和干预便无法洞悉其真貌。人类的思维不可避免地要受所使用隐喻的筛选和择用。即使科学理论和模型基本上也是隐喻假设，技术上称作模型理论隐喻，这些隐喻充其量只不过是接近真实的版本而已，只能构造出其预计描述的真实之假设模型。由此，任何新的模型理论科学隐喻都会引领对隐喻模型根基的彻底讨论，并考察该模型不适用的特征。另一方面，我们也无必要接受主观主义和绝对概念相对论。因为毕竟我们用作思维工具的婴幼身体经验是普适的，且就该程度而言我们共享普通隐喻语言。新经验主义在两条哲学传统之间开辟出了一条中间道路，摒弃了‘真理是独立于任何描述’和‘真理是与环境相对的个体信念’两类错误认识。”王寅（2008：9-10）回溯：“L & J 基于对西方哲学进行反思和重新分类的基础上提出了体验哲学，认为古希腊和中世纪的唯名论与唯实论之争，近代史经验论与唯理论之争，英美分析哲学、行为主义、实用主义与新唯理论之争，基本是围绕感性主义和理性主义的争论，它们都属于‘客观主义’哲学理论，因为两派都认为存在一个独立于我们人的客观世界，其中存在一个绝对真理，我们应当不遗余力地将其找出。两种理论的区别仅在于解释获得这种绝对真理的方法有差异：对于经验论者来说，经验是人的一切知识或观念的唯一来源，我们关于世界的全部知识来自人的感知……这其间虽也包含人的因素，但并没有真正研究‘人是什么’，且还过于强调排除人的因素，将研究方法导向了科技理性（或叫工具理性、科学主义）的进路。对于唯理论者来说，只有先天具有的推理能力能向我们提供关于真实世界的知识。这其间虽也在论述人的理性和推理能力，但却又强调要排除人的感观经验，消解个人偏见和个人价值，抛弃传统观念的干扰。与客观主义相对的是非客观主义，即体验哲学。”

人们逐渐意识到，将人的认知活动单纯归结到反思意识的符号思维水平是极为片面甚至有害的，人的认知活动需要从更基本的身体能力和身体经验中找到它的起源，以及在这个起源上的演化和发展。Descartes 的“二元论”奠定了近代基本的认识论的概念框架，同时造成了一个至今在意识研究中未能很好解决的身—心关系问题。在 Descartes 开启的区分中，身体被归为客体一侧，被视为无生机的机器。海景龙和陈丽（2013：20）指明：“当前哲学界在研究身体时，更是将身体高度抽象化和象征化，身体成为一种标志物，因而缺少具体特性，哲学家在谈论身体时首先将身体不自觉地分裂为生理身体和文化身体，而他们关注的重点就是那个游离于生理身体之外的文化身体。通过对西方身体观的历史考察可以看出，身体是多维的，多层次的、不断生成的、流动变化的文化存在。身体的属性在于其具有的物质性、独立性、时间性、空间性、隐喻性和未定性。”人总是将对自身的体验认识映射到相关的客体领域，从而形成关于客体事物、现象的概念认识。换言之，人类思维的体验性特征，即是把人的身体作为衡量周围世界的标准。古希腊哲学家普罗泰格拉有句名言：人是万物的尺度。意大利思想家维柯（1997：98）也指出：“由于人类心灵的不确定性，每逢堕在无知的场合，人就把自己当作权衡一切事物的标准。”耿占春（2007：67-68）言明：“古代中医学著作《黄帝内经》和《内经》都为我们在人的内部和人体自身上描绘了一幅包揽宇宙的自然景观，展示了人体构造与宇宙的同态对应性，建立了‘人与天地相参’的医学理论。《内经》即把人的机体与日月星宿、季节变迁、江河大地等各类自然事物和现象，看做一个同构同质和同源性的‘整体’，它们具有着统一的运动节奏和生命律动。”如用“首”（头）来表达顶或开始，用“腰”“背”“脊”等来表达一座山的部位，针和土豆可以有“眼”，杯或壶都可以有“口”、有“嘴”，树有“身”，玉米穗有“须”，鞋有“舌”，瓶有“颈”，桌椅有“腿”，器具等的柄为“手”，“心”代表中央，船有“腹部”，“脚”

代表着终点或底，果实有“皮”和“肉”，山岭、岩石或矿有“脉”，以及风“吹”，月亮在“走”，植物长得“欢”，等等。在这些词语中，“人把自己变成整个世界了”（维柯，1997：98-115）。

13）Doll. Ah, you sweet little rogue, you! Alas, poor ape, how thou sweatest! Come, let me wipe thy face; come on, you whoreson chops; ah, rouge! I' faith, I love thee; thou art as valorous as Hector of Troy, worth five of Agamemmon, and ten times better than the Nine Worthies: ah, villain. (Shakespeare: *King Henry IV*)

14）“已经借来了，再送回去，倒叫她多心。”我看他那副认真、为难的样子，又好笑，又觉得可爱。不知怎么的，我已从心底爱上了这个傻乎乎的小同乡。

上述 rogue 和“傻乎乎”两词从表面上看，属于对话语对象的否定描述，但根据当时的语言背景，经过一系列推断，我们可以发现这两个词都是正话反说，表达的是对话语对象的喜爱之情。推断过程与 Lakoff 和 Johnson 提出的体验哲学非常贴合。根据他们的理论，客观世界是人们体验和认知的基础，认知是人们对客观世界感知与体验的过程，是人与外部世界、人与人互动和协调的产物，是人对外在现实和自身经验的理性看法，通过认知人们对世界万物形成了概念和意义，其间须包含推理、概括、演绎、监控、理解、记忆等一系列心智活动。人类在其实践活动中，客体会作用于主体，主体也要对客体进行不断认知、组织信息，两者相互作用，由主客观相结合所形成的概念、范畴、认知的系统不是客观世界的如实复制，头脑中的认识世界和现实中的客观世界是存在一定差异的。人们在与世界和他人交往过程中，须通过心智中的认知结构来调节。可见，认知的无意识性是指对我们心智中的所思所想没有直接的知觉，我们即使理解一个简单的话语也需要涉及许多认知运作程序和神经加工过程。根据受话者对客观实体的认知，经过推理判断发现说话者描述说话对象的 rogue 和“傻乎乎”的表面意思与描述对象不相符合，所以最后判断得出说话者其实是想表达与这两个词相反的意思。

第五节　汉英反语隐喻差异性的文化模型理据

王娟（2006：2）指出：“从广义上讲，我们认为生活的内容及其方式就是文化。我们都生活在一种文化环境当中，我们通过自己的认知和模仿行为所获得的，将我们塑造成为某种特定人群中的特定一员的所有知识、能力和训练，都是文化。”Ryan（2010：viii）在著作伊始便提笔写道：“词语‘文化’总具有多重意义。根据其中一个意义，文化与人类生活难舍难离。从我们穿的到吃的，从我们说话的方式到我们思考的内容，统统属于文化的范畴。你一旦更改方位，进入另一个文化、踏入他国领土，你顿时就会有所察觉……这一意义上的文化是我们赖以生存、不可言喻的规则，无意识地掌控和规约着我们的日常行为和活动。”魏光奇（2000：3）言明：“‘文化’是人类作为社会群体的一切创造活动及其成果。对于‘文化’的外延，人们一般倾向于把它分为三个部分或层次，即物质文化（器物层次）、社会关系（制度层次）和精神文化（观念层次）。”王守元和刘振前（2003：50）指出：“隐喻是文化在语言中的集中体现，是语言与文化之间的一个结合点。首先，隐喻的基础是概念，人们常用隐喻来将许多抽象的概念用具体或者熟悉的形象组织起来。许多重要概念都来源于具有文化性质的体验，所以受文化的制约。从另一方面看，在这些体验基础上形成的概念又为我们获取新知识，理解和经历新事物提供了基础。其次，概念隐喻是在反复出现的体验型式基础上产生的，所以是语言与文化之间的一个纽带。文化制约体验和隐喻思维。隐喻随着人类文化的发展而产生，可能随着其发展逐渐消亡。最后，概念隐喻反过来又对文化世界产生影响，将其中所包含的文化因素投射到文化世界中，影响人们对文化世界的理解和体验。隐喻是人们对文化世界进行概念化和范畴化的工具。总之，隐喻产生于人们对文化世界的体验，反过来又对人们认识世界产生影响。”王素娟（2007：53）指明：“隐喻是文化在语言中的集中体现，是语言与文化之间的一个结合点。首先，隐喻的基础是概念，许多重要概念都来源于具有文化性质的体验，所以受文化制约。文化制约和体验隐喻思维。隐喻随着人类文化的发展而产生，可能随着其发展逐渐消亡。最后，概念隐喻反过来又对文化世界产生影响，将其中所包含的文化因素投射到文化世界中，影响人们对文化世界的理解和体验。隐喻是人们对文化世界进行概念化和范畴化的工具……从另一方面来看，由于人们的文化传统和所处的社会环境、地理环境不同，所处的历史阶段和历史文化渊源有异，对一些具体事物的体验也不尽相同，从而产生了不同民族间，甚至同一民族不同社会群体间，在隐喻使用上的显著差异。具体而言，不同语言文化之间在概念隐喻层面上有较大的相似性，而在具体语言表达层面上则有较大的差异。”针对隐喻与文化的关系，Gannon（2004：7）指出：“这一工作应引入一种创新性方法，即‘文化隐喻’（cultural metaphor），来轻松、快捷地理解一个民族的文化心智集合并进而与其他民族相比较。从根本上而言，该方法涉及辨识某民族所有或大部分成员认定重要或对其具有认知或情感价值的文化之现象、活动及机构。该隐喻的种种特征即成为描述和理解社会核心特征的基础。”赵维森（2007：5-6）指出：“隐喻文化学得以建立的理据同样在于，隐喻作为人类认知思维的基本方式，也影响支配了人类的实践行为、精神行为、文化行为，它之于人类文化的产生发展也具有本体论的意义。因此，对人类文化的研究同样不能离开隐喻学的理论视角。我想进一步指出的是，隐喻是比语言史更为深层次的影响人类文化的因素，隐喻较之语言对人类文化的影响作用更为深刻、更为广泛。”丁毅伟（2004：37）归结：“人类对隐喻的研究前景广阔。语言之于文化，也像语言之于思维一样，是一种表达形式。隐喻是语言变化的一个重要方式，不同国家有不同的文化背景，导致了人们不同的行为方式及思维习惯。”Kövecses（2005：155）在大量收集并比较源语言同一概念隐喻不同语言表达式的基础上指出：“两种语言也许会分享同一则概念隐喻，而同一则概念隐喻也许会由几乎重叠的隐喻表达式所表达，但这些表达式可能揭示概念隐喻借以起效的文化—意识形态背景的细微差别。”Kövecses（2005：160）进一步指出：“同一概念隐喻的语言表达式可能受规约不同文化的文化—意识形态特征及假设的差别所左右甚至塑形。”Sinha（2005：1538）指出：“无论是概念隐喻理论还是整合理论，均忽视话语中不同语言形式变体的功能，忽视为特定文化所独有的用法语境。结果，认知被片面地认作个体受试及其内部心理过程透镜过滤的结果。”Cornejo（2007：476-477）指出：“既然我们拥有相同的身体，具有相同的体验基础，概念隐喻在理论上应具有普适性，但大量的人类学和语言学证据推翻了这一绝对的假设。学界应提取源自不同类型学语言的大量素材，做扎扎实实的跨语言及语言内研究。实际上，在运用源域、靶域和体验性基础之时，用法突显出种种差异。同一靶域在不同语言中的概念化方式可能不同。不同语言中同一源域可能与不同靶域相联系。运用同一概念隐喻表达抽象概念的不同语言在概念化偏好方面亦有不同。此外，同一语言中的亚文化、种族、地域和历时性也可能导致变化。甚至在个体层面，个体的生活经验也可能在选择特定隐喻概念化项目时展现出来。”黄锦章（2010：25）言明：“活跃于语言表层的各种隐喻是在根隐喻的土壤上滋生出来的，因此，隐喻具有系统性。同时，作为一种认知手段，隐喻又必然地和语言使用者的生存环境密切相关。因此，和语言系统一样，不同民族的隐喻系统，除了显示其认知共性的一面之外，同时也必然具有各自不同的民族特色，具有民族性。”

由于受儒家文化的影响，中国人十分注重人际关系，在人际交往的过程中，表达强烈的感情，特别是表达人与人之间的亲密程度的这类反语隐喻可称为“亲势反语隐喻”，中国人总是想缩短彼此间的距离，获得一种亲近感，而西方人则注重保持彼此间的距离。亲势反语隐喻的典型用法是表示人与人之间的亲近程度，其在日常生活和文学作品中随处可见。在汉语中通常以“死鬼”“挨千刀的”来作为男女之间表达强烈感情的爱称。例如，在日常生活中，恋爱中的女孩对她们的男朋友说“你真坏”“你真讨厌”，父母称呼自己的孩子为“死丫头”“淘气包”，妻子管自己的丈夫叫“冤家”“死鬼”“挨千刀的”等，均属此类。

15）张腊月说：“不过拉自己老婆后腿的党员也有的是呢，我那个死鬼，就是这路货。”（王汶石《新结识的伙伴》）

16）《红楼梦》第四十回，宝玉等在去铁槛寺途中于一村庄歇脚，他们玩纺车时，一个叫二丫头的上来阻止，并给宝玉示范纺车。秦钟深知宝玉的脾性，就暗拉宝玉说“此卿大有意趣”。此时，宝玉一把推开，笑道：“该死的！再胡说，我就打了。”（曹雪芹《红楼梦》）

例 15）是所谓“正话反说”的褒性反语隐喻。张腊月是乡妇女干部，工作积极。她的丈夫常常要她别工作得太累，这就是她说的“拉后腿”。张腊月知道丈夫之所以这样做是因为疼她，但在女伴面前不好意思这样明说，所以就说句“骂”他的话。这类正话反说的褒性反语隐喻所用词语不同于一般的反语隐喻，不一定拘泥于具体的词义；无论是“死鬼”“小无赖”“没良心的”“狠心贼”“该打的”还是“坏家伙”，都是一种“骂”的意向，其反方向的意向包括非骂以及怜爱、赞扬等。

例 16）中，说话人为了拉近人与人之间的亲近程度，故意说出与说话人本意相反的话语，意欲使听话人意识到原语背后的真实意思，在这种轻松幽默的氛围中传达话语真实意思。

此两例非常符合中国人自谦、注重维护人际关系、缩短彼此间的距离、获得一种亲近感的传统思维。而西方人由于崇尚个人意识、实现个人价值，所以非常注重保持彼此间的距离。

第六节　结　　语

反讽是对语言常态的一种改变，所以它引人注目，使人深思。在特定的语言环境中，它比正面表达更鲜明、更深刻、更有趣味、更有力量，在表露强烈的爱憎情感上有它的独到之处。再则，运用反语隐喻使语言形式富于变化，避免呆板，使语言生动活泼，饶有情趣。

汉英反语隐喻既有相同之处又存在不少差异。相同之处主要体现在，汉英反语隐喻本质相同，理解都需要依赖语境。两者都包含两层意思，一层是词语本身的意思，一层是作者或说话者想要表达的意思，两层意思恰恰相反。本质上它们都是字面意思与语境的反衬关系。两者都是为了达到讽刺、嘲弄、幽默、诙谐、调侃等目的，从而使语言更生动，更有感染力。英语反语隐喻和中文反语隐喻都是典型的利用语境来推断意义的语用型修辞手段，反语隐喻的理解对语境有很大的依赖性。既然英汉反语隐喻的理解都要依赖于语境，那么反语隐喻的认知性必须在语境中才能得到充分体现。汉英反语隐喻的差异主要体现在：①内涵上的差异。从内涵上看，英语反语隐喻内涵广泛，以语义脱节为特征；汉语反语隐喻内涵狭小，以语义颠倒为特征。英语中的语义脱节与汉语中的语义颠倒相对应，但两者并不相同，因为语义脱节包含了语义上的相反关系。②种类上的差异。从种类上看，英语反语隐喻主要包括词语反语隐喻、情景反语隐喻和戏剧性反语隐喻三种类型。汉语中绝大多数反语隐喻都属于英语中的词语反语隐喻，即以单个词语为单位，主要依赖句级语境来体现反语隐喻性质。同时，本章探讨了反语隐喻相同点的体验哲学基础。汉英反语隐喻的差异主要是由中英文化的不同造成的。

第十四章　悖论格隐喻

第一节　引　　言

汉语中的悖论表达由来已久。早在春秋战国时期就可见此类修辞实践。《周易·系辞下》云："危者，安其位者也。亡者，保其存者也。乱者，有其治者也。是故，君子安而不忘危，存而不忘亡，治而不忘乱。"中的"危"与"安"、"亡"与"存"、"乱"与"治"都是彼此对立的悖论项，旨在传递各矛盾对子相互依存、转化、相辅相成的内生含义。先贤们对这一特殊语言现象做出了不同的界定。唐钺首次把悖论表述作为一种独立的辞格，并将其定义为："一句话之中，表面上好像含着两个相互矛盾的意思，但是却有深意在内，这叫做反言格。"（唐钺，1923：33）此外，陈望道（2008：151）在《修辞学发凡》中将悖论格归为警策的次类，即话面矛盾反常而意义连贯通顺的"奇说"和"妙语"。陈文给出这一辞格对应的英译 paradox，即我们熟知的"悖论修辞"或"似是而非的隽语"。英语 oxymoron 和 paradox 是语义棱角鲜明、极富语言张力的两种逻辑辞格（logical figures of speech）。oxymoron，即"矛盾修饰"或"矛盾修辞法"，来自希腊语 oxusmoros。oxus 意为 sharp，而 moros 表示 foolish，组合意义为"敏锐的愚钝"或"精明的傻瓜"（孙毅和王晋秀，2012：41）。可见 oxymoron 本身就是一种矛盾用法。paradox 一词源于希腊单词 paradoxon，常用于表达相反的观点、看法或意料之外的情形。简言之，oxymoron 和 paradox 均是说话人刻意将正、反两个概念糅合，形成自相矛盾的表层语意，进而表达意蕴深厚、富含哲理的内容，借此抒发特定的情感。oxymoron 将语义相悖的两个语言单位紧密结合起来，两者为修饰与被修饰关系，如 darkly wise 和 plain beauty 等；而 paradox 属句子层面的悖论格，对语义背谬的语言成分在句中的位置不作要求，如"A friend to *everybody* is a friend to *nobody*."和"A love of *peace* emerged as a magnificent leader of *war*."等。可见，oxymoron 和 paradox 两种英语辞格同异并存：相同点是两者借语言矛盾项达成辞面上的语义对立；区别在于前者的矛盾对立项多为词语，通常以一个词修饰、说明或限定另一词，故两者多为修饰与被修饰关系。而后者不存在修饰、说明或限制关系。从语言结构上看，我们可以将两者的关系界定为“Oxymoron is a compressed paradox.”（压缩的悖论修辞）和“Paradox is an expanded oxymoron.”（扩展的矛盾修饰）（吕煦，2004：212）。

迄今，语言学界已有不少学者对汉语矛盾结构、英语的悖论和矛盾修饰展开不少有益探索（吴永强，2004；孙毅和王晋秀，2012；郑燕，2017 等）。然而，统筹以上各路专家学者的观点不难发现，无论是英语 oxymoron 抑或 paradox 都无法与汉语的悖论格完全等量齐观、吻合匹配。从语言承载单位看，汉语的短语型悖论结构对应于英语 oxymoron，而汉语句子型悖论格映照 paradox。考虑到以往学者多单纯地对汉语悖论和 oxymoron 或 paradox 进行局部研究的片面性与偏颇性，以及结构形式和功能分析的肤浅性与表面性，本章立足当代隐喻学视角，将英语矛盾修饰（oxymoron）与悖论辞格（paradox）统一归入汉语悖论格，开展跨语言微观对比分析，提出悖论表达不仅是一种特殊的语言现象，亦为人类共通的认知思维，具备与认知隐喻契合、相同的本质，即作为人类对客观世界进行概念化和经验化的产物，悖论格已远非语言自身的问题，其内核关涉人的概念性和系统性认知本质，故可将其统筹界定为悖论隐喻，据此探究深层次的思维动因与认知理据。

第二节　汉英悖论格与当代隐喻学的谱系勾连

以 20 世纪 80 年代为分水岭，学界对隐喻进行了重新的定位与审视。就传统观点而言，隐喻只是单纯的语言修辞形式，是一种特异性语言表达。而就此 Lakoff 和 Johnson 则首次针锋相对地掀起了当代隐喻学的大旗。自此，当代隐喻学成为国际语言学界新生的理论派别与研究进路。诚如 Lakoff 和 Johnson（1980a：3）所言，隐喻广泛存在于人们的日常生活中，不仅存在于语言，亦存在于人的思维与行动中。隐喻不单是一种修辞手法，更可跃升为全人类共享的思维方式，且贯穿于整个认知过程。人们通常于无意识中生成自然而然的隐喻式表达（Kövecses，2015：ix）。概念隐喻理论提出，隐喻作为一种有效的认知工具和手段，是人类赖以生存的思维方式，其对人类概念化与认知推理的作用举足轻重。Lakoff 和 Johnson 笔下的隐喻不再是一种单纯的修辞格或语言附属品，而是人类普遍拥有的认知策略与思维工具。人们在概念隐喻理论的指导下，可实现对物理世界从近到远、从外到内、从已知到未知、从具体到抽象的认识的逐步深化和升级。据此，认知隐喻可理解为基于两者或更多成员之间跨概念域的映射，将属于不同范畴的事物借彼此间的相似性联系在一起。凭借相似性桥梁，人们能够以较熟悉、易理解的源域为基准，来把握不甚熟悉、较难理解的靶域。利用源域来解释靶域，实现两个不同概念的跨域联结与认知互动，这便是概念隐喻的跨域映射机制（孙毅和陈叶，2018：6）。任何一个靶域都可由一系列的源域加以表征（Benczes & Ságvári，2018：121）。当代隐喻学持以下语言观：语言并非独立于人类主观认知活动的外在符号系统，而是人将自身体验感知与外部世界相互作用，进而将其逐步概念化、符号化而最终形成。人们的思维、概念、认知、推理等都是基于隐喻的。人类探究未知领域的先决条件之一就是要具备认知隐喻思维。借助隐喻认知工具，可实现由已知知识领域向未知空间的投射和把握。

本研究提出：悖论格不仅是一种语言特异表征，同时也是人类的基本认知模式。施喻者以自身的物质经验为基础和前提，建立与外部事物间的认知联结。同时以这种新创的认知关联为契机，廓清已知对象与未知对象这一对矛盾体间的内部联系。据此得知，悖论表达与认知隐喻具有同质性关系，悖论和隐喻的认知动因是一以贯之的：人们立足大脑中的既存经验，基于目标概念与已知概念之间的表层冲突性与矛盾性，利用具体意象来置换另一陌生意象。这便是建构于认知基础之上的悖论隐喻生成机制。虽然形成悖论隐喻的两个语言构件看似处于相互抵制、彼此对立的僵势，而探其本源，悖论化冲突为和谐、于对立中见统一，借助矛盾的消解或妥协在两概念间建立深层次的协调性与一致性。换言之，汉英悖论格借辞面矛盾项揭示语言背后潜藏的实质性内涵。就语言表层的构成要素而言，汉英悖论格和认知隐喻存在结构和意义上的相似性：悖论结构常借助一个概念域激活另一个概念域，且两个概念域的地位和功能各不相同；通过两个概念域间的跨域映射，悖论隐喻语义矛盾的属性得以凸显。基于对立双方的相似性本质，矛盾隐喻最终生发新创义或涌现义（emergent meaning）。如古汉语中悖论格的典型用法之一"善游者溺，善骑者堕"（刘安《淮南子·原道训》），两小句各蕴含一组认知域：善游者和溺水者以及善骑者和堕马者。且每对概念域均侧显后者，即溺水者和堕马者。人们的惯性思维是会游泳的人溺水可能性较小；擅长骑马的人技艺高超，故堕马的概率更低。而此处由逻辑冲突搭配形成的语义范畴为：会游泳的人溺水概率大；越是会骑马的人发生意外的可能性越高。先贤借错置的概念范畴传达如下新创义：做人切勿妄自尊大、恃才傲物，而应常怀履薄临渊之心，秉承谦虚谨慎的行事准则。该例用言精简，惜墨如金，但言近旨远，力透纸背。由饱含哲学意味的悖论带来的崭新意义势必给受众留下深刻的印象，发人深思，耐人寻味。同样，英语中存在众多双重语义互锁，且辞面背谬、冲突而辞里和谐、一致的悖论式俗语和谚语。如例“*More haste, less speed.*”中的 more haste 和 less speed 便分属不同的认知域，且各自激活的意象图式分别为 speed up 和 access to one's purpose 以及 slow down 和 farther away from the objective。人们可将源域，即 more haste 对应的语义映射至靶域 less speed 之上。另外，两概念域的辞面义是矛盾且背离的，但其言外之意却是连贯而统一的，故已满足概念隐喻“范畴错置”和“语义误配”的认知属性。此例最终传递出的涌现义为：不要一味地追求速度，“欲速则不达”。

结合上述汉英实例可见，传统的汉英悖论格与当代隐喻学新视野中的隐喻属同位素关系。Lakoff 和 Johnson（1980a：84）曾谈及隐喻存现与识解的两个标准：①隐喻所涉及的两个或多个概念源自不同的认知域，即跨域映射；②隐喻只关涉部分特征的运演，且弱化（downplay）或隐藏（hide）无关的非凸显属性，即局部显隐。我们据此标准，结合具体语料，可判定汉英悖论格的隐喻性实质。例如“海内存知己，**天涯**若**比邻**。”（王勃《送杜少府之任蜀州》）和“A ***strong man*** knows his ***weaknesses***.”（谚语）。首先，悖论隐喻涉及两个不同的概念域。汉例中的两个概念域分别为“天涯”和“比邻”；英例中的概念域是 strong man 和 weaknesses。以上两两概念域均分属异域，且借一域来表征另一域，属跨域映射。其次，悖论隐喻的映射过程只涉及部分显性因子，即满足认知隐喻的存现条件之一——局部显隐（孙毅和张俊龙，2017：32）。汉例借“天涯”和“比邻”侧显两个概念域间的距离关系，而藏匿各自其他的语义属性；英例借 strong man 和 weaknesses 突出两者对立的语义特征“优势”和“劣势”，而各自其余特征被刻意藏匿。此外，当代隐喻学的存现条件之范畴错置或语义误配更是汉英悖论存在的基础和宗核。由此得出，汉英悖论表征在较大程度上满足了认知隐喻的如下存现条件，即：经由不同概念域形成的跨域映射达到范畴错置、语义误配的独特效果。结合上例可知，由来自不同认知域而构成的两两对立、错置的语义范畴依次为“天涯”和“比邻”以及 strong man 和 weaknesses。且在此过程中说话人突出部分特征，而遮蔽其他属性，即彰显前者的“距离”属性和后者的“优劣”特征。并最终传递出悖于常规的新创义，即汉例中诗人送别好友时的寄语为“只要惺惺相惜，纵然相隔千里，亦可神魂互交。”；英例的隐含义为“人无完人，要不断超越自我”。见微知著，无论汉语或英语悖论表达都可按图索骥地依托 Lakoff 和 Johnson 设立的判别标准断定其隐喻本质。所以，我们将传统的汉英悖论格置于当代隐喻学视域下探究其隐喻本质是有理可依、有据可循的。

承上所述，汉英悖论与认知隐喻具有同质性关系。随着人们认知能力的不断攀升，隐喻逐渐发展为一种认识客观事物必不可少的概念化工具和创造性思维路径。而悖论隐喻同样能使人们自如地运用抽象思维能力，凭借两个不同事物间的相似性而建立彼此的认知关联和联想映射，以期把握陌生事物、感知抽象世界。就悖论隐喻的实质而言，两个矛盾项各司其职，分工明确：其中之一蕴含的概念用以解释或映射另一概念，误配的悖谬结构暗含深层次的和谐意旨，最终巧妙地表达全新概念，并实现人类对外部世界的感知与认识。一言以蔽之，隐喻这一人类共通的思维模式和认知手段对传统修辞学视域中的悖论格具有统摄功能与辖制作用。

第三节　汉英悖论隐喻疆域微观厘析

古往今来，不同民族的人们在说话或笔头交流中，都会有意无意地运用修辞格。语言的修辞活动伴随着语言本身同步蜕变并发展。悖论格作为汉英语言中的众多普遍同现辞格之一，其实质是借字面语言将正、反两层意思同时呈现摆放出来。乍一看，悖论格的乖讹表述和背谬手法偏离语言常规，有违语义逻辑。反复斟酌后，读者便能品出其中的超常意味，从而获得一种引人入胜的修辞效果。考虑到汉英悖论格的语言承载单位同异共存，我们将承载单位，或曰矛盾生发的物质基础设立为统一标尺，对汉英悖论格进行形式描写。上文已提及，英语 oxymoron 对应于汉语短语层面悖论表达，paradox 则映照句子层次（包含单句、复句和句群）的悖论格。所以，以下我们将分条缕析、循序渐进，廓清汉语悖论格与英语 oxymoron 和 paradox 的一一对应关系。

一、短语型汉英悖论格

《英语修辞大全》对 oxymoron 的界定为："An oxymoron is a compressed paradox, formed by the conjoining of two contrasting, contradictory or incongruous terms."（矛盾修饰可理解为压缩式悖论，它由两个意义相悖、矛盾对立的词项搭配而成。）（冯翠华，1983：78）以形式特征为分类依据，立足最常见的偏正关系型悖论格，英语矛盾修辞和汉语短语型悖论表达可以细分为如下几类（张秀国，2005：229-231；吕煦，2004：203-204）。

（一）*adj.+n.*偏正关系

*adj.+n.*表示由一个形容词修饰另一个与之意义相反或相对的名词，两者构成修饰与被修饰的偏正关系，如英例 heavy lightness（举重若轻）、sweet pain（苦乐参半）、thunderous silence（大音希声）等。又如“鸿渐生平最恨小城市的摩登姑娘，**落伍的时髦，乡气的都市化**”（钱钟书《围城》），在此作家以对立冲突的 *adj.+n.*结构，借“鸿渐”的口吻，表达自身对社会畸形发展的不满，带给受众深刻的阅读体验。

（二）*adj.+adj.*偏正关系

*adj.+adj.*即两个反义形容词粘连结合，修饰同一个名词，如 cold warm embrace（不温不火的拥抱）、bitter sweet memory（苦中带乐的记忆）、good bad news（喜忧参半的消息）等。又如“她目光如炬，呼气生霜，走来了**古老**而**年轻**的中国”（许琪《她走来了》）中的“古老”和“年轻”抓住了事物的对立面，提升表达张力，借助精练的语言生动地描摹了作者对祖国的挚爱之情。

（三）*adv.+adj.*偏正关系

*adv.+adj.*意为一个副词修饰与之意义相反或相对的形容词，如 hard tender（冷酷的温柔）、wisely stupid（聪明的愚笨）、rudely great（拙劣的伟大）等。又如“我行走在上海大街，我的心思空**无一物地浩瀚，没有物质地纷乱如麻。**”（毕飞宇《叙事》），借两个 *adv.+adj.* 结构刻画了“我”丰沛多变、纷繁复杂的精神世界，可谓表义深远，一语胜千言。

（四）*n.+adj.*偏正关系

*n.+adj.*形式较为少见，是将形容词置于名词之后，即形容词作名词的后置定语，如 darkness visible（可见的黑暗）、discord dulcet（美妙的噪声）、faith unfaithful（虚伪的忠实）等。现代汉语中鲜见形容词后置修饰名词的短语结构，而多以 *adj.+n.*式悖论表达代之，即本小节的第一种次类。

（五）*v.+adv.*偏正关系

*v.+adv.*结构中的动词表示动作、行为或状态等，其后的副词修饰、限定该行

为动作，如 shine darkly（黑漆漆地亮）、hasten slowly（慢吞吞地慌）、die merrily（乐呵呵地死）等。又如“李鸣觉得**精力集中**得全**分散**了，怎么也不能思考”（刘索拉《你别无选择》）中的“精力集中”和“分散”属动词和副词的修饰关系。*v.*+*adv.*结构凸显矛盾对立，带给人诙谐、幽默的阅读感受。

（六）*n.*+*n.*偏正关系

n.+*n.*结构是两个反义名词借连字符构成一个合成词，修饰其后的中心词，如 love-hate relationship（爱恨交织的关系）、life-death decision（生死攸关的抉择）、fire-water state（势如水火的状态）等。此外，还存在两个名词由一个介词 of 连接而成的“*n.*+of+*n.*”结构，如 sickness of health（健康的疾病）和 feather of lead（铅铸的羽毛）。质言之，此类短语变体形式与 *n.*+*n.*偏正关系别无二致。又如“我追求的是**不表演**的**表演**”（姚忠礼《啊，明星》），借悖谬语义传递说话人隐晦的意图，有效地规避了语言上的直来直去和平铺直叙。

（七）*adv.*+*adv.*偏正关系

双副词并列，即 *adv.*+*adv.*短语型悖论格鲜见英语用法，而在汉语中使用频率较高，尤其频现于鲁迅先生的系列作品中。如“其中**似乎确凿**只有一些野草；但那时却是我的乐园”（鲁迅《从百草园到三味书屋》），两个对立语义副词的并置构成鲜明的对比，抒发作者对百草园的无限留恋与怀念之情。

二、句子型汉英悖论格

英语 paradox 从构成基础来看，与汉语单句型悖论格的结构形式一致。且汉英单句悖论多为主谓关系，即相互对立的矛盾项在句子中分别充当主语和谓语。冯翠华（1983：76）对英语单句悖论（paradox）的定义为：“A paradox is a figure of speech consisting of a statement or proposition which on the face of it seems self-contradictory, absurd or contrary to established fact or practice, but which on further thinking and study may prove to be true, well-founded, and even to contain a succinct point.”（英语悖论格多见于陈述句，其表层结构自相矛盾、荒诞离奇、悖于常规。但究其实质，人们便能察觉其内生的真实性、合理性与自明性。）例如：

1）这**宁静**的夜并**不宁静**。（黎如青《万山红遍》）

2）我亲爱的母亲！你是那么**古老**而又**年轻**。（刘景林《祖国啊，母亲》）

3）The best *defense* is to be *offensive*. (A. Salter)

4）*The stone age* may return on the gleaming wings of *science*. (W. S. Churchill)

上述四例只是为数众多的单句型悖论格范畴中的个别成员。一般来说，夜晚是宁静的，而例 1）中的“夜不宁静”实则映照了作者内心动荡的情感变化。语义逻辑的故意违反能够顺势激发读者的阅读兴趣，进而敦促读者玩味作者的言外之意；例 2）由表层的背谬语义“古老而又年轻”凸显深刻的和谐意境，给人以耳目一新的感官体验，使作者对祖国母亲爱的表达恰如其分；例 3）的说话人善于抓取 defense（防御）和 offensive（进攻）的语义对立面，主观增强了偏离常规义的冲击力，内涵丰富、意旨深远，易与读者形成心灵上的共鸣；例 4）中的 the stone age 与 science 形成超常搭配，促使读者透过乖戾的语言表象探寻其内在合理性，旨在揭示现代科技的滥用可能摧毁人类，并将其带回“石器时代”。悖论格借精练的语言获得一种独特的强调效果，提升语言的哲理性和说服力。

三、复句型汉英悖论格

除了上述简单句形式的悖论表达，汉英语言中亦不乏使用复句表对立统一的矛盾语义。组成复句的两小句一般为两个表面冲突而深层和谐的悖论项。从具体语言现象看，常见的复句型悖论格可分为并列复句型、条件复句型、因果复句型和转折复句型等次类。下例 5）—例 12）依次为汉英语言中四种常见的复句悖论表述：

5）两口子闹了这一场，双双又是**生气**，又是**好笑**。（李准《李双双小传》）

6）红旗渠最大的特点是“悬挂”在南太行的悬崖陡壁上，“**在不能修渠**的地方**修了渠**”。（宋飞雁《钢钎下人工天河》）

7）因为我**爱你**，所以我**不能爱你**。（张贤亮《男人的一半是女人》）

8）那眼神似乎满是**空洞和无助**，但又分明贮满了**坚毅和刚强**。（王德亭《悲情土地》）

9）We are the *hollow* men./We are the *stuffed* men. (T. S. Eliot)

10）If a thing is *worth doing* it is worth *doing badly*. (G. K.

Chesterton)

11）I am so *serious* is why I can *joke*. (E. Hemingway)

12）This suspense is *terrible*, I hope it will *last*. (O. Wilde)

例 5）既“生气”又“好笑”的矛盾心情借标新立异的外在尖锐冲突得以揭示。心理刻画恰到好处，可谓生花妙笔。例 6）中“不能修渠”是客观现实和前提条件，但勤劳智慧的劳动人民却能够克服千难万险，最终促使“渠成”。字面义和隐含义高度一致，进一步讴歌了劳动人民的美好品质。例 7）中的“爱你”与“不能爱你”相互交织，前因后果的矛盾关系形成鲜明对比，足以彰显人物复杂的心理状态，抒发强烈的内在情感。例 8）“空洞和无助”与“坚毅和刚强”的表层悖论借助转折结构唤醒深层的协调语义，其对主人公眼神的精准刻画令读者耳目一新。例 9）以 hollow men 和 stuffed men 颇具表现力的对比来描摹人物特征，抒发诗人矛盾丛生的精神状态，产生惊人的艺术感染力。例 10）以精炼的条件句传递辩证统一的言外之意：假如一件事情值得做，它有可能是没有价值的。貌似不合逻辑，实则意藏深厚。例 11）的作者海明威以 serious 和 joke 形成悖论，妙趣横生，诙谐幽默，使读者不自觉融情于景，情景交融。例 12）中的 terrible suspense（可怕的悬念）是没有理由让其持续良久（last）的。而作者以背谬陈述表转折义，言直意曲，峰回路转，更全面、细腻地吐露了深藏于心的个人意图。

四、句群型汉英悖论格

句群型汉英悖论格为两个或两个以上语义独立的矛盾句前后相依，共同传递高度统一的意义。此类矛盾结构要求句式连用，彼此相互补充，相得益彰，从而达到强化语势、渲染语境的艺术效果。值得注意的是，当只有两个句子构成句群型悖论结构时，需与上述并列复句型悖论格加以区分：并列复句悖论格的两小句为语义对立的关系。换言之，两个矛盾对立项分别置于两小句中，彼此相互仰仗，缺一不可；而句群型悖论格所包含的两个句子结构彼此分离，仅意义一致，语义协调。例如：

13）她的眼里包含着一种**强烈吸引力的拒绝**，一种**极其炽热的冷漠**，一种**怜悯的责怪**，一种**爱的恨**。（张贤亮《河的子孙》）

14）高密东北乡无疑是地球上**最美丽最丑恶**，**最超脱最世俗**，**最圣洁最龌龊**，最能喝酒最能爱的地方。（莫言《红高粱》）

15）Only the *deaf* appreciate *hearing*, only the *blind* realize the manifold blessings that lie in *sight*. (H. Keller)

16）I *die*, yet *depart not*, / I am *bound*, yet soar *free*; / Thou *art* and thou *art not* / And ever shalt be! (R. Buchanan)

例 13）的四对词组平行列出，形成连贯一气的语流，精确地描绘了“她”的感情冲突与内心矛盾，惟妙惟肖，栩栩如生。例 14）虽为说话人的真情流露，却与人们的一般认知错位，反而使得主人公对家乡的情感刻画独到新奇，跃然纸上。句群型悖论格与排比修辞并用，给人以江河直下的畅快淋漓之感。例 15）的内涵义为聋盲之人能体会到 hearing（听觉）和 sight（视觉）。这一观点显然颠覆了人们的常规答案。似是而非的隽语造就了出人意外的艺术魅力。诗人在例 16）中有意织就了三组表里不一的背谬结构（die 与 depart not、bound 与 free 以及 art 与 art not），使人物形象愈加丰满、立体，通过消解语义冲突强化语言表达效果。

统上，汉英悖论格可从承载单位和语义属性角度进行系统比较。英语矛盾修饰的物质基础为短语型语言单位；悖论则属句子层次的矛盾格。而汉语悖论格的物质基础共有短语、单句、复句和句群四种层级单位。由此观之，汉语悖论格统辖英语 oxymoron 和 paradox。借助形式描写可发现彼此结构上的差异性。而汉英悖论格的共性则主要表现为共同的语义特征：汉英悖论格均具有辞面冲突、辞里和谐的特点，通过对惯常语义搭配的背叛形成语言乖戾结构，借此凸显两个矛盾项的对立、统一关系，阐释事物内生的合理性与协调性。在从跨语言微观对比的视角探究汉英悖论隐喻的异同之后，下文将从宏观层面整体把握其涉身认知的泛人类共享性和基于文化模型的跨语言独特性。

第四节 汉英悖论隐喻相似性的体验哲学理据探微

客观主义认知观在近现代的西方哲学中始终占据着统治性地位。客观主义认为：世界独立于人的经验而存在。符号的意义同样独立于人理解与使用语言的方式；客观现实不为个人的主观判断所影响；意义是客观的，与身体相分离（郭熙煌，2009：72-75）。肇始于 20 世纪 70 年代中后期的当代隐喻学则逐渐意识到客观主义认识论的离经叛道之本质。文旭和司卫国（2018：25）提出，客观主义忽视了人的身体结构、具象体验和主观感知等要素在概念化、范畴化和认知推理过程中的决定性作用。以 Lakoff 和 Johnson 为代表的认知语言学家另辟蹊径，逐渐开辟第三条研究进路，继而设立了体验哲学的语言观，又称“非客观主义”或“经验主义现实论”。无论是经验主义还是理性主义，都没能认识到具有主观能动性和感知体验性的人在客观世界中的地位，均忽略了人类的身体经验以及丰富的想象力等作用（文旭，2016：10）。与之相对，体验哲学是一种基于身体体验的哲学观念，强调人的心智、思维活动和主观感受在认识客观世界中的重要地位。人的整个概念系统源于自身在物理世界和社会活动中获得的体验。基于人的身体结构和生理系统的感知所得贯穿于心智体验的全过程。概念的形成源于人的身体和大脑对现实世界的体验与感知。概念的意义通过人的感知（perceptual）能力和运动（motor）能力获得（Lakoff & Johnson，1999：497）。体验哲学具有两大显著特征：一方面，体验哲学回答了人的经验如何与概念结构产生联系；另一方面，体验哲学强调人的身体结构在概念化过程中的作用（Rakova 2002：215-216）。Jamrozik 等（2016：1080）将体验认知理解为人类经由感知和运动系统所得到的抽象概念。换言之，人们的思维受制于身体体验。抽象概念同样是具身性的（Lakoff，2012：773）。人类的一种普遍思维模式就是体验性认知，简称“体认”，可将其解释为人们在认识自身的基础上，由浅入深、由易到难，以具身体验作为衡量周围事物的标准，从而形成纷繁复杂的概念系统。

汉英悖论格作为认知隐喻大家族中的重要一员，同样以体验哲学为哲学依据。Gibbs（2003：1）谈到，人类思维和语言的诸多方面都植根于身体体验。人们把由身体体验获得的知识作为理解隐喻意义的主要来源。所以说，隐喻根源于人们的身体体验（Gibbs，2003：10）。Falck 和 Gibbs（2012：253）提出，人们日常的体验经历在帮助其理解众多隐喻概念方面发挥重要的作用。人具有矛盾性，自身即为矛盾统一体。人们以对自身矛盾的体验和理解为基石，进而推己及人，俯察万物，将对外部世界矛盾现象的见解诉诸语言，便诞生了汉英悖论修辞。汉英悖论格看似有违常规，无法调和，但实际上是运用两个彼此对立、交相辉映的语言因素来表达意蕴厚重、协调一致的深层意义。经验主义现实论为诠释汉英悖论格提供哲学依凭。悖论格的艺术精髓与神韵在古代汉语和英语文学作品中均有体现，如山水田园诗人王籍的《入若耶溪》中千古名句“**蝉噪**林逾**静**，**鸟鸣**山更**幽**”。一般说来，山林的静谧本应被“蝉噪”和“鸟鸣”所打破。然而诗人以动衬静：夏蝉高唱和众鸟婉啼更显山林的寂静与幽深。受众可凭借对客观事物之矛盾特性的理解，将自身矛盾本质统一于外部世界，借此体味诗人违背语义搭配的协调性。又如，Shakespeare 的经典代表作之一《罗密欧与朱丽叶》

（*Remeo and Juliet*）中有一句运用悖论格的典型台词。对于不甚清楚故事情节的观众来说，朱丽叶的惊叹“My only *love* sprung from my only *hate*.”实难领悟。但当读者理清故事脉络，了解前因后果之时便会发觉，此处超越形式逻辑的乖讹表达用得如此精当、妥帖。每个人都可能遇到又爱又恨、爱恨交织的情感错位。人们出于对自身矛盾体的了解和对情感矛盾的真切体会，才能身临其境，设身处地般地体悟当事人复杂的内心思想。所以说，此处的字面背谬义恰好映照了女主人矛盾的心境，绘声绘色地描述了其惊愕、诧异和崩溃的情绪。简言之，悖论矛盾所开创的反义聚合相向碰撞，对峙反叛，意蕴隽永，冲击力大，不禁令人拍手称绝。

Lakoff 和 Johnson（1999：73）界定的体验哲学三大基本原则为心智的体验性、认知的无意识性以及思维的隐喻性。人们后天习得的大部分概念和推理都有赖于主观身体部位与客观事物的联系。隐喻性思维是人们了解和认识客观世界的绝妙法宝和有力武器。在体验心智和隐喻思维的武装下，人们透过新事物表象洞见其实质，从而把握新事物发展规律，加深对客观世界的了解与感悟。从认知科学的视角，隐喻性思维是每个人必不可少的认知能力，它为人类在主观认知与客观现实之间搭建沟通与互动的桥梁。体验哲学将人的主观认知统一于客观世界，凸显人类的身体体验及与客观现实间的互动作用。而语言同样是人们在对客观世界的体验与认知中一点一滴积累汇聚起来的。语言反映人类的认知与思维活动。悖论格作为汉英民族共通的语言表达形式，其哲学基础必然是体验哲学。人们对汉英悖论隐喻的理解也须依托体验哲学。体验哲学的要旨与核心奠定了认知主体，即自然人的涉身体验在人类认知能力发展中不可磨灭的地位和作用。体验哲学强调，语言是人自身与外部世界交互作用的结果。语言和认知不可脱离于人的身体经验，而是与人类共通的神经系统和生理特征休戚相关，须臾难离。具身体验是了解和掌握外部世界并对其建构不同概念域的唯一路径。所以说，相似的身体构造和生理机制、相通的感知体验与认知能力等同一性因素催生了悖论隐喻在汉英跨语言间的和谐一致性，甚至是完全的匹配一致性。汉英语中表意协调的悖论表达占据一定的比例。如“When *everything* is important，*nothing* is.”（多重点等于无重点）、“*Everybody*'s business is *nobody*'s business.”（三个和尚没水喝。）、“He that is *full of himself* is very *empty*.”（自满者必空虚。）和“If you believe *everything* you read，better *not* read.”（尽信书不如无书。）等，不一而足。在英国作家、文学评论家 G. K. Chesterton（1874—1936）的作品中悖论格随处可见，故作者享有“悖论王子”（The prince of paradox）之美誉，如

"To *love* means loving the *unlovable*. To *forgive* means pardoning the *unpardonable*. *Faith* means believing the *unbelievable*. *Hope* means hoping when everything seems *hopeless*. (G. K. Chesterton)"（喜爱意味着喜欢不可爱之人；原谅意味着谅解不可恕之事；信任意味着相信不可信之人；希望意味着期待不可期之事。）。我国道家学派创始人老子更是将悖论矛盾运用得出神入化、登峰造极。如警世名言"**为无为，事无事，味无味**""天下皆知美之为**美**，斯**恶**已；皆知善之为**善**，斯**不善**已。故**有无**相生，**难易**相成，**长短**相形，**高下**相倾，**音声**相和，**前后**相随""**大成若缺**，其用不弊。**大盈若冲**，其用不穷。**大直若屈**，**大巧若拙**，**大辩若讷**"等。可见，早在春秋时期老子的思想便已闪烁着矛盾对立、统一的辩证哲学思维之光芒。悖论隐喻的生成与理解可以简化为：人们将看似矛盾对立的两事物相互融合，立足一事物的特征来解释说明另一事物。结合自身体验，人们充分发挥概念化能力和主观联想，依据不同事物间的相似性联系，以源域概念来理解靶域，最终加深对陌生事物的认识。这便是悖论隐喻的认知本质。简言之，体验哲学为汉英悖论隐喻趋同创生提供取之不尽、用之不竭的源头活水。

第五节　文化意蕴视域下汉英悖论迥异性的文化模型理据

《大辞海——文化新闻出版卷》（夏征农等，2013：1）对文化的定义为："广义指人类社会生存方式，是人类在社会历史发展过程中所创造的物质财富和精神财富的总和。可分为三个层面：物质文化……；制度文化……；心理文化……。狭义指人类的精神生产能力和精神创造的成果。"韦孟芬（2011：38）提出："隐喻与文化因素联系密切，并呈现出一定程度的差异性。即使是同一隐喻，不同文化背景的人会从不同角度去理解。"各民族在长期生活实践中获得了宝贵的经验和生存的智慧，而这些植根于不同文化土壤中的人生经验与智慧结晶便生发出一朵朵形态各异、争奇斗艳的隐喻奇葩。Kövecses（2015：71，100-112）曾谈，在隐喻概念化过程中，人们既依赖于全人类共享的大环境（global context）；同时也离不开各具特色的区域性小环境（local context）。就局部环境而言，它通常包括言语者眼前的自然场景和其特定的知识储备等，且局部环境中的影响因素可归结为异质性文化影响力。可见，人们对外部世界的概念化不单受制于体验哲学的涉身认知，还需考虑彼时、彼地文化因素的独特作用（Kövecses，2010：217）。同时，正如庄子所谓的"朝菌不知晦朔，蟪蛄不知春秋”（《庄子·逍遥游》），不同社团群体诞生并成长于不同的自然环境和社会环境中。而这些错综复杂的环境因素，如自然景观、物候条件、风俗人情、人文历史、生活习性、审美意趣等都会使每个民族呈现出色彩鲜明的文化特性。由此观之，不同集团和民族的文化差异是在多重主、客观要素的综合作用下塑形的。文化为人们的日常经历和社会经验提供背景，进而使人们能够形成一种认知模型。特定领域的认知模型最终依赖于所谓的文化模型。Gibbs（1999：153）曾就文化模型作出如下界定：“文化模型是不同主体间共享的文化图式，可用以解释人们在日常活动、机构组织、外在实体和内在心理等诸多领域的经验或经历，并指导其行为规范。”处于各自文化模型中心地位的文化因素在解释不同隐喻概念时发挥极为重要的作用（Yu & Jia，2016：177）。隐喻依附于人类经验，尤其对与实实在在的身体体验相关的某一特定领域的认知模型而言，隐喻对文化模型的依赖性更强。认知模型重在认知实体的心理属性，并考虑到个体间的认知差异。而文化模型强调的是群体对于认知实体集中共享的方面，如自然、地理、历史、习俗、观念等影响因子。各式各样的隐喻表达在身体经验的基础上经由认知路径和文化模型构建而成。而承载着独特价值观的隐喻不可避免地要排斥异质价值观。文化模型作为一种客观存在，没有优劣、高下之分，不会因其他文化的好恶而有所取舍。文化模型是文化现象本身所具有的属性，而不是研究者预设的、用来统摄材料的工具。语言是文化的一个重要组成部分，且隐喻作为语言的重要表达方式，同时也是折射不同民族文化的一面透镜。各种修辞手法视语言为其物质单元和承载基础，悖论格亦不例外。从修辞实质上来分析，每个民族的语言修辞活动都拥有独具一格的文化代码。而文化代码是人类在特定环境中对外部客观世界进行合理探索的产物，故不同民族的悖论隐喻必然带有独一无二的文化代码和身份烙印。作为传承民族底蕴、标识异质文化的悖论隐喻，无不浸润着特立出众的地域传统与身份个性。

首先，本研究以民族思维倾向性为立足点，阐释汉英悖论隐喻的特异性本源。华夏大地薪火相传的辩证思想是中国古典哲学皇冠上最耀眼的一颗明珠。唯物主义辩证法的主要观点之一为矛盾是普遍存在的，并将矛盾视为事物内部或之间既对立又统一的关系的哲学范畴。华夏同胞基于如上的民族思维倾向性所创造的悖论必然具备两个矛盾项，且人们凭借两者的内部关系达成辩证性认识。《楚辞·卜居》中记载：“夫尺有所**短**，寸有所**长**；**物**有所**不足**，**智**有所**不明**；**数**有所**不逮**，**神**有所**不通**。”在此作者谈及，尺虽比寸长但也有短处，寸比尺短却也有其优势；世间万物都有不尽完善之处，人拥有再多智慧也会有不明事理的情形；术数中逃脱占卜的事情时有发生，天上神灵也有难解之惑。可见，国人在辩证哲学与对立思维的引领下对物理世界中矛盾的探索彰显了汉语悖论的对立统一之本质。与之相对，根据西方哲学中“物我两分”的观点可知，欧美人强调形式逻辑和思维的分析性，在分析性思维模式的作用下更多地关注事物结构的衍推与操作。故英语悖论的内在思维理据如出一辙，不过如是。英语 paradox 多单纯地追求语义对立和表象冲突，极尽所能，将表面上逻辑冲突、意义背谬的语义域生拉硬拽般强扯在一起，从而形成语义对立的浅显式悖论隐喻。如“I find no *peace,* and all my *war* is done; I *fear* and *hope,* I *burn* and *freeze* like ice; I *flee* above the wind, yet can I *not arise;* And *naught I have* and *all the world season.*” (S. T. Wyatt)（我的和平销声匿迹，战争偃旗息鼓；我内心畏惧，又满怀憧憬；我热力四射，又冷若坚冰；我随风飘摇，却难以遨游；我一无所有，而又拥有整个世界。），诗人怀特有意铺排 peace 和 war、fear 和 hope、burn 和 freeze、flee 和 not arise 以及 naught I have 和 all the world 五对反向义组合，采取要素串联的搭配手法，描摹了矛盾的内心世界。

其次，在汉英民族几近对立的性格的共同作用下塑造的话语方式也是导致不同语言悖论隐喻表征差异性的主要动因。中华民族自古崇尚内敛、谦恭、沉静的性格特征，这一点通过古代社会对女子“三从四德”的要求便可见一斑。在这样的性情喜好影响下，人们表达内心情感时多委婉、含蓄，故而产生了“借景抒情”“寓情于景”“托物言志”等间接的抒情手法。如“它是那么**端凝**，却又那么**轻盈**；那么**沉重**，却又那么**飞动**；那么**拙重**，却又那么**飘举**；那么**威武**，却又那么**秀丽**”（黄裳《前门箭楼的燕子》），作者在此句句赞美燕子的美好品质，但却难觅一个“情”“爱”等直白、露骨之辞。情感刻画宛如涓涓细流，衬托和排比等多种修辞兼用，将自己对燕子的喜爱之情娓娓道来，低调隽永但毫不失色。相反，西方人较热情、直爽，故直抒胸臆是其表情达意的首选策略。在假借悖论结构描述内心情感时，欧美人士断然不会像国人那般“言在此而意在彼”，而是直率、坦荡地抒发内心所思所想。如“*Beautiful tyrant*! *Fiend angelical*! *Dove-feather'd raven*! *Wolvish-ravening lamb*! *Despised substance of divinest show*! Just opposite to what thou justly seem'st, A *damned saint,* an *honourabel villain*! (*Shakespeare, Romeo and Juliet*)”（美丽的暴君！天使般的魔鬼！披着白鸽羽毛的乌鸦！如豺狼般残忍的羔羊！圣洁的外观下是丑陋的本质！你的内心和外表全然对立，万恶的圣贤！可敬的邪魔！），作者将朱丽叶充满矛盾的内心情境和盘托出，其强烈的情感如山间激流般倾泻而下，直吐胸怀，醒人耳目，生动有力，撼人心魄。

最后，中西方国家囿于不同的思维倾向和大众性格，所塑就的价值观念或价值评判标准彼此对立，各有侧重。中国人在辩证统一思维与谦和内敛性格的双重作用下，推崇集体主义、牺牲小我，成就大我的奉献精神。正如著名作家臧克家先生在《有的人》中道："有的人**活着**，他已经**死了**；有的人**死了**，他还**活着**。"为个人利益不择手段之人如行尸走肉般苟活于世，虽生犹死；舍己为人、献身于集体利益之名士万古流芳，虽死犹生。可见，集体主义重视社会和群体利益。且当个人利益与集体利益发生冲突时，要保全集体利益，牺牲自我利益。与集体主义相对，西方人标榜个人主义、利己主义的价值观，追求自我解放、个性独立和个体自由。英语中部分俗语以个人至上的角度，从个人利益出发，指导人们形成了以个人为中心、不计一切维护个体利益的世界观，如"*Revenge* is a kind of wild *justice*."（复仇是以野蛮的方式实现公平。）、"One has to be *cruel* to be *kind*."（一个人先学会残忍才懂得善良。）、"*Punctuality* is the *thief of time*."（准时是偷走自己时间的小偷。）等。简言之，汉英悖论隐喻结构均滋生于人们对外部矛盾世界的主客观互动的认知体验。一系列的认知心理在借助各自文化模型进行阐释的过程中尽显"以我为主，为我所用"的运作走势与筛选习惯。可见，当代隐喻学在探讨语言、文化与人类认知行为及思维之间的关系时，其核心是将文化视为一个知识与概念的系统，认为文化模型存在于行为者的心灵之中，并为社会中的每一位成员所共享，它隐藏在现实言语交际背后，却暗中支配着人们的日常言语行为。

统言之，不同民族的人们以共通的认知基础为先决条件，在对外部世界进行概念化的过程中，形成了众多具有相似本质属性的隐喻范畴及概念。所以说，世界各民族的隐喻认知方式饱含跨民族共性和趋同之处。与此同时，汉英民族语言持有与众不同的文化身份，当面对同样的隐喻对象和客体时，隶属不同文化社团的人群在迥异的民族思维、话语方式和价值追求的框限下势必创造出形态各异、颇具地域特色与民族风味的隐喻结构。具体隐喻表征百花齐放的繁荣景象便是各民族炫异争奇的文化意蕴差异的最优注解。

第六节 结 语

汉英悖论格巧妙地将辞面对立而辞里和谐的两个矛盾项并置整合，借助乖讹语义或逻辑冲突的消释，达到强化语言效果的修辞目的。传统的汉英悖论格旨在表达复杂的情感和深邃的思想，是一种行之有效、喜闻乐见的修辞实践。而当代隐喻学视域下的悖论格不单是一种修辞手法，同时也是人类的一种基本思维模式和认知机制，即可将汉英悖论格提升至悖论隐喻的高度。窥一斑而见全豹，跨语言微观对比研究得出，悖论隐喻基于不同民族共通的涉身认知并饱含趋同性，同时各异的民族思维倾向性、话语方式和价值追求可用以解释汉英悖论的异质性。体验哲学是汉英悖论隐喻的语义对立且统一之共性的哲学根源。汉英悖论隐喻虽在语言承载单位上有所差别，但其内在语义特征均植根于体验哲学。汉英民族意识到自身即为矛盾统一体，从而由此及彼、推己及人，借自身的矛盾属性类比外部世界的矛盾本质，并由此结出汉英悖论表达的累累硕果。可见，人体自身矛盾和外部世界矛盾与汉英悖论隐喻的哲学本源是一脉相承的。而多种文化模型因素的综合作用则是汉英悖论语言表征的差异性理据。

第十五章　汉英认知辞格的当代隐喻学归一性处理：成绩与展望

第一节　对语言理论的研究

语言是伴随思维而产生的，人类思维的方式和特点深刻地影响着语言的产生和发展。语言从诞生伊始，便成为人类最主要的交际手段，成为不可或缺的思维工具，并影响着思维的方式。思维与语言像一对孪生兄弟，有着割不断、分不开的紧密联系。二者互相促进，彼此丰富，在很大程度上可以成为彼此的镜像（陈建初，1998：101）。作为人类最重要的交际工具，语言是话语信息的直接传递者。从语言的使用来看，它又与多方面的社会因素相联系，因此语言和语言使用成为许多学科共同关注的对象（王德春和陈晨，2001：33）。

诚然，对语言的科学研究还有待提升。陆俭明（2012）认为："真正意义上的科学研究必须对考察、挖掘和描写所得的语言事实及其内在规律作出科学解释，并从中总结出具有解释力的原则，升华为系统的理论，然后用这些原则、理论来解释更多语言事实，从而使语言学科得以自立和发展。"我国现代语言研究很大一个弱点就是理论意识不强。研究者的理论意识不是骤然凭空而生的。第一步必须努力学习前人和时贤已经提出和运用的理论方法，同时要强调：不能只满足于学习、了解和掌握一种理论或一种方法，要坚持多元论。要善于吸取各家各派理论方法中的精华，为我所用；同时还要强调不要囿于已有或习惯的理论方法，要遵循事实不断探索新的理论方法（陆俭明，2012：7）。钱冠连（2000：10-11）坦言："利用外语资料，结合本土资源，做出自己的语言理论体系的创造（宏观上的创造）。这也是最理想、最艰难也是最有价值的劳动……问题是，中青年语言学者的理论体系创造很少，几乎为零……这个问题到了非解决不可的时候了。国家应该制定政策鼓励一批有理论基础、有创新意识、有长远眼光的中青年外语学者投入语言理论体系的创造的工作。"这反映出我国当代青年语言学家在理论创新拓展方面的短板。随后，陆俭明（2013：2）提出："语言研究实际包括两大部分内容：一是语言的本体研究，包括语言共时研究、语言历时研究和语言理论研究；二是语言的应用研究。无论是语言的本体研究还是语言的应用研究，要推进、要发展，都离不开两样东西，一是新的语言事实的挖掘与发现，二是语言理论的不断升华、更新与发展。这二者起着互相推进的作用。”除对语言研究方法的描写外，还有学者从认知的角度审视语言与人类思维的关系问题。认知语言学认为，语言是人类认知活动的产物和工具，因此其结构和功能也应被看成是人类一般认知活动的结果和反映。刘大为（2001：98）指出：“认知结构处在人的意识深层，它是稳定不变的；语言结构能被我们直接观察，处在意识的表层，而且是变化多端的……对同一个认知结构而言，能表现它的语言结构虽然会有许多，但不管这些语言结构如何变化，都受控于这同一个认知结构，是这一结构的变换形式。”可见，人们将客观世界深深印刻在思维中，并存储在思维中，形成认知结构。而认知结构在交流沟通中实现成功传递的重要媒介之一便是语言。因此，观察描写语言事实和创新升华语言理论对了解人类思维奥秘大有裨益。

第二节　对修辞学的研究

一、研究现状

修辞在语言中属于普遍现象，我国的修辞理论，出于对修辞现象的理性、科学、客观认识的需要，总结出了数量庞大的各种修辞方式方法——辞格。陈望道对于我国现代修辞理论研究有开拓之功，经过后继者的不断耕耘，几乎已将各种不合理性、不合日常表达方式的修辞现象一网打尽，并予以归纳、总结、命名。一经命名，这种现象似乎就名正言顺而具有合法性与合理性，成为一种辞格了。谭永祥的《修辞新格》在陈望道的基础上新增辞格 30 种。这种研究，是利用语言对语言本身的反思，是一种科学的研究。它的重要功能，是通过命名来承认某种语言反常现象的合理性，或曰其存在的正当性（王文戈，2003：117）。关于修辞学的定义、对象、范围、性质及学科归属，语法与修辞结合，修辞学研究方法与方法论，同义手段，关于积极修辞和消极修辞，语体、风格、篇章是否属于修辞学的研究对象，修辞学的现代化和科学化，在整个修辞学界展开了持续的争鸣，对中国当代修辞学的大发展、大繁荣起了推波助澜的积极作用（钟宇驰和王希杰，2008：102）。王德春和陈晨（2001：36）坦言：“修辞学的对象早已不局限于语言单位的修辞色彩、辞格和词语的锤炼上，而已扩展到使用语言的整个领域。因而，除语言修辞手段和方法外，言语规律成为现代修辞学的主要对象。”

二、存在问题

虽然学界对于修辞的研究源远流长，但其中还存在诸多问题。早在 19 世纪 80 年代就有学者指出了国内修辞学研究的短板，并对此提出了建议。李苏鸣（1982：54）指出，自西方修辞学传入中国，现代修辞学家不断地完善和发展汉语修辞学。但几十年来，对辞格的研究似乎仅局限于类属的划分、例句的分析，而各种辞格不同的修辞原理却未得到很好的重视和深入的探讨。陈望道（1982：3）呼吁：“修辞研究要全面，不要单研究修辞格，也要研究理论。有些问题仅仅抓住某一格，很难说清楚。‘格’者，常常要用到的大类也。”20 世纪 80 年代之前，汉语语法研究和汉语修辞研究都有一个缺陷，那就是比较注意挖掘、描写、说明表面的规则或方式，这当然是需要的，因为这是研究的根基；但却不注重深究语法现象、修辞方式背后的成因机制，不注重探究某种语法现象与其他语言现象之间、某种修辞方式与其他语言现象之间的互动关系（陆俭明，2008：5）。陶红印（2013：7）：“当前汉语语言学（包括修辞学）紧要的任务之一是打破传统研究的藩篱，把学科分支之间的人为界限最大程度地铲除，这样才能加速各个学科的健康发展。”陆俭明（2008：33）指出：“修辞研究要求研究者掌握语言学、文学、美学、哲学、心理学等相关领域的相关理论，语言学方面又要求具有修辞学、语法学、词汇学、语义学、语用篇章学、认知语言学等多方面的知识，这样，修辞研究才能不断向纵深发展，才能对语言学理论作出它应有的贡献。”陆俭明（2008：1）指出，现有研究对修辞格的研究大多只是停留在表面的描写上，未能深入分析各种修辞格、修辞方式形成的机制以及各种修辞格、修辞方式跟其他语言现象之间的互动和联系。刘大为（2001：2）在其专著伊始便一针见血地指出：“传统修辞学对辞格的研究，其实还停留在材料收集的阶段上——只是在一只百宝箱内放进了各种各样表达价值特殊的语言格式；严格地说尚未进入研究的阶段——甚至没有形成一种强烈的意识，希望将这些杂乱的材料置于统一的理论目光的审视之下，以及专属的研究方法的操作之中。然而不找到这样的理论和方法，修辞学的研究便举步维艰，永远盘桓在常识的视野之中。”由此可见，传统的修辞学研究主要存在三个问题：①研究所用的语言材料较为单一，未能很好地以宏观视角利用门类清晰的语料对辞格进行研究；②传统修辞研究大都注重修辞在语言中的语用描写，研究浮于表面，未能有效地深入探究修辞形成的深层理据；③传统修辞研究较多为单打独斗，并未对邻近学科给予足够关注，将修辞研究与其他学科相结合的研究寥寥可数。

三、修辞学与认知的联系

龚光明（2012：100）言明："新世纪呼唤着我们支持新辞格的发现和对传统辞格的再认识。已然形成的修辞习惯往往遮蔽着修辞认知的盲点，这在跨文化交往中尤见突出。"

20 世纪 70 年代末以来，中国当代修辞学打破了传统的以辞格为纲的研究格局，产生了新的研究局面（李显杰，2005：4）。学者们发现修辞学具有多学科性的特点，可以结合其他学科对修辞产生的理据进行深入挖掘（张炼强，2012：27；袁毓林，2012：297；陶红印，2013：1；何爱晶，2013：30-31）。其中，较为明显的是，随着学界对于修辞学研究的深入探究，修辞与认知科学之间千丝万缕的联系慢慢地被发掘出来。陈汝东（2001：17）言明："思维与修辞都是动态的过程，两者交叉互动，思维流与话语流不断地运演生成……认知是话语理解的重要条件，也是话语建构的必要条件；话语理解是一种认知行为，话语建构亦是一种认知行为；修辞包括理解与表达，是一个动态的认知结构，在此，修辞主体的语言知识和修辞知识不断完善，修辞能力不断提高。"龚光明（2012：3）鲜明地指出："修辞作为一种言语交际行为，它涉及主体、语境和话语。从主体论角度看，修辞具有一定的认知属性，它也是一种认知行为……从修辞行为实施的动态过程看，修辞主体离不开认知：认知是话语建构的必要条件，也是话语理解的重要条件。"认知科学也认为，修辞是认知层面的现象，是修辞主体对存在世界的一种符合特定意图的、主体性的审美认知活动，通常具有创新、求异的思维特质。而修辞语言是修辞思维的物化符号，是修辞思维丰富多彩的重要表现形式（邱文生，2012：26-27）。认知的因素总是内在的，语法的格式也只是提供了意义表达的一种框架，能把人的内在的认知要求与表达特定意义的语法格式系联起来的纽带正是修辞，是修辞手段创新的需要（温锁林和行玉华，2013：36）。曾如刚和彭志斌（2013：30）指出："基于认知科学和认知语言学的修辞探索是当今修辞学发展的新趋势，它必然会使传统的修辞研究焕发新的生机，对修辞的研究产生深远的影响。"修辞学研究者，一方面，要在传统语法研究的成果中挖掘当今仍然有用的材料和课题；另一方面，要积极学习认知语言学等当代新兴的语言学研究方法，努力把修辞学研究推进到跟当代语言学的其他分支学科相当的水平，让古老的修辞学焕发出时代的光彩（袁毓林，2012：297）。认知性辞格即起始于语言使用者试图把对世界的认知关系发生变化后形成的经验用语言表达出来的意图。由于一般的语言表达方式只适应于正常的认知经验，要想表达变异的认知经验就需要对语言要素重加组织，形成特定的格式，这就是认知性辞格。认知性辞格不是随意点缀的装饰品，它是认知关系的改变与语言形式改变的统一体。通常的认知方式不能导致创造性思维，而认知中的创造性因素就最原始、最直接地体现在认知性辞格的语言变化中（刘大为，2001：53）。所有辞格都具有认知的基础。辞格不仅是表达的工具，也是认知的工具。辞格的认知域应是语言世界、物理世界、文化世界和心理世界的统一体（龚光明，2012：102）。事实表明，诸多学者对于修辞学研究与认知的结合持肯定态度。邱文生（2012：26）开门见山地指出："对修辞现象的研究不仅要从语言学层面对语言的运用作理性的研究，更要把这种现象还原到修辞主体的心理认知层面，对其产生原因、特征、价值进行分析与阐释。这样的研究将有助于揭示修辞行为的认知性，深化对修辞现象的本质认识。"袁毓林（2012：288-291）直言："修辞并非末枝，而是洞察人类心智的大道。"可见，从认知的视角出发对传统的修辞研究进行革新，对进一步揭示人类语言对思维的影响具有重要的推动作用，而修辞本身也能在与其他相邻学科的契合过程中获得进一步的理论创新与体系构建。从认知语言学的视角和高度来重新审视各种修辞格的研究路径是一种富有成果的新尝试。由此，方兴未艾的当代隐喻学为辞格的深入探讨开创了崭新的平台和渠道。

第三节　隐喻研究的问题

隐喻理论蓬勃发展的背后存在三大凸显问题：①可否将概念隐喻理论、概念整合理论、认知语用理论和传统修辞学等影响广泛但各自为政的理论流源契合起来，共同构筑"当代隐喻学"学科？②既然当代隐喻学者宣称"隐喻无所不在、无时不有"，那么隐喻在我们的生活和日常交际中究竟有哪些具体体现？③倘若承认隐喻是我们赖以生存的认知和行为方式，那么传统意义上平行于隐喻的诸多辞格如上文所言，其根本属性也应该是认知性的。完全有理由、也应当借鉴当代隐喻的相关理论来反观其他辞格的认知属性，并按照隐喻度的标准来排列其先后顺序。

当代隐喻学这一语言学流派以我们自身经验感知周围世界并将其概念化，并以此为基础，为更好地诠释语言的发生机制拓宽了思路。传统的辞格与认知隐喻具有同位素关系，可在二者间建立跨学科研究的桥梁，进行统筹分析。辞格不仅是用一种语言表达和话语装点的修辞现象，更是一种思维方式，一种了悟和传递抽象概念的认知手段。辞格通过形象具体、结构清晰可辨的概念来表达晦涩抽象、缺乏内部结构的概念。各种辞格组合表层上悖于常理，或曰违反“语义选择限制”，造成逻辑矛盾性，而这种“矛盾性”恰是辞格认知隐喻辖项闪现的信号和标记，辞格的实质须透过这一表面矛盾性发掘所涉双方的相似性，从而真正把握其涌现义。换言之，传统修辞学只注意到意义发生转化的表象，并不深究意义是如何发生迁移的，更无法解释辞格的语义涌现性。因此，以此认识为契机，笔者倡导基于当代隐喻学理论来研究辞格这一广泛运用且独具魅力的语言现象，通过汉英对比来探讨辞格表象背后深刻的生成机制及衍推理据。在倚仗充分的理论阐释与足量的个案分析之基础上，力图证明传统意义上的辞格与当代隐喻学新视野中的隐喻具有同质性，可将二者整合后用统一理论框架予以阐析。研究以构建“当代隐喻学”为经线，以汉英辞格在该学科中的地位和排列顺序勘察为纬线，将理论范式构建与其在鲜活而实际的汉英辞格中的指导性应用并举，开一剂良方，为辞格研究的跨学科进路与视野打一剂强心针。

第四节　当代隐喻学学科概论

长期以来，隐喻被视为一种语言现象，是一种修辞手段。隐喻无处不在、无时不有，是“我们概念化抽象范畴的强有力认知武器”（Ungerer & Schmid，2001：114）。王寅（2004：39）提出：“体验哲学和认知语言学认为：隐喻不仅是语言中的修辞现象，而且是人类认知活动的工具和结果。隐喻在本质上是一种思维现象，具有重要的认知功能，是人类认识新兴事体、建构概念系统、形成各类学科的不可缺少的认知策略。”还有学者对隐喻思维进行了进一步的探讨。林肖瑜（1994：42-43）言明：“语言的隐喻思维功能是语言逻辑思维功能的基础。换言之，隐喻思维是先于逻辑概念的（prelogical）。上面提过，隐喻不是词、句的单纯替代或比较，而是思维相互作用的产物。它能以已知喻未知、以熟悉喻不熟悉、以简单喻复杂、以具体喻抽象、以通俗喻科学，从而形成一种抽象思维手段，发挥其思维功能。”王文戈（2003：119）言明：“隐喻思维展示出人类对世界的最初的解释。当人类创造出创造并统治万物的神来的时候，人就与神对立起来。不论是自然的神亦或宗教的神，它既可亲善人也可惩罚人。这当是随着人类力量增强，认识到世界既可利用但人类又不能有效支配它的困境状态的观念体现。”

李发元（2001：10）指明：“任何一门学科在经历了一个较为深入的研究，对其本质有了深入的认识后，其研究就向精细化方向发展，对其进行合理的分类就成了一个刻不容缓的课题。隐喻的研究到了20世纪80年代，分类问题就引起了越来越多学者的高度重视，并构成了隐喻研究的一个重要方面。但由于学者们研究视角的不同、认识上的差异、切入点的不同，因此划分出的类别也各不相同。”赵英玲和李文昌（1998：98）坦言：“有关英语隐喻的分类问题，至今也是一个有争议的问题，还有待于我们继续探讨。总之，深入探讨各种隐喻，展开分类分析，既有理论意义，又有实用价值。它不仅可以丰富修辞理论研究，而且有助于加深我们对语言本质的认识。正是因为各种隐喻巧妙地把两个事物联系在一起，并且联系得自然、合理而又新颖，所以，在语言表达中，自然地、合理地、巧妙地运用各种隐喻，可以提高语言表达能力，收到语言艺术化的效果。这也是研究各种隐喻的实用价值之所在。”

第五节 当代隐喻性视域中的汉英认知辞格对比研究

将辞格视为一种语言变异而进行的研究绵延至20世纪下半叶，直到认知语言学的兴起，人们才认识到诸如隐喻之类的辞格不仅仅是语言变异那么简单，它们更多地体现了人类认识自然的一种思维方式。由此展开的关于各种修辞格的研究，包括转喻、夸张、委婉语等等，形成了辞格研究的认知语言学局面（何爱晶，2013：31）。学界尚未充分探究各个认知辞格的精细构成及其概念化过程，无论是从研究的“质”上，还是“量”上都远远不足。修辞既是一种言语交际行为，又是一种信息加工和处理的动态心理过程，其意义的构建与理解都离不开人的认知活动。我们要寻找该修辞活动背后的动因，离不开对人类认知活动及其规律的掌握。

西方对隐喻的研究最早可追溯至两千多年前的亚里士多德时代，当时隐喻就被归入古希腊“三艺”之一的修辞之列而备受哲学家和语言学家们的关注。这种将隐喻看作语言层面上的辞格理论在相当长时间内束缚了人们对隐喻视野的拓展。

20 世纪 80 年代以来，随着认知隐喻学的悄然兴起和蓬勃发展，国内外学者纷纷开始从认知层面来审视隐喻。认知语言学者 Lakoff 和 Johnson 在其 1980 年的合著《我们赖以生存的隐喻》中首次构建起“概念隐喻理论”的框架，引发了学界对隐喻机制热烈而富有成果的讨论，人们逐渐意识到隐喻是一种独具魅力的感知和认识世界的机制。在描述抽象事物时，隐喻思维尤能帮助人们将抽象的概念具体化，通过人类已知和熟悉的经验来理解和体验未知和抽象的事物，表现在语言中就是用我们熟悉的方式来表达抽象的概念。Lakoff 和 Johnson 首次在《我们赖以生存的隐喻》一书中开创性地提出“认知隐喻”的理念，认为隐喻是从一个具体的概念域向一个抽象的概念域的系统映射；隐喻是思维问题，不是语言问题；隐喻是思维方式和认知手段；人的思维在本质上是隐喻的。概念是人脑中相对稳定的知识单元，能够反映客观事物的一般特征和本质属性，人的思维过程可以对概念的结构和内容进行重组。人类在认识过程中把所感觉的事物之共同特点抽象出来加以概括便成为了概念。人类在漫长的认知过程中汇聚了丰富的经验，这些经验在概念化后存储于人的心理词库中，而人在每一个新的认知过程中经历的新的概念化以及概念化中的图式化和推理加工都源自其他领域的经验，隐喻便是在感知过程中用先备经验的约定性来描述新经验的重要途径。这是因为反映客观世界的概念和意义是通过无数的个体认知体验而逐渐固定下来的，人们在遇到新鲜事物或事件时会自觉或不自觉地利用先备知识进行联想映射，以达到快速认知和记忆的目的。对概念单位进行操作时，除了用一个特征置换另一个特征之外，作为置换者的概念特征也可能包含在另一概念单位内。隐喻建构与解读的过程即是从一个概念中提取部分特征并置换另一概念的部分特征。这表明，人们在认识客观事物时有一定程度的主观能动性，心智结构对现实的映射具有限制性或选择性；另一方面，出于对认知的经济性考虑，人们在概念认知过程中往往用一个具体或熟悉的意象去映射或诠释一个抽象或陌生的意象，这即是建构于认知体验基础上的隐喻机制。

当代隐喻学在人类历史上首次系统地从认知的高度对隐喻进行了发掘和深究，强调隐喻并非仅仅是一种修辞手段，更是一种认知模式和手段，其本质是我们大脑中的概念。隐喻是随着人的认知发展而产生的一种创造性思维能力，是认知发展的高级阶段，是人们认识世界特别是抽象世界不可或缺的一种重要认知能力。人们从最初使用的表示具体事物的语汇中获取了抽象思维的能力，然后在认知领域对两种看似没有任何联系的事物产生相似的联想，于是利用这两种事物的交融来感知这个世界，这构成了隐喻的认知基础。认知隐喻就如同一只看不见的手，在人类的日常交际中发挥着主导的“指挥棒”作用，在暗中指挥着我们的语言抉择，引导着我们行为的方向。统而言之，认知隐喻观是对传统隐喻理论在空间上的扩张，使其跃升为一种概念体系，为我们认识周边世界提供了新的切实依据。

隐喻是近 30 年在海内外迅猛发展起来的跨领域研究课题。束定芳（1996：12）指出：“毫无疑问，对隐喻的研究已构成了一门专门的学问，我们不妨称之为隐喻学。我们特别要提出隐喻学这一概念，是要强调它的独立性。因为在以前的许多研究中，尤其是传统的修辞学中，隐喻研究依附于其他学科，不是一门自主的学科。作为一门独立的学科，现代隐喻学就必须有自己的研究目标和研究方法。对其他学科中隐喻研究的内容和成果，现代隐喻学的态度应该是吸取其精华，借鉴其方法，但决不照单全收。现代隐喻学应该致力于一个统一的完整的隐喻理论。”

从语义关系上来看，隐喻往往是对语义规则的违反，是潜藏在表层结构下的语义偏离或曰范畴错置。范畴错置指在语义组合中违反选择条件或常理的现象。Ortony（1979：3）指出：“隐喻语旨（tenor）与载体（vehicle）、主项与述项在概念上不相协调，形成语义冲突和矛盾，将属于不同语义范畴的两个对象跨接起来，构成逻辑错误，即范畴错置。”Kittay（1987：36）认为，隐喻通过关系的变化构建起概念范围，重构语义场（认知语义域或语义范畴），语义场内部喻体与本体间即形成了范畴上的偏误。而这种命题关系中的语义错置可借助“喻底”即本体与喻体之间的特定“相似性”得以消除，隐喻义的矛盾只是一种表象，它实为隐喻的一种标志。隐喻框架包含的两个事件存在语义异常，隐喻理解正是透过这一矛盾性表象而确定出矛盾双方的相似性并提取出喻义。在隐喻表层组合构造是由语义的不兼容性造成的“显性错置”。在隐喻概念结构中，本体和喻体结构各有自己不同的概念语义条件，隐喻是有目的地制造语义上的虚假，借助虚假背后的冲突达成新的语义解读。隐喻的语义错置不仅是隐喻的一种语义手段和策略，更是隐喻产生的逻辑动力和基本条件，同时也是发现和创造隐喻的必备和先决条件。范畴错置是隐喻创造的逻辑动源，也是隐喻发掘的先决条件。承王铭玉（2000：28）所言：“作为隐喻修辞结果的‘范畴错置’，它往往依靠类似性使人产生联想，从而‘变’错置为正常。隐喻的重要性在于意义的创生——它摧毁了原先的秩序，只是为了创生一种新的秩序，提供新的信息，重新描述某种‘现象’。”

隐喻的突出特点之一是语义冲突，它是隐喻产生的基本条件。语义冲突也可称为语义偏离指在语言意义组合中违反语义选择限制或常理的现象。语义冲突可发生在句子内部，也可发生在句子与语境之间。例如：“‘One million dollars!’ exclaimed Cowperwood. ‘Don’t you think that is a little steep, Mr. Purdy?’ (Theodore Dreiser: *The Financier*)”（“100 万美元！”Cowperwood 喊道。“你不认为有点过头了吗，Purdy 先生？”）我们用 Black 的术语“焦点”和“框架”来分析，有时整个句子可以是焦点，而相关的语境则成了框架。该例子明显违反了 Grice 的会话合作原则中的质准则。而根据 Grice 对“会话含义”的解释，违反了某一准则表明说话者要表达的是一种特殊含义，希望听话者透过语句的字面含义去挖掘深层含义。该句的语境是两人打赌，赌注定在 100 万美元，在真实语境中 100 万美元的赌注的确是一大笔数目的金钱。但在例子中，说话人仅仅用 a little 表示，实属跟真实语境冲突、不一致。恰是这种语义冲突产生了隐喻含义。而隐喻含义并非语义冲突本身，而是对这种冲突做出的回应。它是从一个自我矛盾的陈述构成一个有意义的句子。通过推翻字面意义，而产生新的意义。隐喻的语义冲突是隐喻成立的基本条件，但它仅仅是一种线索，一种外在的形式特征，其真正的工作机制在于接下来听话者对这一隐喻真正含义的推断过程。这一理解过程涉及一个领域的语义特征向另一领域转移的过程。既然是冲突，就必须有两方或两方以上的参与者。隐喻一般是涉及两种分属于不同范畴的事物。中国传统修辞学中的“本体”和“喻体”都指出这一点。隐喻就其结构特征来说，必须具备两个要素，一是两个对象，二是两个对象分属于不同的领域。差异是构成隐喻的必要条件之一。还有例如“He is something of Hamlet in politics.”（政治上他有点像 Hamlet。），在这一例子中，这句话的表面意思为他在政治上有点像 Hamlet。但根据上下语境，得出他在政治上犹豫不决。表面意与深层意冲突，读者经过判断得出隐喻意味：他在政治上表现地非常像 Hamlet。在该例子中，将 Hamlet 作为源域中犹豫不决的性格投射到靶域中主人公的身上。借助源域的特征来理解作者所表达的真实意义。

随着认知科学向纵深发展，修辞的认知性逐渐为学界所认同。尤其隐喻研究已由传统的修辞学大踏步迈入当代认知科学领域。文章提出，修辞现象自身反映着人类认识事物的过程及规律，故可将其划归为隐喻的子部分。从认知语言学的视角研究仿拟，有益于辨识其使用、生成及理解的程序，进而厘清其运作的内在动因和理据。

尽管传统修辞界对辞格的研究呈现出异彩纷呈的态势，但其主要是从修辞格式的运用来展开探索的，大量精力都置于辞格的创立和分类上，局限性昭然若揭。当代隐喻理论认为，隐喻是从一个具体的概念域（即源域）到一个抽象的概念域（即靶域）的系统映射。究其本质而言，不仅是一种修辞现象，还是一种思维方式，更是一种认知机制。本书试图以当代隐喻学理论为契机，对辞格进行探讨和阐释，提出比拟蕴含着丰沛的概念内容，究其根本辞格不仅是一种特殊的语言现象，亦是一种思维方式，更是一种隐喻，隐喻在其概念化过程中起着核心的支架作用。

对立统一既是事物存在的根本性质，又是事物发展的内在动力。统一面向同一性而存在，对立基于相异性而出现。杨自俭为王菊泉、郑立信《英汉语言文化对比研究》（2004：43）作序中界定："英汉对比语言学是语言学的一个分支学科，兼有理论语言学与应用语言学的性质，其任务主要是对英汉两种语言进行共时和历时的对比研究，描述并解释英汉语之间的异同，并将研究成果应用于语言研究和其他领域。"

对辞格隐喻的跨语言对比，有助于学界揭开共轭概念的"外壳"，经由现象抵达本质，探究其表面形态之下的深层认知机理，以便更好地管窥人类概念系统的全貌。汉英语言使用者身体结构及相关经验的相似性导致汉英辞格必然存在汇通之处，而两者截然不同的文化又决定了跨语言辞格势必具备歧异性。因此，汉英认知辞格表达既存在相仿性也具有差异性。语言使用者身体及其经验的相同是趋近性跃动的物质基础，而中西方文化模型的差异则是个性浮升的诱因。

第六节　不足与展望

另外，诸如转喻、讽喻、双关、夸张、反复、移就、仿拟、通感、反语、比拟（包括拟人和拟物）、低调陈述、矛盾修辞法等辞格以及由此扩展开去的歇后语、委婉语、禁忌语等，均属范畴错置或语义偏离，均涉牵跨域特征的部分运演，唯其范围和程度些微不同，气象万千。

完全能够也应该诉诸和认知隐喻相关的成熟理论寻迹溯源，"老瓶装新酒"，提升传统辞格在人类大脑运行中的地位和层次，进行深入发掘与探索，对21世纪修辞学的跨域式发展做出新的、更大的贡献。

诚然，认知隐喻并不能包治百病、大一统地涵盖所有辞格情形。各种辞格从具象到抽象的隐喻式迁移并不绝对，从抽象到具体、从具体到具体、从抽象到抽象皆有可能，只是多寡不一而已，未来都值得进一步探索和研究。

参 考 文 献

蔡龙权. 2003. 隐喻理论在二语习得中的应用. 外国语, (6): 38-45.

曹道根. 2004. 理解反语: 反语交际、反语生成和反语的理解. 山东外语教学, (2): 9-13.

常晖. 2010. 认知—功能视角下科技英语修辞及其汉译. 中国科技翻译, (1): 12-15, 27.

陈建初. 1998. 汉语语源研究中的认知观. 湖南师范大学社会科学学报, (5): 101-106.

陈坤林, 何强. 2012. 中西文化比较. 北京: 国防工业出版社.

陈汝东. 2001. 认知修辞学. 广州: 广东教育出版社.

陈汝东. 2004. 当代汉语修辞学. 北京: 北京大学出版社.

陈舒. 1997. 文化与外语教学的关系. 国外外语教学, (2): 1-3.

陈望道. 1976. 修辞学发凡. 上海: 上海人民出版社.

陈望道. 1982. 在纪念《修辞学发凡》出版三十周年座谈会上的讲话. 修辞学习, (4): 3.

陈望道. 1997. 修辞学发凡. 新 2 版. 上海: 上海教育出版社.

陈望道. 2001. 修辞学发凡. 新 3 版. 上海: 上海教育出版社.

陈望道. 2008. 修辞学发凡. 上海: 复旦大学出版社.

陈勇. 2005. 浅论隐喻的文化认知价值. 中国俄语教学, (2): 1-5.

成伟均等. 1991. 修辞通鉴. 北京: 中国青年出版社.

程琪龙. 2011. 转喻的认知机制和过程. 外语教学, (3): 2-3.

《辞海》编辑委员会. 1980/1989. 辞海·中册. 上海: 上海辞书出版社.

崔希亮. 2001. 语言理解与认知. 北京: 北京语言文化大学出版社.

戴俊霞. 2003. 隐喻与人类中心论. 外国语言文学(季刊), (2): 8-11.

戴昭铭. 1996. 文化语言学导论. 北京: 语文出版社.

德拉·汤普逊. 1999. 牛津简明英语词典. 北京: 外语教学与研究出版社.

邓伟英. 2008. 英汉语文形式互译策略——以"特殊反复"的翻译为例. 贵州工业大学学报, (3): 122-12.

丁尔苏. 2009. 重建隐喻与文化的联系. 外国语言文学, (4): 217-227.

丁毅伟. 2004. 隐喻与文化认知. 外语研究, (6): 34-37.

杜敏, 白鸽. 2013. 当代修辞学研究的拓展与固守. 陕西师范大学学报(哲学社会科学版), (1): 100-104.

范家材. 1992. 英语修辞赏析. 上海: 上海交通大学出版社.

方汉文. 2006. 西方文化概论. 北京: 中国人民大学出版社.

方英敏. 2010. 贵身: 身体的本体认定——先秦身体哲学的一个核心命题. 江西社会科学, (3): 56-60.

方宗祥. 2011. 英语共轭修辞的概念合成分析. 外语研究, (6): 29-32.

冯翠华. 1983. 英语修辞格. 北京: 商务印书馆.
冯广艺. 2002. 汉语比喻研究史. 武汉: 湖北教育出版社.
冯惠茹. 2003. 谈英语移就修辞格. 河南大学学报, (3): 135-137.
冯建明. 2013. 语义研究路径的新分类——基于体验哲学对主、客观主义语义观的批判. 广东外语外贸大学学报, (1): 47-50, 72.
傅杰. 2008. 汉英禁忌语的禁忌手段分析. 辽宁教育行政学院学报, (5): 90-93.
盖飞虹. 2009. 浅谈英汉委婉语对比研究中的分类问题. 中国海洋大学学报(社会科学版), (6): 76-79.
高胜林. 2000. 现行夸张的界定值得商榷. 福州大学学报, (2): 121-123.
耿占春. 1993. 隐喻. 北京: 东方出版社.
耿占春. 2007. 隐喻. 开封: 河南大学出版社.
龚光明. 2012. 翻译认知修辞学. 上海: 上海交通大学出版社.
辜正坤. 2007. 中西文化比较导论. 北京: 北京大学出版社.
古敬恒. 2000. 人体词与人的秘密. 北京: 团结出版社.
郭熙煌. 2009. 语言认知的哲学探源. 武汉: 华中师范大学出版社.
郭绍虞. 2009. 照隅室古典文学论集(下编). 上海: 上海古籍出版社.
郭建恩, 许百华, 吴旭晓. 2004. 国外隐喻的理论研究与实践应用. 心理科学进展, (4): 615-621.
海景龙, 陈丽. 2013. 身体的哲学研究综述——以西方身体哲学为视角. 四川体育科学, (1): 18-22.
何爱晶. 2013. 英语修辞格系统新探. 天津外国语大学学报, (4): 30-37.
何善芬. 2002. 英汉语言对比研究. 上海: 上海外语教育出版社.
贺毅. 2007. 中西文化比较. 北京: 冶金工业出版社.
胡丹. 2011. 低调陈述修辞格的批评语用研究.江西社会科学, (5):210-214.
胡塞尔. 2005. 生活世界现象学. 黑尔德, 编. 倪梁康, 张廷国, 译. 上海: 上海译文出版社.
胡壮麟. 1994. 语篇的衔接与连贯. 上海: 上海外语教育出版社.
胡壮麟. 1997. 语言·认知·隐喻. 现代外语, (4): 50-57.
胡壮麟. 2002. 雷迪的传导隐喻. 山东师大外国语学院学报, (3): 1-6.
胡壮麟. 2004. 认知隐喻学. 北京: 北京大学出版社.
胡壮麟, 朱永生, 张德禄. 1989. 系统功能语法概论. 长沙: 湖南教育出版社.
黄锦章. 2010. 隐喻和隐喻能力在商务汉语国际教育中的重要作用. 当代修辞学, (6): 24-30.
黄庆萱. 2002. 修辞学. 台北: 三民书局.
霍恩比, 王玉章. 2009. 牛津高阶英汉双解词典. 北京: 商务印书馆.
季广茂. 1998. 隐喻视野中的诗性传统. 北京: 高等教育出版社.
金立鑫. 2009. 中国修辞学的重新定位和研究方法的更新. 福建师范大学学报(哲学社会科学版), (2): 51-55.
金立鑫. 2011. 试论隐喻的理解程序. 当代修辞学, (4): 73-77.
姜亚军, 张辉. 2003. 国外隐喻与第二语言习得研究述评. 国外外语教学, (2): 1-7, 16.
鞠红. 2004a. 论低调陈述的理解过程及其特点. 外语教学与研究, (3): 180-186.
鞠红. 2004b. 论低调陈述修辞本质及语义特征. 外语教学, (5): 18-23.
鞠红. 2009. 低调陈述：基于隐喻及转喻的认知语言学诠释. 合肥师范学院学报, (5): 81-85.

鞠红. 2012. 英语低调陈述的转喻认知解读. 中国外语, (1): 22-27, 33.
卡西尔. 2003. 人论. 甘阳, 译. 北京: 西苑出版社.
蓝纯. 1999. 从认知角度看汉语的空间隐喻. 外语教学与研究, (4): 7-15.
蓝纯. 2003. 从认知角度看汉语和英语的空间隐喻(英文本). 北京: 外语教学与研究出版社.
蓝纯. 2005. 认知语言学与隐喻研究. 北京: 外语教学与研究出版社.
雷春仪. 2007. 从文化视角研究中英爱情与婚姻隐喻的差异. 中国民航飞行学院学报, (4): 49-51.
黎昌抱. 2005. 英语反复修辞探索. 武汉: 华中科技大学出版社.
李发元. 2001. 国外隐喻学研究评介. 修辞学习, (6): 10-12.
李国南. 1997. “ANTITHESIS”与“对偶”比较研究. 外语教学(西安外国语学院学报), (2): 8-15.
李国南. 2002. 英、汉“反复”辞格分类对比研究. 外语与外语教学, (11): 33-37
李恒威, 黄华新. 2006. “第二代认知科学”的认知观. 哲学研究, (6): 92-99.
李桔元, 赵书艳. 2006. 移就的语义特点和结构模式. 科技英语学习, (6): 38-40.
李军. 2008. 话语修辞理论与实践. 上海: 上海外语教育出版社.
李军, 朱筱新. 2010. 中西文化比较. 北京: 中国人民大学出版社.
李苏鸣. 1982. 比喻格修辞原理略论. 南平师专学报, (1): 54-55, 43.
李婉莉. 2006. 梅洛—庞蒂的身体现象学. 兰州交通大学学报(社会科学版), (5): 42-44.
李显杰. 2005. 电影修辞学: 镜像与话语. 北京: 文化艺术出版社.
李香玲. 2010. 隐喻认知的文化透视. 河南大学学报(社会科学版), (6): 121-125.
李秀丽. 2001. 语言哲学视野中的隐喻. 清华大学学报(哲学社会科学版), (5): 45-50.
李亚丹, 李定坤. 2005. 汉英辞格对比研究简编. 武汉: 华中师范大学出版社.
李艳. 2010. 汉语移就范畴的认知阐释. 成都: 西南交通大学出版社.
李重. 2011. 费尔巴哈感性哲学中的身体概念研究. 中州学刊, (6): 158-162.
梁漱溟. 2005. 中国文化要义//中国文化书院学术委员会. 梁漱溟全集(第 3 卷). 济南: 山东人民出版社: 97.
梁旭. 2011. 汉语话语中反复的语用学含义. 山西农业大学学报(社会科学版), (4): 406-408.
梁玉, 李靖. 2012. 存在于形而上学中的隐喻. 外语学刊, (4): 54-57.
廖巧云, 徐盛桓. 2012. 心智怎样计算隐喻. 外国语, (2): 46-52.
林书武. 1997. 国外隐喻研究综述. 外语教学与研究, (1): 14-22.
林肖瑜. 1994. 隐喻的抽象思维功能. 现代外语, (4): 41-46, 61.
林艳. 2009. 英汉词汇理据性与应用研究. 北京: 中国书籍出版社.
刘畅. 2013. 语言修辞与思想修辞. 贵州社会科学, (1): 24-31.
刘大为. 2001. 比喻、近喻与自喻: 辞格的认知性研究. 上海: 上海教育出版社.
刘大为. 2003. 言语学、修辞学还是语用学? . 修辞学习, (3): 1-5.
刘放桐. 2000. 新编现代西方哲学. 北京: 人民出版社.
刘江华, 刘宇红. 2006. 低调陈述的运作机制. 南华大学学报(社会科学版), (3): 82-84.
刘金明. 2004. 当代隐喻理论与经验主义认知观. 湖南科技大学学报(社会科学版), (4): 109-113.
刘宓庆. 1993. 思维方式、表现法和翻译问题. 现代外语, (1): 12-15.
刘茹斐, Carpenter, R. H. 2016. “对偶”与“antithesis”的比较研究——以孔子《论语》和肯尼迪就职演说为例. 外国语文研究, (5): 36-40.

刘英凯.1990. 英汉“移觉”修辞格探讨//杨自俭，李瑞华. 英汉对比研究论文集. 上海：上海外语教育出版社：499.
刘宇红. 2011. 隐喻的多视角研究. 北京：世界图书出版公司.
刘正光. 2002. 论转喻与隐喻的连续体关系. 现代外语(季刊), (1): 62-70.
刘志成. 2013. 从体验哲学的视角看待语言的体验性. 思想战线, (2): 147-148.
陆俭明. 2008. 汉语修辞研究深入的空间. 福建师范大学学报(哲学社会科学版), (2): 28-33, 40.
陆俭明. 2008. 关于汉语修辞研究的一点想法. 修辞学习, (2): 1-5.
陆俭明. 2009. 隐喻、转喻散议. 外国语, (1): 44-50.
陆俭明. 2011. 语言研究需要不断探索和创新——从英汉对比三例谈起. 解放军外国语学院学报, (4): 1-6.
陆俭明. 2012. 在现代汉语研究的道路上. 当代外语研究, (6): 1-9.
陆俭明. 2013. 再谈要重视对新的语言事实的挖掘. 当代修辞学, (1): 1-11.
罗建平. 2011. 汉字中的身体密码. 上海：东方出版中心.
罗素. 1996. 西方哲学史(上卷). 何兆武，李约瑟，译. 北京：商务印书馆.
骆小所. 2007. 汉语修辞. 昆明：云南人民出版社.
吕叔湘. 1980. 为什么要研究国外语言学. 国外语言学, (1): 4-5.
吕煦. 2004. 实用英语修辞. 北京：清华大学出版社.
马德浩，季浏. 2012. 体育的身体之维：基于梅洛·庞蒂哲学的思考. 上海体育学院学报, (4): 76-79, 94.
马清华. 2000. 隐喻意义的取象与文化认知. 外语教学与研究, (4): 267-273.
马清华. 2000. 文化语义学. 南昌：江西人民出版社.
马松梅. 2011. 英汉修辞研究与赏析. 东营：中国石油大学出版社.
梅洛-庞蒂. 2001. 知觉现象学. 姜志辉，译. 北京：商务印书馆.
梅洛-庞蒂. 2017. 行为的结构. 杨大春，张晓均译. 北京：商务印书馆.
孟伟. 2007. 如何理解涉身认知?. 自然辩证法研究, (12): 75-80.
慕明春. 1994. 关于广告的夸张. 修辞学习, (5): 36-37.
倪宝元. 1994. 大学修辞. 上海：上海教育出版社.
倪传斌. 2003. 科技英语共轭结构的特点及汉译方法. 中国科技翻译, (4): 18-20.
潘文国. 1997. 汉英语对比纲要. 北京：北京语言大学出版社.
潘文国，杨自俭. 2008. 新时期汉英对比的历史检阅——理论与方法上的突破. 外国语, (6): 86-91.
彭玉海. 2012. 试论俄语动词隐喻显性语义错置——俄语动词多义性的分析. 外语与外语教学, (5): 39-43.
彭增安，吴云. 2003. 隐喻研究的热点问题. 修辞学习, (2): 26-27.
彭志斌，曾如刚. 2013. 认知参照点视角下的仿拟修辞研究. 西安外国语大学学报, (1): 27-30, 42.
皮亚杰. 1997. 发生认知论原理. 王宪钿等译. 北京：商务印书馆.
钱春杭，郎勇. 1986. 英语喻化现象的探讨. 现代外语, (3): 45-49.
钱冠连. 2000. 向世界贡献出原本没有的东西——外语研究创新略论. 外语与外语教学, (1): 10-14.
钱冠连. 2009. 见证中国修辞学变革. 福建师范大学学报(哲学社会科学版), (6): 29-30.
钱冠连. 2009. 西方语言哲学是语言研究的营养钵. 外语学刊, (4): 8-11.

钱钟书. 1962. 通感. 文学评论, (1): 13-17.
钱钟书. 2001. 管锥编: 补订重排本(第一册). 北京: 生活·读书·新知三联书店.
覃海洋, 马萧. 1998. "反复"的分类及其运用. 咸宁师专学报, (1): 62-65.
邱文生. 2012. 修辞认知与翻译. 天津外国语大学学报, (3): 26-31.
单俊毅. 1995. 英语隐喻释义三步法. 国外外语教学, (3): 13-14, 48.
单俊毅. 1996. 英语隐喻的创造性释义. 国外外语教学, (2): 41-44.
商务印书馆辞书研究中心修. 2001. 新华词典. 北京：商务印书馆.
邵敬敏. 2008. 探索新的理论与方法 重铸中国修辞学的辉煌. 修辞学习, (2): 17-22.
邵志洪. 1997. Zeugma——语法范畴与修辞范畴. 外国语(上海外国语大学学报), (1): 63-66.
邵志洪. 1999. 再谈 Zeugma 的语法范畴与修辞范畴——答许德金同志. 外国语(上海外国语大学学报), (4): 37-42.
沈家煊. 2008. 谈谈修辞学的发展取向. 修辞学习, (2): 6-9.
沈家煊. 2012. 怎样对比才有说服力——以英汉名动对比为例. 现代外语(季刊), (1): 1-13.
沈少华. 1999. 英语趣味修辞格. 北京: 语文出版社.
史小静, 唐丽君, 王伍燕. 2014. 英语 Antithesis 与汉语"对偶"修辞格的比较. 哈尔滨学院学报, (7): 100-103.
舒江. 2011. 禁忌语与委婉语之认知视角解读. 重庆科技学院学报(社会科学版), (11): 140-141.
束定芳. 1996. 试论现代隐喻学的研究目标、方法和任务. 外国语(上海外国语大学学报), (2): 9-16.
束定芳. 2000. 隐喻学研究. 上海: 上海外语教育出版社.
束定芳. 2002. 论隐喻的运作机制. 外语教学与研究, (2): 98-106.
束定芳. 2008. 认知语义学. 上海: 上海外语教育出版社.
束定芳. 2009. 中国认知语言学二十年——回顾与反思. 现代外语(季刊), (3): 248-256.
束定芳, 汤本庆. 2002. 隐喻研究中的若干问题与研究课题.外语研究, (2): 1-6.
斯坦哈特. 2019. 隐喻的逻辑——可能世界之可类比部分. 兰忠平译. 北京: 商务印书馆.
苏新春. 2006. 文化语言学教程. 北京: 外语教学与研究出版社.
孙建友. 1995. 夸张研究史略论. 修辞学习, (2): 23-25.
孙琦. 2002. 从隐喻看英汉文化差异. 同济大学学报(社会科学版), (4): 106-111.
孙毅. 2010a. 英汉情感隐喻视阈中体验哲学与文化特异性的理据探微. 外语教学, (1): 45-48, 54.
孙毅. 2010b. 通感隐喻微观对比框架中体验哲学与民俗模型性的联合动因考辩. 西北大学学报(哲学社会科学版), (4): 168-170.
孙毅. 2010c. 认知隐喻学经典文献选读. 北京: 中国社会科学出版社.
孙毅. 2011a. 基于语料的跨语言核心情感的认知隐喻学发生原理探源. 中国外语, (6): 40-46.
孙毅. 2011b. 现代汉语"心"隐喻义群网络的中国古典哲学疏解. 西安交通大学学报(社会科学版), (6): 78-83.
孙毅. 2012a. 多模态话语意义建构——以 2011 西安世界园艺博览会会徽为基点. 外语与外语教学, (1): 44-47.
孙毅. 2012b. 两代认知科学的分水岭——体验哲学寻绎. 宁夏社会科学, (3): 115-123.
孙毅. 2013a. 认知隐喻学多维跨域研究. 北京: 北京大学出版社.

孙毅. 2013b. 论认知隐喻学的文化意蕴维度. 新疆师范大学学报(哲学社会科学版), (1): 91-97.
孙毅, 陈叶. 2018. 汉英数字隐喻新视界探幽揽胜. 当代外语研究, (1): 5-12.
孙毅, 杜亚妮. 2013. 汉英双关隐喻畛域中的认知汇通与文化歧异. 外语教学理论与实践, (1): 30-38.
孙毅, 王晋秀. 2012. 汉英对比视界中矛盾修辞法的哲学底蕴疏议. 外语研究, (2): 41-44.
孙毅, 张俊龙. 2017. 体验—文化双维框限下的汉英共轭隐喻索据. 外国语, (3): 31-42.
孙毅, 周世清. 2011. 跨语言爱情隐喻异同的认知理据与哲学文化渊源考辩. 西北农林科技大学学报(社会科学版), (2): 125-129.
孙毅, 杨一姝. 2012. 汉语移就隐喻的体验—文化双维度生成理据考略. 外国语, (4): 45-51.
孙影, 成晓光. 2010. 隐喻体验性的多维阐释. 东北师大学报(哲学社会科学版), (3): 94-98.
谭学纯. 2008. 基于修辞学学科交叉性质的观察与思考. 修辞学习, (2): 41-49.
唐钺. 1923. 修辞格. 北京: 商务印书馆.
陶红印. 2013. 多学科视野下修辞学研究的理论与实践——以语言学和话语分析为例. 当代修辞学, (2): 1-8.
王艾录, 司富珍. 2001. 汉语的语词理据. 北京: 商务印书馆.
王艾录, 司富珍. 2002. 语言理据研究. 北京: 中国社会科学出版社.
王德春. 2004. 新世纪的修辞学. 外语电化教学, (6): 9-13.
王德春, 陈晨. 2001. 现代修辞学. 上海: 上海外语教育出版社.
王菊泉, 郑立信. 2004. 英汉语言文化对比研究. 上海: 上海外语教育出版社.
王娟. 2006. 中国民俗文化. 北京: 中央广播电视大学出版社
王娟. 2011. 民俗学概论. 2 版. 北京: 北京大学出版社.
王铭玉. 2000. 隐喻和换喻. 外语与外语教学, (1): 27-31.
王苹. 2007. 汉语修饰文化. 杭州: 浙江大学出版社.
王萍. 2013. 英汉短语搭配研究. 北京: 国防工业出版社.
王瑞. 2009. 解读《庄子》哲学中的“身体”. 江维论坛, (1): 145-151.
王守元, 刘振前. 2003. 隐喻与文化教学. 外语教学, (1): 48-53.
王素娟. 2007. 隐喻的认知本质与文化教学. 山西广播电视大学学报, (1): 53-54.
王维贤, 李先焜, 陈宗明. 1989. 语言逻辑引论. 武汉: 湖北教育出版社.
王文斌. 2007. 隐喻的认知构建与解读. 上海: 上海外语教育出版社.
王文军. 1997. 对偶形成原因新探. 修辞学习, (5): 31-32.
王文戈. 2003. 隐喻的文化功能. 华东师范大学学报(人文社会科学版), (4): 117-122.
王希杰. 1983. 汉语修辞学. 北京: 北京出版社.
王寅. 2010. 体验哲学探源. 外国语文, (6): 45-50.
王寅. 2002. 认知语言学的哲学基础: 体验哲学. 外语教学与研究, (2): 82-89.
王寅. 2003. 体验哲学: 一种新的哲学理论. 哲学动态, (7): 24-30.
王寅. 2004. 中西学者对体验哲学的论述对比初探. 外语与外语教学, (10): 35-40.
王寅. 2005. 认知语言学探索. 重庆：重庆出版社.
王寅. 2006a. 论语言的体验性——基于体验哲学和认知语言学提出的语言新性质. 中国外语, (5): 22-27.

王寅. 2006b.《易经》与认知语言学: 语言体验观比较——四论语言的体验性. 外语教学与研究, (3): 171-177.
王寅. 2007. 认知语言学. 上海: 上海外语教育出版社.
王寅. 2008. 既超越又不超越的回归——兼谈体验哲学的超越性和语言学研究的新增长点. 外语学刊, (1): 6-13.
王寅. 2009. 国外神经科学最新发现对语言体验性的论证——十六论语言的体验性: 模拟论语义学. 外语教学, (3): 1-6, 28.
王寅. 2012. 中国后语哲与体验人本观——十一论语言学研究新增长点. 外语学刊, (4): 3-8.
王寅. 2013. 体验哲学和认知语言学为语言哲学之延续——二十九论语言的体认性. 中国外语, (1): 18-25.
王寅. 2014. 后现代哲学视野下的体认语言学. 外国语文(双月刊), (6): 61-67.
王寅. 2015. 后现代哲学视野下的认知语言学. 外文研究, (2): 7-10.
王寅. 2018. 后现代哲学视野下的构式语法研究——兼论体认语言学. 上海师范大学学报(哲学社会科学版), (5): 132-139.
王寅, 李弘. 2004. 体验哲学和认知语言学对词汇和词法成因的解释. 外语学刊, (2): 1-6, 92.
王玉仁. 2002. 论"反复". 辽宁师专学报(社会科学版), (1): 14-15
维柯. 1986. 新科学. 朱光潜, 译. 北京: 人民文学出版社.
维柯. 1997. 新科学. 朱光潜, 译. 北京: 人民文学出版社.
韦孟芬. 2011. 文化差异下隐喻的理解与翻译. 中国科技翻译, (1): 37-40.
韦世林. 1996. 试析夸张辞格的逻辑支点. 云南师范大学学报哲学社会科学学报, (4): 82-86.
魏光奇. 2000. 中西文化观念比较. 北京: 首都师范大学出版社.
魏在江. 2008. 隐喻与文学语篇的建构. 外语与外语教学, (3): 13-16.
魏志成. 2010. 英汉语比较导论. 2 版. 上海: 上海外语教育出版社.
温锁林, 行玉华. 2013. 当代汉语排除式范畴化现象的认知与修辞动因. 当代修辞学, (1): 29-36.
文旭. 2014. 语言的认知基础. 北京: 科学出版社.
文旭, 司卫国. 2018. 认知语言学: 反思与展望. 中国社会科学评价, (3): 23-36.
吴莉. 2006. 英语管道隐喻语义问题的文化反思. 黑龙江社会科学, (2): 129-131.
吴礼权. 1997. 论夸张表述的独特效应与夸张建构的心理机制. 扬州大学学报(人文社会科学版), (4): 28-31, 34.
吴礼权. 2012. 现代汉语修辞学. 上海: 复旦大学出版社.
吴念阳. 2009. 隐喻的心理学研究. 上海: 上海百家出版社.
吴为善. 2011. 认知语言学与汉语研究. 上海: 复旦大学出版社.
吴永强. 2004. 悖论与矛盾修饰法. 西南民族大学学报(人文社科版), (6): 379-381.
吴永昇. 2012. 认识视阈下的广告修辞幻象构建. 大连海事大学学报(社会科学版), (5): 118-121.
夏征农, 陈至立, 徐庆凯. 2013. 大辞海——文化新闻出版卷. 上海: 上海辞书出版社.
谢之君. 2007. 隐喻认知功能探索. 上海: 复旦大学出版社.
邢福义. 1990. 文化语言学. 武汉: 湖北教育出版社.
徐慈华. 2009. 选择与适应: 汉语隐喻的语用综观研究. 北京: 社会科学出版社.
徐鹏等. 2007. 修辞和语用——汉英修辞手段语用对比研究. 上海: 上海外语教育出版社.

徐盛桓. 2008a. 隐喻为什么可能. 外语教学, (3): 1-7.
徐盛桓. 2008b. 修辞研究的认知视角. 西安外国语大学学报, (2): 1-5.
徐盛桓. 2011. “移就”为什么可能？外语教学与研究, (3): 323-334.
许长谟. 2012. 若离却即: 修辞学与语言学之接榫. 当代修辞学, (3): 54-62.
许德金. 1998. 也谈 ZEUGMA 的语法范畴与修辞范畴——与邵志洪先生商榷. 外国语(上海外国语大学学报), (3): 67-70.
许余龙. 2002. 对比语言学. 上海: 上海外语教育出版社.
绪可望. 2007. 论认知隐喻观的理论阐释力. 东北师大学报(哲学社会科学版), (4): 93-97.
绪可望, 杨忠. 2012. 客观主义、经验现实主义及辩证唯物主义认识论并语言观比较研究. 外语学刊, (1): 11-14.
亚里士多德. 1954. 诗学. 天蓝, 译. 北京: 新文艺出版社.
杨波, 张辉. 2008. 隐喻与转喻的相互作用: 模式、分析与应用. 外语研究, (5): 1-8.
杨大春. 2003. 意识哲学解体的身体间性之维——梅洛—庞蒂对胡塞尔他人意识问题的创造性读解与展开. 哲学研究, (11): 69-75.
杨信彰. 1998. 隐喻的两种解释. 外语与外语教学(大连外国语学院学报), (10): 4-7.
杨自俭. 2004. 英汉语比较与翻译 5. 上海: 上海外语教育出版社.
于林龙. 2012. 隐喻思维与意义的不确定性. 东北师大学报(哲学社会科学版), (6): 108-111.
余玉萍, 龚芳. 2006. 论隐喻的文化认知与其对外语教学的启示. 怀化学院学报, (12): 138-139.
余章成. 2011. 古汉语修辞. 北京: 中国社会科学出版社.
袁行霈. 2009. 中国诗歌艺术研究. 北京: 北京大学出版社.
袁毓林. 2004. 容器隐喻、套件隐喻及相关的语法现象——词语同现限制的认知解释和计算分析. 中国语文, (3): 195-208.
袁毓林. 2012. 修辞学家可以向邻近学科学些什么?. 当代语言学, (3): 286-300.
臧佩洪. 2005. 肉身的现象学呈现之途——从胡塞尔到海德格尔再到梅洛—庞蒂. 南京社会科学, (12): 5-11.
曾毅平. 2012. 华语修辞. 广州: 暨南大学出版社.
张弓. 1993. 现代汉语修辞学. 石家庄: 河北教育出版社.
张爱容. 2011. 从认知角度看英汉语言禁忌现象. 鸡西大学学报, (8): 67-69.
张蓓. 1999. 莱考夫的经验主义隐喻观探究. 外语教学, (3): 9-12.
张红翠. 2007. 身体转向与肉身化叙事. 郑州大学学报（哲学社会科学版）, (3): 129-131.
张辉, 卢卫中. 2010. 认知转喻. 上海: 上海外语教育出版社.
张蕾. 2013. 隐喻表征的对话性研究. 外语研究, (2): 14-18.
张炼强. 2012. 修辞认知理论与实践. 北京: 首都师范大学出版社.
张炼强. 2013. 以“容器—内容”意象图式为认知底蕴的语言形式和修辞现象. 首都师范大学学报(社会科学版), (4): 93-104.
张美芳. 2005. 图式分析隐喻翻译中的认知过程. 外语与外语教学, (5): 43-46.
张沛. 2004. 隐喻的生命. 北京: 北京大学出版社.
张秀国. 2005. 英语修辞学. 北京: 清华大学出版社, 北京交通大学出版社.
张尧均. 2004. 隐喻的身体——梅洛-庞蒂的身体现象学研究. 浙江大学硕士学位论文.

章宜华. 2009. 语义·认知·释义. 上海: 上海外语教育出版社.
张媛, 刘振前. 2011. 认知语法视角下的英语表量结构分析. 外语教学, (2): 1-5.
张再林. 2008. 意识哲学, 还是身体哲学——中国传统哲学理论范式的重新认识. 世界哲学, (4): 6-12.
张再林. 2012. 以身为度——中国古代原生态时空观初探. 西北大学学报(哲学社会科学版), (1): 24-31.
赵桂英, 冯彦. 2012. "时空"概念隐喻的哲学基础与萨丕尔—沃尔夫假说. 东北师大学报(哲学社会科学版), (4): 175-178.
赵琴. 2007. 概念整合视野下 Zeugma 的认知阐释. 西安外国语大学学报, (3): 20-24.
赵秋盈. 2010. 汉英准量词概论. 四川教育学院学报, (11): 99-106.
赵蜀嘉. 1998. 英语修辞格 Repetition 浅谈. 江汉大学学报. (4): 42-45.
赵维森. 2007. 隐喻文化学. 西安: 西北大学出版社.
赵维森. 2009. 隐喻文化学学科建设的意义及其构想. 河南社会科学, 17(6): 168-170.
赵彦春. 2013. 隐喻的认知因素及隐喻本质——基于隐喻研究史的考察. 天津外国语大学学报, (2): 1-6.
赵艳芳. 2001. 认知语言学概论. 上海: 上海外语教育出版社.
赵英玲. 1996. 论同本体多喻体与多本体同喻体隐喻现象. 东北师大学报(哲学社会科学版), (5): 72-76.
赵英玲, 李文昌. 1998. 英语隐喻类型刍议. 松辽学刊(社会科学版), (1): 96-98.
赵宇航. 2011. 浅议英语反复修辞格. 赤峰学院学报(汉文哲学社会科学版), (2): 167-169.
甄晓婕. 2006. 外语教学与文化导入. 南京医科大学学报(社会科学版), (4): 378-380.
郑虹. 2007. 巧用反复, 为演讲创造特殊效果. 语文学刊, (10): 133-134.
郑燕. 2017. 悖论修辞与悖论式思维. 外国文学, (5): 80-88.
郑震. 2007. 论梅洛—庞蒂的身体思想. 哲学研究, (8): 46-52.
郑志红. 2011. AEW 模型下低调陈述的认知机制. 天津市经理学院学报, (4): 81-82.
钟宇驰, 王希杰. 2008. 中国当代修辞学的现状和未来. 扬州大学学报(人文社会科学版), (6): 101-106.
周麦成. 2012. 体验哲学视域下的范畴主观性研究. 河南师范大学学报(哲学社会科学版), (5): 19-22.
周有斌. 1996. 论双关的生存机制. 修辞学习, (1): 36-38.
周玉亮. 2001. 英汉谚语对比研究. 四川师范大学硕士学位论文.
朱建亮. 2013. 汉语修辞与联想思维. 广东外语外贸大学学报, (1): 41-46.
邹智勇, 张武德. 2013. 意象映射与中国经典诗词意境现实化的认知机制研究. 重庆大学学报(社会科学版), (1): 155-161.
庄敏, 江涛. 1996. 罗素思想小品. 上海: 上海社会科学院出版社.
Thompson, D. 2000. 牛津简明英语词典. 9 版. 北京: 外语教学与研究出版社.
Allan, K. 1995. The anthropocentricity of the English word(s) back. *Cognitive Linguistics*, (6): 11-31.
Barcelona, A. 2000. On the plausibility of claiming a metonymic motivation for conceptual metaphor . In A. Barcelona (Ed.), *Metaphor and Metonymy at the Crossroads* (pp. 31-58). Berlin & New

York: Moulton de Gruyter.

Bardolph, M. & S. Coulson. 2014. How vertical hand movements impact brain activity elicited by literally and metaphorically related words: An ERP study of embodied metaphor. *Front Hum Neurosci*, (8): 1-10.

Bauman, G. 1996. *Contesting Cultures: Discourses of Identity in Multi-ethnic London*. Cambridge: Cambridge University Press.

Black, M. 1979. More about metaphor. In A. Ortony (Ed.), *Metaphor and Thought* (pp. 19-43). Cambridge: Cambridge University Press.

Benczes, R. & B. Ságvári. 2018. Where metaphors really come from: Social factors as contextual influence in Hungarian teenagers' metaphorical conceptualizations of life. *Cognitive Linguistics*, (1): 121-154.

Boers, F. 2003. Applied linguistics perspectives on cross-cultural variation in conceptual metaphor. *Metaphor and Symbol*, (4): 231-238.

Bonnaud, V., G. Roger & P. Ingrand. 2002. Metaphorical and non-metaphorical links: a behavioral and ERP study in young and elderly adults. *Neurophysiologie Clinique*, (4): 258-268.

Brockman J. 2001. "Philosophy in the flesh": A talk with George Lakoff. *a parte rei revista de filosofía*, 98(1):3–11.

Cameron, L. 2012. Operationalising "metaphor" for applied linguistic research. In L. Cameron (Ed.), *Researching and Applying Metaphor* (pp. 3-28). Cambridge: Cambridge University Press.

Carpenter, R. 1999. *Choosing Powerful Words*. Need ham Heights: Allyn and Bacon Press.

Casasanto, D. & T. Gijssels. 2015. What makes a metaphor an embodied metaphor?. *Linguistics Vanguard*, 1(1): 327-337.

Christidis, A. 2007. The nature of language. In A. Christidis (Ed.), *A History of Ancient Greek: From the Beginnings to Late Antiquity* (pp. 27-64). Cambridge: Cambridge University Press.

Cohen, T. 1978. Metaphor and the Cultivation of Intimacy. *Critical Inquiry*, (1): 3-12.

Colston, H. 2002. Contrast and assimilation in verbal irony. *Journal of Pragmatics*, (34): 111-142.

Colston, H. & J. O'Brien. 2000. Contrast of kind versus contrast of magnitude: The pragmatic accomplishments of irony and hyperbole. *Discourse Processes*, (2): 179-199.

Colston, H. & S. Lee. 2004. Gender differences in verbal irony use. *Metaphor and Symbol*, (4): 289-306.

Cornejo, C. 2007. Conceptualizing metaphors versus embodying the language. *Culture and Psychology*, (4): 474-487.

Croft, W. & A. Cruse. 2004. *Cognitive Linguistics*. Cambridge: Cambridge University Press.

Cruse, D. A. 1990. Prototype theory and lexical semantics. In S. Tsohatzidis (Ed.), *Meanings and Prototypes* (pp. 382-402). London: Routledge.

Cuddon, J. A. 1979. *A Dictionary of Literary Terms*. London: Andre Deutsch.

Davidson, D. 1980. Mental events. In D. Davidson (Ed.), *Essays on Action and Events* (pp. 207-227). Oxford: Clarendon.

Velasco, D. & O. Isabel. 2001. Metaphor, metonymy, and image-schemas: An analysis of conceptual interaction patterns. *Journal of English Studies*, (3): 47-63.

Ding, E. 2009. Metaphor and culture. *Asian Social Science*, (1): 47-69.

Dobrovol'skij, D. & E. Piirainen. 2005. *Figurative Language: Cross-Cultural and Cross-Linguistic Perspective*. Amsterdam: Elsevier.

Eco, U. 1994. *L'isola del giorno prima*. Milan: Bompiani.

Sapir, E. 1921. *Language: An Introduction to the Study of Speech*. New York: Harcourt, Brace and Company.

Evans, V. & M. Green. 2006. *Cognitive Linguistics: An Introduction*. Edinburgh: Edinburgh University Press.

Fainsilber, L. & A. Ortony. 1987. Metaphorical uses of language in the expression of emotions. *Metaphor and Symbolic Activity*, (4): 239-250.

Falck, M. & Jr. R. Gibbs. 2012. Embodied motivations for metaphorical meanings. *Cognitive Linguistics*, (2): 251-272.

Fauconnier, G. 1997. *Mappings in Thought and Language*. Cambridge: Cambridge University Press.

Fauconnier, G. & M. Turner. 1998. Conceptual integration networks. *Cognitive Science*, (2): 133-187.

Fauconnier, G. & M. Turner. 2002. *The Way We Think: Conceptual Blending and the Mind's Hidden Complexities*. New York: Basic Books.

Fraser, B. 1988. Motor oil is motor oil: An account of English nominal tautologies. *Journal of Pragmatics*, (12): 215-220.

Gannon, M. 2003. *Understanding Global Cultures: Metaphorical Journeys Through 28 Nations, Clusters of Nations, and Coutinents* (3rd edn.). Thousand Oaks: Sage.

Gibbs, Jr. R. 1999. Taking metaphor out of our heads and putting it and putting it into the cultural world. In R. W. Gibbs, & G. J. Steen (Eds.), *Metaphor in Cognitive Linguistics* (pp. 145-167). Amsterdam & Philadelphia: John Benjamins.

Gibbs, Jr. R. 2003. Embodied experience and linguistic meaning. *Brain and Language*, (84): 1-15.

Gibbs, Jr. R. 2006. Metaphor interpretation as embodied simulation. *Brain and Language*, (3): 434-458.

Gibbs, Jr. R. 2008. *The Cambridge Handbook of Metaphor and Thought*. Cambridge: CUP.

Gibbs, Jr. R. 2010. Metaphor interpretation of embodied simulation. In Y. Sun (Ed.), *Selected Classic Readings for Cognitive Metaphor* (pp. 431-460). Beijing: China Social Sciences Press.

Gibbs, Jr. R. 2011. Evaluating conceptual metaphor theory. *Discourse Process*, (8): 529-562.

Gibbs, Jr. R. 1999. Taking metaphor out of our heads and putting it into the cultural world. In Jr. R. Gibbs & G. J. Steen (Eds.), *Metaphor in Cognitive Linguistics* (pp. 145-166). Amsterdam & Philadelphia: John Benjamins.

Gibbs, Jr. R. & N. McCarrell. 1990. Why boys will be boys and girls will be girls: Understanding colloquial tautologies. *Journal of Psycholinguistic Research*, (2): 125-145.

Goatly, A. 1997. *The Language of Metaphors*. London: Routledge.

Goatly, A. 2008. *Explorations in Stylistics*. London & Oakville: Equinox.

Goddard, C. 2005. The lexical semantics of culture. *Language Sciences*, (27): 51-73.

Goldstein, A., Y. Arzouan & M. Faust. 2012. Killing a novel metaphor and reviving a dead one: ERP correlates of metaphor conventionalization. *Brain and Language*, (2): 137-142.

Goossens, L. 2002. Metonymy: The interaction of metaphor and metonymy in expressions for linguistic action. In R. Dirven & R. Pörings (Eds.), *Metaphor and Metonymy in Comparison and Contrast* (pp. 349-377). Berlin & New York: Moulton de Gruyter.

Gornejo, C. 2007. Conceptualizing metaphors versus embodying the language. *Culture and Psychology*, (4): 474-487.

Grady, J. & C. Johnson. 2002. Converging evidence for the notions of subscene and primary scene . In R. Oirven & R. Pörings (Eds.), *Metaphor and Metonymy in Comparison and Contrast* (pp. 533-554). Berlin: Mouton de Gruyter.

Graham, L. & L. Cameron (Eds.), 1999. *Researching and Applying Metaphor*. Cambridge: Cambridge University Press.

Grice, H. P. 1975. Logic and conversation. In P. Cole & J. Morgan (Eds.), *Syntax and Semantics, (Vol. 3): Speech Acts* (pp. 41-58). New York: Academic Press.

Hamilton, C. 2004. The Review on Metaphor in Linguistics. *Cognitive Linguistics*, (1): 104-112.

Harris, R. 1997. *A Glossary of Literary Terms*. California: Southern California College.

Hartwell, P. 1982. *Open to Language: A New College Rhetoric*. New York & Oxford: Oxford University Press.

Hiraga, M. 2008. Tao of learning: Metaphors Japanese students live by. In E. Berendt (Ed.), *Metaphors for Learning: Cross-cultural Perspectives* (pp. 55-72). Amsterdam & Philadelphia: John Benjamins.

Holland, D. & Quinn, N. (Eds.), 1987. *Cultural Models in Language and Thought*. Cambridge: Cambridge University Press.

Holems, J. 1982. Expressing doubt and certainty in English. *RELC Journal*, (2): 9-28.

Holmes, K., S. Flusberg & P. Thibodeau. 2018. Compound words reflect cross-culturally shared bodily metaphors. *Cognitive Science*, (42): 3071-3082.

Husserl, E. 2005. *Phantasy, Image Consciousness, and Memory (1898-1925)*. Dordrecht: Springer.

Hübler, A. 1983. Understatements and hedges in English. *Language*, 62(2): 462.

Ivanko, S. & P. Pexman. 2003. Context incongruity and irony processing. *Discourse Processes*, (3): 241-279.

Jamrozik, A., M. McQuire, E. Cardillo, et al. 2016. Metaphor: Bridging embodiment to abstraction. *Psychonomic Society*, (23): 1080-1089.

Jensen, T. & E. Cuffari. 2014. Doubleness in experience: Toward a distributed enactive approach to metaphoricity. *Metaphor and Symbol*, (4): 278-297.

Johnson, M. 1987. *The Body in the Mind: The Bodily Basis of Meaning, Imagination, and Reason*. Chicago: University of Chicago Press.

Katan, D. 1999. *Translating Cultures: An Introduction for Translators and Mediators*. Manchester: St. Jerome Publishing.

Kittay, E. 1987. *Metaphor: Its Cognitive Force and Linguistic Structures*. Oxford: Oxford University Press.

Kolaiti, P. & D. Wilson. 2014. Corpus analysis and lexical pragmatics: An overview. *International Review of Pragmatics*, (2): 211-239.

Körner, A., S. Topolinski & F. Strack. 2015. Routes to embodiment. *Frontiers in Psychology*, (6): 1-10.

Kövecses, Z. 2003. Language, figurative thought, and cross-cultural comparison. *Metaphor and symbol*, (4): 311-320.

Kövecses, Z. 2005. *Metaphor in Culture: Universality and Variation*. Cambridge: Cambridge University Press.

Kövecses, Z. 2010. Metaphor and culture. *Acta Universitatis Sapientiae Philologica*, (2): 197-220.

Kövecses, Z. 2015. *Where Metaphors Come From: Reconsidering Context in Metaphor*. Oxford: Oxford University Press.

Kreuz, R. & K. Link. 2002. Asymmetries in the use of verbal irony. *Journal of Language and Social Psychology*, (2): 127-143.

Lai, T. & T. Curran. 2015. ERP evidence for conceptual mappings and comparison processes during the comprehension of conventional and novel metaphors. *Brain and Language*, (149): 148-150.

Lakoff, G. 1987. *Women, Fire, and Dangerous Things: What Categories Reveal about the Mind*. Chicago: The University of Chicago Press.

Lakoff, G. 1993. The contemporary theory of metaphor. In A. Ortony (Ed.), *Metaphor and Thought* (2nd edn.) (pp. 202-251). Cambridge: Cambridge University Press.

Lakoff, G. 1996. *Moral Politics: What Conservatives Know That Liberals Don't*. Chicago: Chicago University Press.

Lakoff, G. 2012. Explaining embodied cognition results. *Topics in Cognitive Science*, (4): 773-785.

Lakoff, G. & M. Johnson. 1980a. *Metaphors We Live By*. Chicago: The University of Chicago Press.

Lakoff, G. & M. Johnson. 1980b. The metaphorical structure of the human conceptual system. *Cognitive Science*, (2): 195-208.

Lakoff, G. & M. Johnson. 1999. *Philosophy in the Flesh: The Embodied Mind and Its Challenge to Western Thought*. New York: Basic Books.

Lakoff, G. & M. Johnson. 2002. Why cognitive linguistics requires embodied realism. *Cognitive Linguistics*, (3): 245-263.

Lakoff, G. & M. Johnson. 2010. The metaphorical structure of the human conceptual system. In Y. Sun (Ed.), *Selected Classic Readings for Cognitive Metaphor* (pp. 94-109). Beijing: China Social Sciences Press.

Lakoff, G. & Z. Kövecses. 1987. The cognitive model of anger inherent in American English. In D. Holland. & N. Quinn (Eds.), *Cultural Models in Language and Thought*. Cambridge: Cambridge University Press.

Lass, R. 1999. *The Cambridge History of the English Language* (Volume 3). Cambridge: Cambridge University Press.

Leddy, T. 1995. Metaphor and metaphysics. *Metaphor and Symbolic Activity*, (3): 205-222.

Leech, G. 1983. *Principles of Pragmatics*. New York: Longman.

Leggitt, J. S. & Jr. R. W. Gibbs. 2000. Emotional reactions to verbal irony. *Discourse Processes*, (1):

1-24.

Levinson, S. 1983. *Pragmatics*. Cambridge: Cambridge University Press.

Mey, J. 1993. *Pragmatics: An Introduction*. Oxford: Blackwell.

Miller, G. & P. Johnson-Laird. 1976. *Language and Perception*. Cambridge: Cambridge University Press.

Mish, F. 1989. *Merriam-Webster's Collegiate Dictionary* (11th edn.). New York: Merriam-Webster.

Nash, W. 1989. *Rhetoric: The Wit of Persuasion*. Oxford: Basil Blackwell ltd.

Nesfield, J. 1899/1954. Manual of English Grammar and Composition. London, Basingstoke: MacMillan Publishers Ltd.

Newmark, P. 2001. *A Textbook of Translation*. Shanghai: Shanghai Foreign Language Education Press.

Ortony, A. 1979. *Metaphor and Thought*. Cambridge: Cambridge University Press.

Yu, N. & D. Jia. 2016. Metaphor in culture: LIFE IS A SHOW in Chinese. *Cognitive Linguistics*, 27(2): 147-180.

Palmer, G. 1996. *Toward a Theory of Cultural Linguistics*. Austin: University of Texas Press.

Partridge, E. 1954. *The World of Words*. London: Hamish Hamilton.

Pexman, P., M. Glenwright, S. Hala, et al. 2006. Children's use of trait information in understanding verbal irony. *Metaphor and Symbol*, (1): 39-60.

Pexman, P. & M. Zvaigzne. 2004. Does irony go better with friends? *Metaphor and Symbol*, (2): 143-163.

Quinn, N. 1991. The cultural basis of metaphor. In J. W. Fernandez (Ed.), *Beyond Metaphor: The Theory of Tropes in Anthropology* (pp. 56-93). Stanford: Stanford University Press.

Quinn, N. & D. Holland. 1987. Culture and cognition. In D. Holland & N. Quinn (Eds.), *Cultural Models in Language and Thought* (pp. 3-40). Cambridge: Cambridge University Press.

Radden, G. 2000. How metonymic are metaphors. In A. Barcelona (Ed.), *Metaphor and Metonymy at the Crossroads* (pp. 93-105). Berlin/New York: Moulton de Gruyter.

Rakova, M. 2002. The philosophy of embodied realism: A high price to pay?. *Cognitive Linguistics*, (3): 215-244.

Reddy, M. 1993. The conduit metaphor: A case of frame conflict in our language about language. In A. Ortony (Ed.), *Metaphor and Thought* (2nd edn.) (pp. 164-201). Cambridge: Cambridge University Press.

Richards, I. A. 1936. *The Philosophy of Rhetoric*. New York: OUP.

Ritchie, D. 2013. *Metaphor*. Cambridge: Cambridge University Press.

Rohrer, T. 2007. Embodiment and experientialism. In D. Geeraerts & H. Cuyckens (Eds.), *The Oxford Handbook of Cognitive Linguistics*. New York: Oxford University Press.

Rubio-Fernández, P., C. Wearing & R. Carston. 2015. Metaphor and hyperbole: Testing the continuity hypothesis. *Metaphor and Symbol*, (1): 24-40.

Ryan, M. 2010. *Cultural Studies: A Practical Introduction*. Chichester: Wiley-Blackwell.

Schröder, U. 2012. Applying conceptual metaphor and blending theory to cultural-specific speech functions in rap lyrics. *Text & Talk*, (2): 211-233.

Searle, J. 1979. *Expression and Meaning*. Cambridge: Cambridge University Press.

Searle, J. 1995. *The Construction of Social Reality*. New York: The Free Press.

Shore, B. 1996. *Culture in Mind: Cognition, Culture, and the Problem of Meaning*. Oxford: Oxford University Press.

Sinha, C. 2005. Blending out of the background: Play, props and staging in the material world. *Journal of Pragmatics*, (37): 1537-1554.

Strauss, C. & N. Quinn. 1997. *A Cognitive Theory of Cultural Meaning*. Cambridge: Cambridge University Press.

Steen, G. 2002. Towards a procedure for metaphor identification. *Language and Literature*, (1): 17-33.

Sun, Y. 2010. *Selected Classic Readings for Cognitive Metaphor*. Beijing: China Social Sciences Publishing House.

Trim, R. 2011. *Metaphor and the Historical Evolution of Conceptual Mapping*. Basingstoke: Palgrare Macmillan.

Tylor, E. 1871. *Primitive Culture: Researches into the Development of Mythology, Philosophy, Religion, Language, Art, and Custom*. London: John Murray.

Ullmann, S. 1964. *Language and Style*. Oxford: Basil Blackwell.

Ungerer, F. & H. Schmid. 1996. *An Introduction to Cognitive Linguistics*. London: Longman.

Ungerer, F. & H. Schmid. 2001. *An Introduction to Cognitive Linguistics*. Beijing: Foreign Language Teaching and Research Press.

Wierzbicka, A. 1988. Boys will be boys: A rejoinder to Bruce Fraser. *Journal of Pragmatics*, (12): 221-224.

Wilson, D. & R. Carston. 2006. Metaphor, relevance and the "emergent property" issue. *Mind & Language*, (3): 404-433.

Wilson, D. & R. Carston. 2007. A unitary approach to lexical pragmatics: Relevance, inference and ad hoc concepts. In N. Burton-Roberts (Ed.), *Pragmatics* (pp. 230-260). Basingstoke: Palgrave Macmillan.

Wilson, M. 2002. Six views of embodied cognition. *Psychonomic Bulletin & Review*, (4): 625-636.

Wilson, N. & Jr. R. Gibbs. 2007. Real and imagined body movement primes metaphor comprehension. *Cognitive Science*, (4): 721-731.

Winner, E. & H. Gardner. 1993. Metaphor and irony: Two levels of understanding. In A. Ortony (Ed.), Metaphor and Thought (2nd edn.) (pp. 425-443). Cambridge: Cambridge University Press.

Wittgenstein, L. 1977. *Remarks on Colou*r. Oxford: Basil Blackwell.

Wu, K. 2001. *On Metaphoring: A Cultural Hermeneutic*. Leider, Boston & Koln: Brill.

Yu, N. 1998. *The Contemporary Theory of Metaphor: A Perspective from Chinese*. Amsterdam: John Benjamins.

Zanolie, K., S. Dantzig, I. Boot, et al. 2012. Mighty metaphors: Behavioral and ERP evidence that power shifts attention on a vertical dimension. *Brain and Cognition*, (1): 50-58.

附录　本书作者近年发表的有关当代隐喻学的著作、论文以及主持课题一览

学 术 著 作

1.《汉英认知辞格当代隐喻学一体化研究》，科学出版社，2021 年。
2.《认知隐喻学多维跨域研究》，北京大学出版社，2013 年。
3.《隐喻机制的劝谏性功能——一项基于“CCTV”杯英语演讲比赛演讲辞的研究》，中国社会科学出版社，2010 年。
4.《认知隐喻学经典文献选读》，中国社会科学出版社，2010 年。

论文代表作

中文期刊发表

孙毅. 2021. 拓展概念隐喻理论限阈中的视觉隐喻研究. 山西大学学报(哲学社会科学版), 44(5): 38-45.

孙毅. 2021. 涌现隐喻理论学术路向: 基于使用的认知研究新范式. 外语研究, 38(1): 15-23, 112.

孙毅. 2020. 多模态隐喻研究. 浙江外国语学院学报, (5): 30.

孙毅. 2020. 概念隐喻理论能解释所有“我们赖以生存的隐喻”吗？——论隐喻类型甄别的维度. 英语研究, (1): 95-106.

孙毅. 2020. 跨语言饮食隐喻异同的哲学—文化双轴渊源摭论. 河南师范大学学报(哲学社会科学版), 47(4): 137-143.

孙毅. 2020. 思政语篇的隐喻书写与传播——《了不起的 40 年》中的改革叙事. 东北师大学报(哲学社会科学版), (4): 68-77.

孙毅. 2020. 再议当代隐喻学在中国(2014-2018)——基于 CSSCI 期刊的文献计量研究. 外语学刊, (3): 50-55.

孙毅. 2019. 当代隐喻学的理论范式构念. 海南大学学报(人文社会科学版), 37(6): 126-134.

孙毅. 2018. 现代汉语情感动词事件致使—完成结构论数. 西北师大学报(社会科学版), 55(4): 33-41.

孙毅. 2018. 英语专业究竟哪一点对不起良心？当代外语研究, (6): 19-24.

孙毅. 2017. 国外隐喻翻译研究 40 年嬗进寻迹(1976—2015). 外语教学理论与实践, (3): 80-90.
孙毅. 2016.《高等学校商务英语专业本科教学质量国家标准》的地方性解读: 国标与校标的对照. 外语界, (2): 46-51, 87.
孙毅. 2015. 当代隐喻学在中国(1994—2013)——一项基于 CSSCI 外国语言学来源期刊的文献计量研究. 西安外国语大学学报, 23(3): 17-22.
孙毅. 2013. 核心情感隐喻的具身性本源. 陕西师范大学学报(哲学社会科学版), 42(1): 105-111.
孙毅. 2013. 基于语义域的隐喻甄别技术初探——以 Wmatrix 语料库工具为例. 解放军外国语学院学报, 36(4): 10-16, 127.
孙毅. 2013. 论认知隐喻学的文化意蕴维度. 新疆师范大学学报(哲学社会科学版), 34(1): 91-97.
孙毅. 2013. 人体隐喻的多义路向推演——从"头(head)"说起. 东北师大学报(哲学社会科学版), (5): 121-124.
孙毅. 2013. 中国英语专业学生写作能力构念研究: TEM4 受试文本的视角. 外语电化教学, (1): 48-52.
孙毅. 2012. 多模态话语意义建构——以 2011 西安世界园艺博览会会徽为基点. 外语与外语教学, (1): 44-47.
孙毅. 2012. 两代认知科学的分水岭——体验哲学寻绎. 宁夏社会科学, (3): 115-123.
孙毅. 2011. 汉语"心"义族衍生的隐喻路径求索. 新疆大学学报(哲学·人文社会科学版), 39(1): 142-146.
孙毅. 2011. 基于语料的跨语言核心情感的认知隐喻学发生原理探源. 中国外语, 8(6): 40-46.
孙毅. 2011. 现代汉语"心"隐喻义群网络的中国古典哲学疏解. 西安交通大学学报(社会科学版), 31(6): 78-83.
孙毅. 2010. 通感隐喻微观对比框架中体验哲学与民俗模型性的联合动因考辩. 西北大学学报(哲学社会科学版), 40(4): 168-170.
孙毅. 2010. 隐喻学的拓展性新视野——《隐喻学导论》述评. 唐都学刊, 26(5): 123-126.
孙毅. 2010. 英汉情感隐喻视阈中体验哲学与文化特异性的理据探微. 外语教学, 31(1): 45-48, 54.
孙毅, 白洋, 卜凤姗, 等. 2020. 博物馆介绍词隐喻概念的英译——以《陕博日历》为例. 上海翻译, (3): 34-39.
孙毅, 陈朗, 段翠娥. 2019. 辅以 ERP 实验技术的隐喻研究: 回眸与前瞻. 外语与外语教学,(2): 63-72, 148.
孙毅, 陈朗. 2009. 英汉时空概念隐喻系统性对比视阈中的体验哲学管窥. 北京第二外国语学院学报, 31(6): 43-48, 35.
孙毅, 陈朗. 2017. 蓄意隐喻理论的学术进路. 现代外语, 40(5): 715-724, 731.
孙毅, 陈雯. 2013. 认知语言学界标中委婉语的双轮驱动: 隐喻与转喻. 湖南科技大学学报(社会科学版), 16(3): 163-166.
孙毅, 陈雯. 2014. 中西方禁忌语的隐喻: 转喻双向度耦合述略. 江西社会科学, 34(7): 97-102.
孙毅, 陈叶. 2018. 汉英数字隐喻新视界探幽揽胜. 当代外语研究, (1): 5-12, 108.
孙毅, 杜亚妮. 2013. 汉英双关隐喻畛域中的认知汇通与文化歧异. 外语教学理论与实践, (1): 30-38.
孙毅, 高亚莉. 2013. 认知隐喻学视野中的汉英十二生肖语簇对比研究. 广西民族大学学报(哲学社会科学版), 35(2): 155-160.
孙毅, 郭创. 2015. 基于隐喻机制的中美传统节日名称认知新诠. 求索, (2): 178-183.
孙毅, 贺梦华. 2019. 分级显性意义假说视域下经济隐喻的汉译研究. 外语研究, 36(1): 72-80.
孙毅, 呼云婷. 2016. 汉英反语的隐喻新释要. 当代修辞学, (2): 69-76.
孙毅, 江雪琴. 2013. 汉英夸张隐喻构念的双象限认知理据验视. 山西大学学报(哲学社会科学版), 36(3): 73-79.
孙毅, 李乐. 2013. 现代汉语比拟辞格的认知隐喻学视阈探幽. 西北工业大学学报(社会科学版), 33(3): 88-95, 111.
孙毅, 李玲. 2018. 中英婚姻隐喻对比坐标中的同异嬗替缕述. 江西师范大学学报(哲学社会科学版), 51(6): 153-160.
孙毅, 李玲. 2019. 隐喻翻译研究在中国(1995-2018)———一项基于文献统计的考察. 外语与翻译, 26(2): 7-18, 98.
孙毅, 李全. 2019. 政治隐喻与隐喻政治——基于特朗普总统就职演讲的隐喻图景分析. 山东外语教学, 40(5): 35-47.
孙毅, 孟林林. 2018. 认知术语学视角下的外交部网站新闻术语翻译. 上海翻译, (4): 30-38.
孙毅, 王晋秀. 2012. 汉英对比视界中矛盾修辞法的哲学底蕴疏议. 外语研究, (2): 41-44.
孙毅, 王龙本. 2020. 英文旅游新闻蓄意隐喻的理解与汉译研究. 外语教学理论与实践,(2): 72-80.
孙毅, 王薇. 2009. 英汉颜色隐喻对比视阈下体验哲学与文化特异性的交互阐释. 大连大学学报, 30(4): 133-137.
孙毅, 王媛. 2021. 隐喻认知的具身性及文化过滤性. 深圳大学学报(人文社会科学版), 38(3): 136-143.
孙毅, 杨莞桐. 2016. 多模态隐喻理论寰域中广外教师发展中心 LOGO 获奖作品览睽. 外语电化教学, (6): 22-28, 89.
孙毅, 杨秋红. 2013. 跨语言"心"(heart)多义图谱的认知功能说略. 外语学刊, (5): 75-79.
孙毅, 杨曦. 认知语言学阙域中仿拟的孳乳理据探赜. 山东外语教学, 2012, 33(5): 26-30.
孙毅, 杨一姝. 2012. 汉语移就隐喻的体验—文化双维度生成理据考略. 外国语(上海外国语大学学报), 35(4): 45-51.
孙毅, 张俊龙. 2015. 第 31 届奥林匹克运动会 LOGO 多模态话语解析. 西安体育学院学报, 32(3): 321-325.
孙毅, 张俊龙. 2017. 体验—文化双维框限下的汉英共轭隐喻索据. 外国语(上海外国语大学学报), 40(3): 31-42.
孙毅, 张盼莉. 2016. 汉英服饰隐喻异同的体验哲学疏议与文化渊源溯追. 解放军外国语学院学报, 39(1): 45-53, 158.
孙毅, 张瑜. 2018. 汉英植物隐喻管轨的"同"博观与"异"微探. 天津外国语大学学报, 25(4): 31-44, 160.
孙毅, 赵静静. 2019. 汉英低调陈述认知语言学新索[J]. 当代修辞学, (3): 75-85.
孙毅, 周锦锦. 2020. 认知隐喻学畛域中汉英自我概念隐喻意涵重塑. 外语研究, 37(4): 13-21.
孙毅, 周锦锦. 2021. 当代隐喻学视阈下的汉英道德概念对比研究. 海南大学学报(人文社会科学版), 39(3): 135-141.

孙毅, 周婧. 2015. 汉英友谊认知隐喻启悟诠索. 江淮论坛, (5): 166-170.
孙毅, 周婧. 2016. 世界国旗多模态隐喻要义诠索. 北京科技大学学报(社会科学版), 32(5): 1-7.
孙毅, 周世清. 2011. 跨语言爱情隐喻异同的认知理据与哲学文化渊源考辨. 西北农林科技大学学报(社会科学版), 11(2): 125-129.
孙毅, 朱文静. 2011. 习语的认知隐喻学机理读释——基于“冷(cold)”语料的汉英对比研究. 外国语文, 27(6): 70-74.
孙毅, 梁晓晶. 2020. 崔致远诗歌意蕴的当代隐喻学重构与新释. 东疆学刊, 37(3): 108-114, 128.
孙毅, 王黎. 2018. 跨语言建筑隐喻异同的体验哲学及文化理据疏议. 外国语言文学, 35(4): 339-355.
孙毅, 曾昕. 2017. 汉英反复隐喻同异合体的两翼孔见. 东北师大学报(哲学社会科学版), (4): 25-29.
孙毅, 曾昕, 郝学宏. 2016. 项目管理模式理论视阈下外交新闻翻译实践述略. 上海翻译, (6): 75-82, 94.

英文期刊发表

Sun, Y. & Bai, Y. 2018. A review of mixing metaphor. *Review of Cognitive Linguistics*, (1): 310-315.
Sun, Y. & Chen, X. 2018. A diachronic analysis of metaphor clusters in political discourse—A comparative study of Chinese and American presidents' speeches at universities. *Pragmatics and Society*, 9(4): 629-656.
Sun, Y. & Guo, K. 2017. A visualized bibliometric analysis of interpreting studies in China's mainland: Progress and prospects. *Asia Pacific Translation and Intercultural Studies*, (3): 266-279.
Sun, Y. & Guo, Y. 2018. A cognitive account of metaphor translation in two Chinese versions of "The Wind in the Willows". *Language and Semiotic Studies*, (1): 83-101.
Sun, Y. & Jia, C. 2019. A study of emotional adjectives in teaching Chinese as a foreign language: A perspective of cognitive metaphor theory. *Chinese as a Second Language Research*, (2): 249-274.
Sun, Y. & Li, K. 2016. A study of metaphor translation in the commentary of Shaanxi History Museum from the perspective of CMT. *SKASE Journal of Translation and Interpretation*, 10(2): 69-90.
Sun, Y. & Li, R. 2020. A Semiotic perspective of metaphor translation: An analysis of political news reported by Hanban for the Confucius Institute. *Chinese Semiotic Studies*, 16(2): 243-263.
Sun, Y. & Zhang, M. 2017. A review of talking with the president: The pragmatics of presidential language. *Journal of Language and Politics*, 16(2): 341-344.
Sun, Y. 2018. The acceptability of American politeness from a native and non-native comparative perspective. *East Asian Pragmatics*, (2): 263-287.
Sun, Y., Yang, Y. & Kirner-Ludwig, M. 2017. The experience-culture co-motivated resemblance and variations of transferred epithet metaphor between Chinese and English. *Cognitive Linguistic Studies*, 4(2): 216-248.
Sun, Y., Zhang, M. & Chen, L. 2021. "Join the Army. Become the Power of China": Multimodal

metaphors in military recruitment advertising—"The Power of China". *Review of Cognitive Linguistics*, 19(1): 142-171

Wang, J. & Sun, Y. 2020. How is Chinese English learners' L2 metaphoric competence related to that of L1? An e-prime-based multi-dimensional study. *International Journal of English Linguistics*, 10(4): 115-123.

Wang, J. & Sun, Y. 2021. Different metaphorical orientations of time succession between traditional Chinese medicine and western medicine. *Metaphor and Symbol*, 36(3): 194-206.

主要主持课题

1. 主持 2021 年国家社会科学基金项目"当代隐喻学视域中多语种通用辞格认知研究"（21BYY001）。
2. 主持 2020 年教育部哲学社会科学研究后期资助项目"当代隐喻学视域中汉英认知辞格一体化研究"（20JHQ029）。
3. 主持 2019 年广东普通高校人文社科重点项目"汉语隐喻的形式表征与认知计算研究"（2019WZDXM021）。
4. 主持 2018 年国家社会科学基金重大项目"汉语隐喻的逻辑表征与认知计算"子项目"面向自然语言处理的汉语隐喻语料库建设"（18ZDA290）。
5. 主持 2015 年国家社会科学基金项目"基于汉英认知辞格及其 ERP 实验的当代隐喻学研究"（15XYY001）。